2011年第一季度
Quarter One, 2011

中国货币政策执行报告
CHINA MONETARY POLICY REPORT

中国人民银行货币政策分析小组
Monetary Policy Analysis Group of
the People's Bank of China

中国金融出版社
China Financial Publishing House

责任编辑：吕冠华
责任校对：刘　明
责任印制：裴　刚

图书在版编目（CIP）数据

2011年第一季度中国货币政策执行报告(2011 nian Diyi Jidu Zhongguo Huobi Zhengce Zhixing Baogao)／中国人民银行货币政策分析小组编．—北京：中国金融出版社，2011.9
ISBN 978-7-5049-6062-7

Ⅰ.①2…　Ⅱ.①中…　Ⅲ.①货币政策－工作报告－中国－2011　Ⅳ.①F822.0

中国版本图书馆CIP数据核字(2011)第163339号

出版发行　中国金融出版社
社址　北京市丰台区益泽路2号
市场开发部（010）63266347，63805472，63439533（传真）
网 上 书 店 http://www.chinafph.com
（010）63286832，63365686（传真）
读者服务部（010）66070833，62568380
邮编　100071
经销　新华书店
印刷　北京汇元统一印刷有限公司
尺寸　210毫米×285毫米
印张　10.75
字数　252千
版次　2011年9月第1版
印次　2011年9月第1次印刷
定价　98.00元
ISBN 978-7-5049-6062-7/F.5622

本书执笔人

总　　纂：张晓慧　纪志宏

审　　稿：李　波　徐　忠　宣昌能　盛松成　朱　隽　王　宇
王允贵

统　　稿：张　蓓　管　化

执　　笔：

第一部分：邱潮斌　曾冬青　陈文弢

第二部分：赵　婷　李　超　穆争社　陈高松

第三部分：王立元　王丽明

第四部分：张　赶　潘宏胜　单漫与　纪　敏　牛慕鸿　付　强

第五部分：李　斌　车士义

附录整理：段　炼　李　雯等

提供材料的还有：张翠微　饶文津　谢光启　史蓉菊　张　晶
林振辉　王佐罡　曾园园　曹红钢　康　倩
汤莹玮　吴　琼　张丹华　李敏波　陈　敏
朱微亮　叶　欢　郭　洁　白雪飞　马志扬

英文总纂：朱　隽

英文统稿：刘文中

英文翻译：刘文中　马　辉　腾　锐　齐　喆　王蓓婕

英文审校：Nancy Hearst（美国哈佛大学费正清东亚研究中心）

Contributors to This Report

CHIEF EDITORS:

ZHANG Xiaohui JI Zhihong

READERS:

LI Bo XU Zhong XUAN Changneng SHENG Songcheng ZHU Jun

WANG Yu WANG Yungui

EDITORS:

ZHANG Bei GUAN Hua

AUTHORS:

PART ONE: QIU Chaobin ZENG Dongqing CHEN Wentao

PART TWO: ZHAO Ting LI Chao MU Zhengshe CHEN Gaosong

PART THREE: WANG Liyuan WANG Liming

PART FOUR: ZHANG Gan PAN Hongsheng SHAN Manyu JI Min

NIU Muhong FU Qiang

PART FIVE: LI Bin CHE Shiyi

APPENDIX: DUAN Lian LI Wen et al.

OTHER CONTRIBUTORS: ZHANG Cuiwei RAO Wenjin XIE Guangqi

SHI Rongju ZHANG Jing LIN Zhenhui

WANG Zuogang ZENG Yuanyuan CAO Honggang

KANG Qian TANG Yingwei WU Qiong

ZHANG Danhua LI Minbo CHEN Min

ZHU Weiliang YE Huan GUO Jie BAI Xuefei

MA Zhiyang

ENGLISH EDITION

CHIEF EDITOR: ZHU Jun

EDITOR: LIU Wenzhong

TRANSLATORS: LIU Wenzhong MA Hui TENG Rui QI Zhe WANG Beijie

PROOFREADER:

Nancy Hearst (Fairbank Center for East Asian Research, Harvard University)

内容摘要

2011年第一季度，中国经济开局良好，继续朝宏观调控的预期方向发展。消费需求保持稳定，固定资产投资和进出口贸易增长较快，农业生产形势向好，工业企业效益改善，居民收入稳定增加，但物价上涨较快。第一季度，实现国内生产总值(GDP)9.6万亿元，同比增长9.7%，居民消费价格指数(CPI)同比上涨5.0%。

2011年以来，中国人民银行按照中央经济工作会议精神和国务院统一部署，坚持处理好保持经济平稳较快发展、调整经济结构和管理通货膨胀预期的关系，围绕保持物价总水平基本稳定这一宏观调控的首要任务，认真落实稳健的货币政策，交替使用数量型货币政策工具和价格型货币政策工具，加强流动性管理和货币信贷总量调控，保持合理的社会融资规模，促进经济平稳健康发展。4次提高存款准备金率共2.0个百分点，2次上调存贷款基准利率共0.5个百分点。实施差别准备金动态调整机制，建立宏观审慎政策框架，促进金融机构自我调整信贷投放总量和节奏。引导金融机构着力优化信贷结构，执行好差别化房贷政策。

总体看，稳健的货币政策促进了货币信贷增长向常态回归。2011年3月末，广义货币供应量M2余额为75.8万亿元，同比增长16.6%，增速比上年年末低3.1个百分点。人民币贷款余额同比增长17.9%，增速比上年年末低2.0个百分点，比年初增加2.24万亿元，同比少增3 524亿元。第一季度社会融资规模增加4.19万亿元，直接融资占比显著上升。金融机构贷款利率稳步上升，3月非金融性企业及其他部门贷款加权平均利率为6.91%，比年初上升0.72个百分点。3月末，人民币对美元汇率中间价为6.5564元，比上年年末升值1%。

下一阶段，中国人民银行将按照国务院的统一部署，以科学发展为主题，以加快转变经济发展方式为主线，切实实施好稳健的货币政策，注意把握调控的节奏和力度，保持政策的连续性和稳定性，提高针对性、灵活性和有效性，处理好控制货币总量与改善结构的关系，处理好促进经济增长和抑制通货膨胀的关系。当前，经济增长和就业形势较好，稳定物价和管好通货膨胀预期是关键。

要切实加强流动性管理，把好流动性总闸门。根据形势发展的要求，综合运用好公开市场操作、存款准备金率、利率等多种价格和数量工具，健全宏观审慎政策框架，配合常规性货币政策工具发挥合力，保持合理的社会融资规模和节奏，管理通货膨胀预期。引导金融机构加大对重点领域和薄弱环节的资金支持，特别是对“三农”、中小企业的信贷支持，合理调节中长期贷款和短期贷款的比例。稳步推进利率市场化改革和人民币汇率形成机制改革。继续推动金融市场产品创新，保持金融市场健康发展。进一步发挥直接融资的作用，支持企业采取股权、债券等融资方式筹措资金。继续深化金融企业改革，加快建立现代金融企业制度，完善金融服务组织体系。

Executive Summary

In the first quarter of 2011 the Chinese economy performed in a sound manner and continued to develop in the direction intended by the macroeconomic management policies. Consumption grew steadily and fixed-asset investment and import and export trade grew rapidly. The output of the agricultural sector increased steadily and the performance of the industrial sector improved. Household incomes continued to increase, but the general price level increased fairly rapidly. In the first quarter of the year, the Gross Domestic Product (GDP) registered RMB9.6 trillion yuan, up 9.7 percent year on year. The Consumer Price Index (CPI) rose by 5.0 percent year on year.

Since the beginning of 2011, in accordance with the overall arrangements of the Central Economic Work Conference and the State Council, the PBC endeavored to strike a balance among maintaining stable and fairly rapid economic growth, adjusting the economic structure, and managing inflationary expectations; gave top priority to maintaining basic stability of the general price level as the main target of macroeconomic regulation, earnestly implemented a prudent monetary policy, and alternatelly employed a number of qualitative and price-typed monetary policy tools to strengthen liquidity management and contain money and credit aggregates, to maintain a reasonable size of the all-system financial aggregate and to promote the stable and healthy development of the economy. The reserve requirement ratio was hiked four times by 2 percentage points cumulatively, and the benchmark deposit and loan interest rates were raised two times by 0.5 basis point cumulatively. A dynamic adjustment measure of the differentiated reserve requirement ratios was implemented, and a macro-prudential policy framework was put into place, so as to encourage financial institutions to adjust the scale and pace of credit extensions on a self-initiated basis. Efforts were made to guide financial institutions to earnestly optimize the credit structure and to implement the differentiated housing credit policies.

Overall, the prudent monetary policy promoted the growth of money and credit aggregates to return to the general gorwth rate. At the end of March 2011, broad money supply M2 recorded RMB75.8 trillion yuan, up 16.6 percent from the same period of the previous year, a deceleration of 3.1 percentage points over the end of 2010. Outstanding RMB loans grew 17.9 percent year on year, a deceleration of 2.0 percentage points over the end of 2010, and RMB2.24 trillion yuan more than that at the beginning of 2011, a deceleration of RMB352.4 billion yuan year on year. In the first quarter of 2011, the all-system financing aggregate increased by RMB4.19 trillion yuan, and the share of direct financing rose remarkably. Lending interest rates of financial institutions moved up steadily. At end-March, the weighted average lending rate of non-financial enterprises and other sectors reached 6.91 percent, up 0.72 percentage point over that at the beginning of the year; the central parity of the RMB against the US dollar was RMB6.5564 yuan per US dollar, up 1 percent over end-2010.

Looking forward, the PBC will follow the theme of scientific development, transformation of the economic growth pattern, and the overall arrangements of the State Council, earnestly implement a prudent monetary policy, properly manage the pace and intensity of policies, maintain policy consistency and stability, and make policy measures well-targeted, more flexible, and effective. Efforts will be made to strike a balance between controlling money aggregates and restructuring the economy, and between promoting economic growth and containing inflation. For the time being, as the economic growth and employment situations remain favorable, the key is to stabilize the general price level and to manage inflation expectations.

Efforts will be made to enhance liquidity management and properly manage the overall liquidity level. The PBC will use a number of price and quantitative instruments as appropriate, such as open market operations, reserve requirement ratios and interest rates, and will improve the macro-prudential framework as a supplement to conventional policy instruments, so as to maintain a proper size and pace of the all-system financing aggregate and to manage inflation expectations. Efforts will be made to guide financial institutions to step up credit support to key areas and weak links in the economy, in particular to small- and medium-sized enterprises, agriculture, rural areas, and farmers, and to properly adjust the ratio of medium- and long-term loans versus short-term loans. The PBC will steadily promote the market-based interest rate reform and the reform of the RMB exchange rate regime, and will promote innovation in financial products to maintain the healthy development of the financial market. Direct financing will be expanded, and enterprises will be encouraged to raise funds by issuing equities and bonds. The reform of financial institutions will be deepened to facilitate the establishment of a modern financial enterprise system and to perfect the organization system for financial services.

目 录

图

①数据来源：中国人民银行、国家统计局、商务部、海关总署、国家外汇管理局、世界银行、国际货币基金组织、世界贸易组织、联合国贸易和发展会议等。

②数据来源：相关中央银行、国家统计机构、世界银行、国际货币基金组织等。

Contents

1. Source: The Peopleís Bank of China, National Bureau of Statistics, Ministry of Commerce, General Administration of Customs, State Administration of Foreign Exchange, World Bank, International Monetary Fund, World Trade Organization, and United Nations Conference on Trade and Development, etc..

1. Source: Central banks, national statistical agencies in relevant countries, The World Bank, IMF, etc..

第一部分　货币信贷概况

2011年第一季度，国民经济保持平稳运行，金融运行总体稳健，货币信贷增长向常态回归，银行体系流动性充裕。

一、货币供应量增速回落

2011年3月末，广义货币供应量M2余额为75.8万亿元，同比增长16.6%，增速比上年年末低3.1个百分点。狭义货币供应量M1余额为26.6万亿元，同比增长15.0%，增速比上年年末低6.2个百分点。流通中货币M0余额为4.5万亿元，同比增长14.8%，增速比上年年末低1.9个百分点。第一季度现金净投放257亿元，同比少投放575亿元。

总体看，货币供应量增长呈回落态势。在公开市场操作、存款准备金率、利率等多项货币政策工具的综合作用下，稳健的货币政策成效逐步显现。其中，前两个月M2同比增速分别逐月下降2.5个和1.5个百分点，3月则略微回升0.9个百分点。3月末，M2增速出现一定上升，主要是金融机构受考核要求强化的影响，季末时点存款增加突出。

3月末，基础货币余额为19.3万亿元，同比增长29.0%，比年初增加1.0万亿元。3月末，货币乘数为3.94，比上年年末高0.02，货币扩张能力仍然较强。3月末，金融机构超额准备金率为1.5%。其中，农村信用社为3.7%。

二、金融机构存款增长有所放缓

3月末，全部金融机构（含外资金融机构，下同）本外币各项存款余额为76.8万亿元，同比增长18.7%，增速比上年年末低1.1个百分点，比年初增加4.0万亿元，同比多增776亿元。人民币各项存款余额为75.3万亿元，同比增长19.0%，增速比上年年末低1.2个百分点，比年初增加4.0万亿元，同比多增545亿元。其中，存款季度末明显冲高，主要受商业银行将理财产品到期日集中安排在季度末、第三方存管资金回流、季度末财政集中拨款等因素的影响。外币存款余额为2 369亿美元，同比增长9.4%，比年初增加112亿美元，同比多增65亿美元。

从人民币存款部门分布看，住户存款增长加快，非金融企业存款增速放缓。3月末，金融机构住户存款余额为32.8万亿元，同比增长17.9%，增速比上年年末高1.4个百分点，比年初增加2.7万亿元，同比多增6 621亿元。非金融企业人民币存款余额为28.2万亿元，同比增长16.6%，增速比上年年末低4.9个百分点，比年初增加3 844亿元，同比少增9 511亿元。其中，非金融企业人民币存款增速1月末回落至12.1%，主要受春节因素的影响，此后增速逐步提升，企业资金仍保持稳步适度增长。3月末，财政存款余额为3.0万亿元，同比增长20.1%，比年初增加3 460亿元，同比多增987亿元。

三、金融机构贷款增长向常态回归

3月末，全部金融机构本外币贷款余额为52.6万亿元，同比增长17.6%，增速比上年年末低2.1个百分点，比年初增加2.4万亿元，同比少增4 008亿元。

人民币贷款增长放缓。3月末，人民币贷款余额为49.5万亿元，同比增长17.9%，增速比上年年末低2.0个百分点，比年初增加2.24万亿元，同比少增3 524亿元。从部门分布看，住户贷款逐步走低，非金融企业贷款增速相对平稳。3月末，住户贷款同比增长28.3%，比上年年末低9.3个百分点，比年初增加7 557亿元，同比少增1 661亿元。其中，个人住房贷款增长放缓，比年初增加2 810亿元，同比少增2 015亿元。非金融企业及其他部门贷款同比增长14.6%，比上年年末低0.7个百分点，比年初增加1.5万亿元，同比少增1 898亿元。其中，中长期贷款比年初增加9 830亿元，同比少增7 965亿元。票据融资比年初减少2 622亿元，同比少减3 621亿元。分机构看，中资全国性大型银行贷款同比少增较多，全国性中小型银行及区域性中小型银行贷款同比多增。

比年初增加270亿美元，同比少增18亿美元。从投向看，支持进出口的贸易融资增加96亿美元，在全部外币贷款中增量占比为36%；支持"走出去"的境外贷款与中长期贷款增加82亿美元，在全部外币贷款中增量占比为30%。

四、社会融资规模同比少增，直接融资占比明显上升

初步统计，2011年第一季度社会融资规模增加4.19万亿元，同比少增3 225亿元，其中，

表1　2011年第一季度分机构人民币贷款情况

单位：亿元

	2011年第一季度		2010年第一季度	
	新增额	同比多增	新增额	同比多增
中资全国性大型银行①	11 024	-2 753	13 777	-14 649
中资全国性中小型银行②	6 589	336	6 253	-5 856
中资区域性中小型银行③	1 867	176	1 691	-590
农村合作金融机构④	4 592	-171	4 763	538
外资金融机构	186	-325	511	775

注：①中资全国性大型银行是指本外币资产总量超过2万亿元的银行（以2008年年末各金融机构本外币资产总额为参考标准）。

②中资全国性中小型银行是指本外币资产总量小于2万亿元且跨省经营的银行。

③中资区域性中小型银行是指本外币资产总量小于2万亿元且不跨省经营的银行。

④农村合作金融机构包括农村商业银行、农村合作银行、农村信用社。

数据来源：中国人民银行。

中小企业信贷支持力度继续加大，"三农"信贷支持保持较强力度。第一季度我国银行业机构中小企业人民币贷款新增9 114亿元，3月末余额同比增长24.8%，增速比大型企业贷款同比增速高21.6个百分点。其中，小企业贷款第一季度新增4 979亿元，3月末余额同比增长48.7%，保持较强的信贷投入力度。3月末，主要金融机构及农村合作金融机构、城市信用社、村镇银行和财务公司本外币涉农贷款余额为12.7万亿元，第一季度新增7 709亿元，占当期各项贷款增量的比重为32%。

外币贷款平稳增长。3月末，金融机构外币贷款余额为4 775亿美元，同比增长17.2%，

人民币贷款增加2.24万亿元，同比少增3 524亿元；外币贷款折合人民币增加1 474亿元，同比少增457亿元；委托贷款3 204亿元，同比多增1 684亿元；信托贷款增加91亿元，同比少增2 047亿元；银行承兑汇票增加7 611亿元，同比少增1 471亿元；企业债券净融资4 551亿元，同比多增1 874亿元；非金融企业境内股票融资1 558亿元，同比多增309亿元。

从结构特点看，一是贷款融资占比继续下降，当季人民币贷款融资占同期社会融资规模的53.5%，同比低4.1个百分点。二是金融机构表外融资占比明显下降。当季实体经济通过金融机构的委托贷款、信托贷款和银行承兑汇

票融资占比分别为7.6%、0.2%和18.2%，合计占比为26.0%，同比低2.1个百分点。三是直接融资占比明显上升，为2002年以来同期最高水平。企业债券和非金融企业境内股票融资占比分别为10.9%和3.7%，同比分别高4.9个和1.0个百分点。

专栏1　社会融资规模

2010年12月，中央经济工作会议和《2011年政府工作报告》提出“保持合理的社会融资规模”，社会融资规模成为宏观监测的重要指标之一。

社会融资规模是指一定时期内（每月、每季度或每年）实体经济(即企业和个人)从金融体系获得的全部资金总额。这里的金融体系是整体金融的概念。从机构看，包括银行、证券、保险等金融机构；从市场看，包括信贷市场、债券市场、股票市场、保险市场以及中间业务市场等。它主要由三个部分构成：一是金融机构通过资金运用对实体经济提供的全部资金支持，主要包括人民币各项贷款、外币各项贷款、信托贷款、委托贷款、金融机构持有的企业债券及非金融企业股票、保险公司的赔偿和投资性房地产等。二是实体经济利用规范的金融工具在正规金融市场通过金融机构信用或服务所获得的直接融资，主要包括银行承兑汇票、非金融企业境内股票筹资及企业债的净发行等。三是其他融资，主要包括小额贷款公司贷款、贷款公司贷款、产业基金投资等。

具体到统计指标上，目前社会融资规模包括人民币贷款、外币贷款、委托贷款、信托贷款、银行承兑汇票、企业债券、非金融企业境内股票融资和其他金融工具融资八项指标。随着我国金融市场发展和金融创新深化，实体经济还会增加新的融资渠道，如私募股权基金、对冲基金等。待未来条件成熟后，可将其计入社会融资规模。

初步统计数据显示，近年来，我国社会融资规模快速扩张，金融对经济的支持力度明显加大。从2002年到2010年，我国社会融资规模由2万亿元扩大到14.27万亿元，年均增长27.8%，比同期人民币各项贷款年均增速高9.4个百分点。2010年社会融资规模与GDP之比为35.9%，比2002年提高了19.2个百分点。与此同时，金融结构呈现多元化发展，金融对资源配置的积极作用不断提高，具体表现：一是2010年企业债融资和非金融企业境内股票融资分别占同期社会融资规模的8.4%和4.1%，其中，企业债融资比2002年上升6.8个百分点。二是金融机构表外业务融资功能显著增强。2010年银行承兑汇票、委托贷款和信托贷款分别占同期社会融资规模的16.3%、7.9%和2.7%，分别比2002年高19.8个、7.0个和2.7个百分点。

传统的金融与经济的关系，一般是指银行体系与实体经济的关系。较长时期以来，我国宏观调控重点监测和分析的指标是M2和新增人民币贷款。在某些年份，新增人民币贷款甚至比M2受到更多关注。近年来，随着我国金融市场快速发展，金融与经济的关系发生了较大变化。金融市场和产品不断创新，金融结构多元化发展，证券类、保险类机构对实体经济资金支持加大，对实体经济运行产生重大影响的金融变量不仅包括传统意义上的货币与信贷，而且包括信托、债券、股票等其他金融资产。2010年全年新增人民币贷款7.95万亿元，同比少增1.65万亿元，但是实体经济通过银行承兑汇票和委托贷款从金融体系新增融资达3.47万亿元，占社会融资规模的24.2%，同比多增2.33万亿元。宏观监测迫切需要一个更为合适的、能够全面反映金融与经济关系的中间指标，即社会融资规模。只有将除贷款外的其他融资，即金融机构表外融资业务，如银行承兑汇票、委托贷款、信托贷款等，以及直接融资都纳入统计范畴，才能完整、全面地监测和分析整体社会融资状况，也才能从根本上避免因过度关注贷款规模而形成的“按下葫芦浮起瓢”的现象。

五、金融机构贷款利率稳步上升

第一季度，非金融性企业及其他部门贷款利率逐月稳步上升。3月，贷款加权平均利率为6.91%，较年初上升0.72个百分点。其中，一般贷款加权平均利率为7.10%，比年初上升0.76个百分点；票据融资加权平均利率为6.26%，比年初上升0.77个百分点。个人住房贷款利率持续上升，3月加权平均利率为6.17%，比年初上升0.82个百分点。

从利率浮动情况看，执行基准利率和上浮利率的贷款占比上升。3月，执行上浮利率的贷款占比为55.82%，比年初上升12.78个百分点；执行基准利率的贷款占比为30.22%，比年初上升1.06个百分点；执行下浮利率的贷款占比为13.96%，比年初下降13.84个百分点。

受境内资金供求关系变动等因素影响，外币存款利率总体走高，贷款利率持续上升。3月，3个月以内大额美元存款加权平均利率为2.31%，比年初上升0.47个百分点；3个月以内、3（含3个月）～6个月美元贷款加权平均利率分别为3.04%和 3.26%，比年初分别上升0.47个和0.41个百分点。

表2　2011年1～3月金融机构人民币贷款各利率区间占比

单位：%

月份	下浮	基准	上浮					
	[0.9，1.0)	1.0	小计	(1.0，1.1]	(1.1，1.3]	(1.3，1.5]	(1.5，2.0]	2.0以上
1月	21.35	29.45	49.20	15.97	15.01	6.08	8.67	3.48
2月	19.94	31.80	48.26	17.91	14.55	5.61	7.29	2.90
3月	13.96	30.22	55.82	18.25	17.76	6.96	9.24	3.60

数据来源：中国人民银行。

表3　2011年1～3月大额美元存款与美元贷款平均利率表

单位：%

月份	大额存款						贷款				
	活期	3个月以内	3(含3个月)～6个月	6(含6个月)～12个月	1年	1年以上	3个月以内	3(含3个月)～6个月	6(含6个月)～12个月	1年	1年以上
1月	0.24	1.99	2.01	1.87	3.47	4.45	2.76	2.92	3.04	2.91	3.35
2月	0.27	2.14	2.68	2.55	3.34	3.91	2.94	3.16	3.12	3.16	3.16
3月	0.32	2.31	2.67	3.01	2.91	4.47	3.04	3.26	3.76	3.25	3.15

数据来源：中国人民银行。

六、人民币汇率弹性明显增强

2011年年初以来，人民币小幅升值，双向浮动特征明显，汇率弹性明显增强，人民币汇率预期总体平稳。3月末，人民币对美元汇率中间价为1美元兑6.5564元人民币，比上年年末升值663个基点，升值幅度为1%；人民币对欧元、日元汇率中间价分别为1欧元兑9.2681元人民币、100日元兑7.8883元人民币，分别较2010年年末贬值4.98%和升值3.01%。自2005年人民币汇率形成机制改革以来至2011年3月末，人民币对美元汇率累计升值26.24%，对欧元汇率累计升值8.05%，对日元汇率累计贬值7.38%。根据国际清算银行的计算，2011年第一季度，人民币名义有效汇率贬值1.2%，实际有效汇率贬值1.9%；自2005年人民币汇率形成机制改革以来至2011年3月，人民币名义有效汇率升值13.4%，实际有效汇率升值20.3%。

第一季度，人民币对美元汇率中间价最高为1美元兑6.5564元人民币，最低为1美元兑6.6349元人民币，58个交易日中38个交易日升值、20个交易日贬值。第一季度最大单日升值幅度为0.20%（133点），最大单日贬值幅度为0.16%（103点）。

第二部分 货币政策操作

2011年以来，中国人民银行按照中央经济工作会议精神和国务院统一部署，围绕保持物价总水平基本稳定这一宏观调控的首要任务，认真落实稳健的货币政策，交替使用数量型货币政策工具和价格型货币政策工具以及宏观审慎政策工具，加强流动性管理和货币信贷总量调控，保持合理的社会融资规模，引导金融机构着力优化信贷结构，继续稳步推进金融企业改革，完善人民币汇率形成机制，改进外汇管理，促进经济平稳健康发展。

一、灵活开展公开市场操作，进一步加强流动性管理

灵活安排公开市场操作工具组合，加大流动性回收力度。根据银行体系流动性供求变化情况，中国人民银行灵活安排公开市场工具组合与期限结构，搭配中央银行票据发行和短期正回购操作，进一步提高流动性回收力度。第一季度累计发行中央银行票据3 370亿元，开展短期正回购操作8 150亿元。截至3月末，中央银行票据余额约为2.8万亿元。

发挥公开市场操作的预调和微调作用，有效地熨平季节性因素对银行体系流动性的冲击。针对春节前后银行体系流动性波动较大的季节性特征，中国人民银行灵活安排正回购期限品种，通过不同期限正回购操作到期日与春节前现金投放峰值时点的匹配，有效地熨平了季节性因素引起的短期流动性波动。

适度增强公开市场操作利率弹性，进一步加强对通货膨胀预期的管理。与存贷款基准利率调整相配合，结合市场环境变化，中国人民银行适时增强了公开市场操作利率弹性，不仅有助于加强通货膨胀预期管理，而且有利于发挥市场利率调节资金供求关系的作用。截至3月末，3个月期和1年期中央银行票据的操作利率分别为2.7944%和3.1992%，分别较上年年末上升77.88个和68.77个基点。

适时开展国库现金管理商业银行定期存款业务。2011年第一季度共开展了两期国库现金管理商业银行定期存款业务，期限均为3个月，操作量均为300亿元。

二、四次上调存款准备金率，实施差别准备金动态调整机制

在国际收支总体上继续保持较大顺差的背景下，为加强流动性管理，适当调控货币信贷总量，保持合理的社会融资规模，管理好通货膨胀预期，2011年以来，中国人民银行继续发挥存款准备金工具深度冻结银行体系多余流动性的功能，分别于1月20日、2月24日、3月25日和4月21日四次上调存款类金融机构人民币存款准备金率各0.5个百分点，累计上调2个百分点。

中国人民银行结合宏观审慎理念和流动性管理的需要，从2011年起对金融机构引入差别准备金动态调整机制，配合公开市场操作、存款准备金率、利率等常规性货币政策工具，发挥其合力。差别准备金动态调整主要基于社会融资规模、银行信贷投放与社会经济主要发展目标的偏离程度以及具体金融机构对整体偏离的影响，并考虑具体金融机构的系统重要性、稳健状况及执行国家信贷政策的情况等因素，以便更有针对性地回收过多的流动性，引导金融机构信贷合理、适度、平稳投放，优化信贷结构。差别准备金动态调整机制的实施为金融机构提供了一种主动按照宏观审慎政策的要求，从提高资本水平和改善

资产质量两个方面增强风险防范能力的弹性机制，既可体现宏观调控的要求，达到防范顺周期系统性风险积累的目的，又给市场竞争机制的运作保留了空间。

三、两次上调存贷款基准利率

为稳定通货膨胀预期，抑制货币信贷快速增长，中国人民银行于2011年2月9日和4月6日两次上调金融机构人民币存贷款基准利率。其中，1年期存款基准利率由2.75%提高到3.25%，累计上调0.5个百分点；1年期贷款基准利率由5.81%提高到6.31%，累计上调0.5个百分点。加上2010年第四季度两次利率上调的累积效果，金融机构对非金融性企业及其他部门贷款利率逐步上升，对于调节贷款需求，起到了一定作用。同时，社会资金成本的逐步提升，也有利于引导通货膨胀预期，发挥利率杠杆的调控作用。

四、引导金融机构着力优化信贷结构，支持经济发展方式转变和经济结构战略性调整

加强货币信贷政策与其他政策的协调配合，加强“窗口指导”，引导金融机构按照“区别对待、有扶有控”的原则，着力优化信贷结构。引导金融机构支持重点产业调整振兴、防止盲目投资和低水平重复建设，大力支持节能减排和淘汰落后产能、促进发展低碳经济。指导和督促金融机构以完善创新担保方式为突破口，积极探索适合服务产业发展特点的信贷产品和服务方式。做好“三农”金融服务，高度重视春耕抗旱和粮食生产的金融支持工作，加大对中小企业的金融支持力度，切实把特殊群体就业、助学、救急应灾等“民生金融”工程落到实处。继续做好对国家重点支持区域、国家综合配套改革实验区的金融服务工作，为地震灾区和舟曲特大山洪泥石流灾区提供金融支持与服务。加强对地方政府融资平台的放贷管理，积极探索研究拓宽地方政府融资新渠道。

五、发挥支农再贷款、再贴现引导信贷资金投向的作用，促进改善县域和农村金融服务

加大再贷款、再贴现支持力度，引导扩大涉农信贷投放。2011年以来，为进一步加大对西部地区、粮食主产区和受灾地区支农再贷款的支持力度，中国人民银行对上述地区共计安排调增支农再贷款额度150亿元。其中，对新疆、广西等西部地区和粮食主产区调增支农再贷款额度50亿元；对河南、山东、河北等受旱灾影响严重的8个省（区）安排增加支农再贷款额度100亿元。3月末，全国支农再贷款余额为791亿元，同比增加330亿元。支农再贷款的运用对支持春耕抗旱，引导扩大涉农信贷投放发挥了积极作用。为有效发挥再贴现引导资金投向和促进结构调整的作用，年初，中国人民银行对辽宁省等五省（区）安排增加再贴现额度50亿元。第一季度，累计办理再贴现552亿元，同比增加351亿元，3月末，全国再贴现余额为766亿元，同比增加503亿元。从投向看，再贴现总量中涉农票据占32%，中小企业签发的票据占89%，较好地发挥了支持扩大“三农”和中小企业融资的作用。

认真落实县域法人金融机构新增存款一定比例用于当地贷款的激励政策以及农村信用社专项票据兑付后续监测考核激励约束政策，支持和引导农村金融机构坚持审慎稳健经营，扩大涉农信贷投放。中国人民银行下发通知，决定自2011年4月1日至2012年3月31日，对同时达到比例考核政策和专项票据兑付后续监测考核政策标准的425个县（市）农村信用社和16个村镇银行，安排增加支农再贷款额度200亿

元；对达到专项票据兑付后续监测考核标准的农村信用社，在支农再贷款、再贴现等方面适当加大政策支持力度；对考核不达标的农村信用社，采取一定的约束措施。

六、跨境贸易人民币结算业务保持较高增长水平

2011年第一季度，银行累计办理跨境贸易人民币结算业务3 603.2亿元，比2010年第四季度增加190.0亿元。其中，货物贸易出口结算金额为202.3亿元，进口结算金额为2 853.7亿元；服务贸易及其他经常项目出口结算金额为195.9亿元，进口结算金额为351.3亿元。第一季度，跨境贸易人民币结算实际收付总金额为2 584.7亿元，其中实收392.5亿元，实付2 192.2亿元，收付比约为1∶5，较上年年末有所下降。其中，与香港地区的跨境人民币结算占比最高。截至2011年3月末，境内代理银行为境外参加银行共开立800个人民币同业往来账户，账户余额为858.6亿元，户均余额为10 733万元。

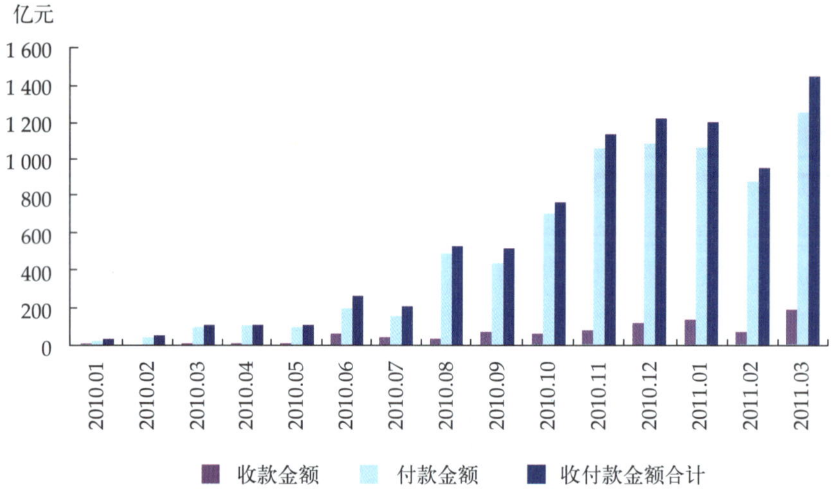

数据来源：中国人民银行。

图1　跨境贸易人民币结算按月情况

专栏2　香港人民币业务稳步开展

顺应市场需求，依托政策推动和内生动力，香港人民币业务自2004年起步，历经个人业务、人民币债券业务、跨境贸易人民币结算到香港金融机构依本地法规自主开办人民币业务的发展进程，业务有序推进，发展势头良好。

随着内地改革开放的推进和经济的快速发展，内地与香港经贸往来日益密切，人民币现钞在香港流通扩大并形成一定沉淀。2003年，国务院批准香港银行在香港办理人民币存款、兑换、银行卡和汇款四项个人人民币业务，以满足两地居民个人往来和小额旅游消费需求，但不涉及大额经常项下的交易和人民币的贷款、投融资等资本项目交易。2003年12月24日，中国人民银行授权中国银行（香港）有限责任公司（以下简称中银香港）作为香港银行个人人民币清算行，并与中银香港签署《关于人民币业务的清算协议》。内地为香港提供人民币清算和兑换平盘安

排，奠定了香港人民币业务发展的基础。2004年2月25日，香港银行正式开办个人人民币业务。

香港人民币业务开办后稳步、有序地发展，资金清算渠道畅通，人民币存款逐步增加，进而催生人民币投资和资产管理需求。经国务院批准，2007年1月14日，中国人民银行发布《公告》([2007]第3号)，内地金融机构经批准可以赴香港发行人民币债券，所筹资金可汇入内地，中国人民银行相应扩大为香港人民币业务提供清算安排的范围。2007年7月28日，国家开发银行在香港发行首只人民币债券，发行规模为50亿元。经国务院批准，2009年9月28日，财政部在香港发行60亿元人民币国债，进一步丰富了香港人民币投资品种。

为促进贸易和投资便利化，国务院于2009年4月8日决定在上海市和广东省四个指定城市先行开展跨境贸易人民币结算试点工作，境外地域范围为港澳地区和东盟国家。2009年7月2日，跨境贸易人民币结算开始试点，香港人民币业务从个人业务扩大到以人民币结算和融资为主的公司业务。试点开展以来，与香港地区的跨境人民币结算一直占主导地位，人民币实际收付累计结算量占总收付金额比例超过2/3，跨境贸易人民币结算成为香港人民币资金的主要来源。2011年3月末，香港人民币存款已达4 514亿元，约占同期香港外币存款的15%。

为进一步促进香港人民币业务发展，密切两地经贸合作和人员往来，2010年7月19日，中国人民银行与香港金融管理局签订了《补充合作备忘录》，与中银香港签订修订后的《关于人民币业务的清算协议》，明确香港人民币业务参加行可以按照本地法规为企业和机构客户提供人民币银行业务，人民币资金进出内地需符合内地的有关规定。自此，香港人民币业务进入快速发展阶段，人民币在香港开户和划转不受限制，香港金融机构可自主开发各类人民币交易产品和资产负债产品，可交割人民币远期、人民币存款证、人民币结构性理财产品、人民币信托投资基金等迅速推出，国际开发机构、境外和跨国金融机构和企业也纷纷赴香港发行人民币债券，2011年3月末，各类主体在香港累计发行人民币债券约820亿元。2011年4月11日，香港首只以人民币计价的基金——汇贤房地产信托投资基金公开招股。

香港是内地与世界各经济体进行经贸往来的重要窗口，在香港建立离岸人民币业务中心和国际资产管理中心、发展香港人民币业务具有重要意义。一是有利于在“一国两制”制度下建设和发展香港国际金融中心，促进香港长期繁荣稳定。二是为境外主体获取和运用人民币提供重要的平台，有利于促进贸易和投资。三是为内地金融改革提供有益经验。四是在资本项目未完全开放的条件下，通过有效管理跨境人民币流动，有利于防范人民币跨境使用的有关风险。

七、完善人民币汇率形成机制

继续按主动性、可控性和渐进性原则，进一步完善人民币汇率形成机制，重在坚持以市场供求为基础，参考一篮子货币进行调节，增强人民币汇率弹性，保持人民币汇率在合理均衡水平上的基本稳定。

八、继续推进金融机构改革

继续深化大型商业银行改革，不断推进政策性金融机构改革。促进大型商业银行完善公司治理，不断提高决策水平和效能；强化资本、成本和风险约束意识，全方位调整优化资产、负债、收益结构，严防不良资产反弹，确保稳健经营。截至2010年年末，中国工商银行、中国农业银行、中国银行、中国建设银行和交通银行的资本充足率分别为12.27%、11.59%、12.58%、12.68%和12.36%；不良贷款率分别为1.08%、2.03%、1.10%、1.14%和1.12%；税前利润分别为2 154亿元、1 207亿元、1 421亿元、1 752亿元和500亿元。继续推进中国农业银行“三农金融事业部”改革，对深化“三农金融事业部”改革试点的四川、重庆、湖北等八个省（自治区、直辖市）分行下辖的561个县域支行逐县开展检查评估，全面客观地评价改革试点成效和“三农”金融服务效果；同时，对改革试点给予营业税、监管费、存款准备金等方面的支持政策。国家开发银行商业化转型稳步推进，在支持企业“走出去”、改善民生方面发挥积极作用。深入研究论证中国进出口银行和中国出口信用保险公司改革方案，推动中国农业发展银行继续深化内部改革。

农村信用社改革取得明显成效。一是农村信用社资产质量明显改善，抗风险能力显著提升。3月末，按照贷款五级分类口径，全国农村信用社不良贷款余额和比例分别为4 020亿元和6.6%，比上年年末分别下降184亿元和0.8个百分点。资本充足率为8.6%。二是农村信用社资金实力显著增强，支农服务功能明显改善。3月末，全国农村信用社存贷款余额分别为9.3万亿元、6.1万亿元，占全国金融机构各项存贷款余额的比例分别为12.3%和12.4%，比上年年末分别提高0.4个和0.6个百分点。涉农贷款和农户贷款余额分别为4.1万亿元和2.2万亿元，比上年年末分别增加2 454亿元和1 562亿元。

九、不断深化外汇管理体制改革

推广出口收入存放境外政策，便利企业跨境资金运用。在总结前期试点地区经验的基础上，从2011年1月1日起，在全国范围内推广实施，允许境外企业将货物贸易出口收入存放境外，便利国内企业充分利用国际、国内两个市场、两种资源，减缓出口收入调回境内的压力。

加强跨境资金流入和结汇监管。为合理引导跨境资金流动，防范违法违规资金流入，进一步加强了银行结售汇综合头寸、转口贸易收结汇管理，适当压缩货物贸易预收货款和延期付款的比例，进一步调低2011年度境内金融机构短期外债指标总规模，并适度调减存放同业、拆放同业规模较大银行的短期外债余额指标。进一步提高外汇管理透明度，积极引导社会各界正确解读我国跨境资金流动以及异常资金流动状况，合理引导市场预期。

第三部分 金融市场分析

2011年第一季度，金融市场继续健康、平稳运行，市场流动性总体充裕。货币市场利率有所波动，市场交易活跃；债券市场指数稳中有升，债券发行规模明显增加；股票价格指数小幅上涨，股票成交活跃。

一、金融市场运行分析

（一）货币市场交易活跃，利率有所波动

银行间回购、拆借市场交易活跃，成交量大幅增加。第一季度，银行间市场债券回购累计成交21.5万亿元，日均成交3 578亿元，日均同比增长25.6%；同业拆借累计成交6.0万亿元，日均成交1 000亿元，日均同比增长14.3%。从期限结构看，市场交易仍主要集中于隔夜品种，债券回购和拆借隔夜品种的成交分别占各自总量的76.2%和85.0%，占比同比分别下降4.2个和2.8个百分点。交易所市场政府债券回购累计成交3.12万亿元，同比增长160%。

分机构看，国有商业银行净融出资金数量同比明显减少；非银行金融机构中的保险公司融资需求明显增加，证券公司及基金公司资金需求有所下降。

人民币利率互换交易大幅增加。2011年第一季度，人民币利率互换市场发生交易4 775笔，名义本金总额为5 667.9亿元，同比大幅增长170.2%。从期限结构来看，1年及1年期以下交易最为活跃，名义本金总额达到3 415.4亿元，占总量的60.3%。人民币利率互换交易的浮动端参考利率包括Shibor、1年期定期存款利率以及7天回购定盘利率，与之挂钩的利率互换交易名义本金占比分别为31.7%、3.0%和65.3%。

货币市场利率有所波动。受春节因素影响，1月，货币市场各期限利率均达到年内高点；节后货币市场利率逐月有所回落。3月，质押式债券回购和同业拆借加权平均利率分别为1.98%和1.93%，比2月分别下降1.04个百分点和0.8个百分点，比上年12月分别下降1.14个和0.99个百分点。2011年第一季度，Shibor短端利率也呈大幅上升后总体回落的走势，

表4 2011年第一季度金融机构回购、同业拆借资金净融出、净融入情况表

单位：亿元

	回购市场		同业拆借	
	2011年第一季度	2010年第一季度	2011年第一季度	2010年第一季度
国有商业银行	-48 621	-62 499	1 360	-9 800
其他商业银行	13 487	17 958	-5 328	6 282
其他金融机构	31 909	38 133	4 327	1 962
其中：证券公司及基金公司	13 091	19 943	2 502	224
保险公司	6 494	3 335	—	—
外资金融机构	3 226	6 408	-359	1 556

注：本表其他金融机构包括国家开发银行、政策性银行、农村信用社联社、财务公司、信托投资公司、保险公司、证券公司及基金公司；负号表示净融出，正号表示净融入。

数据来源：中国外汇交易中心。

表5 利率衍生产品交易情况

年份	债券远期		利率互换		远期利率协议	
	交易笔数(笔)	交易量(亿元)①	交易笔数(笔)	名义本金额(亿元)	交易笔数(笔)	名义本金额(亿元)
2006年	398	664.5	103	355.7	—	—
2007年	1 238	2 518.1	1 978	2 186.9	14	10.5
2008年	1 327	5 005.5	4 040	4 121.5	137	113.6
2009年	1 599	6 556.4	4 044	4 616.4	27	60.0
2010年	967	3 183.4	11 643	15 003.4	20	33.5
2011年第一季度	159	212.6	4 775	5 667.9	2	2.0

注：①自2009年起，债券远期交易量改按结算金额统计。

数据来源：中国外汇交易中心。

截至3月末，隔夜、1周Shibor分别为1.80%和2.82%，分别较年初下降2.72个和3.57个百分点。3个月以上Shibor则呈稳中上升的走势，截至3月末，3个月和1年期Shibor分别为4.17%和4.66%，比年初分别上升了0.87个和1.03个百分点。

（二）债券市场指数稳中有升，债券发行规模明显增加

银行间市场和交易所市场债券指数均有所上升。2011年第一季度，银行间市场债券指数由年初的132.9点升至3月末的133.6点，上涨0.48%；交易所市场国债指数由年初的126.3点升至3月末的127.6点，上涨1.01%。2011年以来，随着货币市场利率波动中有所下降，国债收益率曲线短端收益率也有所下行，曲线中长端收益率则受通货膨胀预期及加息等因素影响有所上升，国债收益率曲线整体呈现陡峭化趋势。

银行间债券市场现券交易量平稳增长。第一季度累计成交12.62万亿元，日均成交2 103亿元，日均成交同比增长22.1%。从交易主体看，国有商业银行是银行间现券市场上的主要净买入方，净买入现券1 300亿元；其他商业银行是主要的净卖出方，净卖出现券1 638亿元，保险公司由上年同期的净卖出转为净买入现券65亿元。交易所国债现券成交272亿元，同比少成交256亿元。

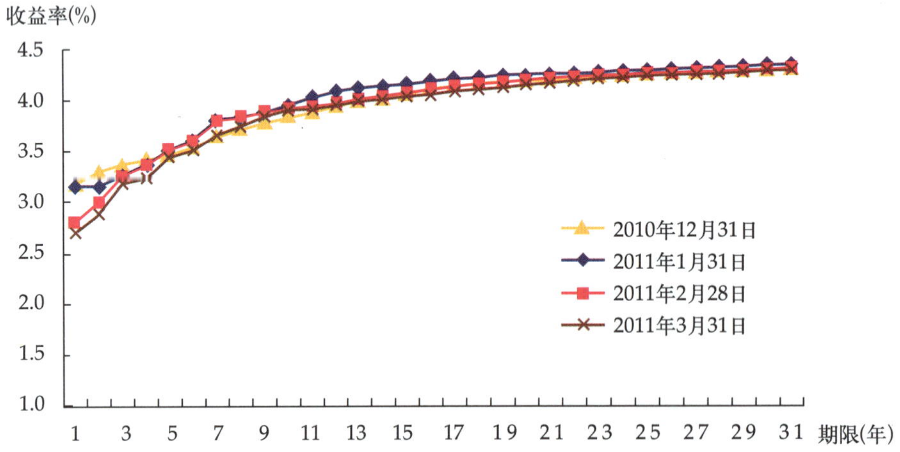

数据来源：中央国债登记结算有限责任公司。

图2 2011年第一季度银行间市场国债收益率曲线变化情况

受上调存贷款基准利率和市场通货膨胀预期较强等因素影响，债券发行利率总体呈走高趋势；但由于第一季度金融机构债券配置需求较为旺盛，债券发行利率上升幅度相对有限。2011年第一季度，财政部发行的两期10年期国债平均利率为3.89%，比上年第四季度相同期限平均发行利率高15个基点；国家开发银行2011年3月发行的3年期政策性金融债利率为4.02%，比上年年末上升32个基点。Shibor对债券类产品定价的指导性不断增强。2011年第一季度，一级市场共发行固定利率企业债72只，发行总量为806亿元，全部参照Shibor定价；发行参照Shibor定价的固定利率短期融资券708亿元，约占固定利率短期融资券发行总量的25.3%。另外，发行以Shibor为基准的浮动利率债券7只，发行总量为665亿元。

债券市场发行规模明显增加。第一季度累计发行各类债券（不含中央银行票据）1.58万亿元，同比增长71.2%。其中，政策性金融债、公司债、短期融资券和中期票据增长较快，同比分别增长118.6%、98.4%、74.7%和60.2%。同时，集合票据和超短期融资券分别发行17亿元和910亿元。从期限品种看，5年期以下债券发行量占比为70.3%，同比上升4.9个百分点。截至3月末，中央国债登记结算有限责任公司债券托管量余额为20.1万亿元。

（三）票据市场利率高位运行，票据融资持续下降

受货币市场利率和票据市场供求变化等多种因素影响，2011年第一季度，票据市场利率先扬后抑，但总体仍处于高位运行。票据融资余额持续下降，但票据市场交易总体活跃。第一季度，企业累计签发商业汇票3.6万亿元，同比增长31.7%；累计贴现6.9万亿元，同比增长12.8%。期末，商业汇票未到期金额为5.9万亿元，同比增长33.6%；贴现余额为1.2万亿元，同比下降29.7%。2011年以来，金融机构继续加大信贷资产结构调整力度，压缩票据规模以满足一般贷款需求，票据融资余额比年初下降2 622亿元。3月末，票据融资余额占贷款余额的比例为2.5%，同比下降近2个百分点。

（四）股票市场指数小幅上涨，股票市场成交保持活跃

股票市场总体有所上涨。3月末，上证综合指数和深证成份指数分别收于2 928点和12 563点，比上年年末分别上涨4.2%和0.8%。沪市A股平均市盈率从上年年末的21.6倍上升到3月末的22.8倍；深市从45.3倍回落到35.9倍。

表6 2011年第一季度主要债券发行情况

债券品种	发行额(亿元)	同比增长(%)
国债[①]	3 260	41.7
国家开发银行及政策性金融债	6 098	118.6
银行次级债、混合资本债	175	-47.3
银行普通债	20	—
企业债券[②]	6 205	59.6
其中：短期融资券	2 832	74.7
中期票据	1 841	60.2
公司债券	403	98.4

注：①国债含财政部代理发行的地方政府债券。

②包括企业债券、超短期融资券、短期融资券、中期票据、中小企业集合票据、公司债券和可转债。

数据来源：中国人民银行、中央国债登记结算有限责任公司。

股票市场成交保持活跃。2011年第一季度，沪、深股市累计成交13.51万亿元，同比增长16.5%；日均成交2 329亿元，同比多成交323亿元。3月末市场流通市值为20.78万亿元，比上年年末增长7.7%。

股票市场筹资额有所减少。初步统计，2011年第一季度，各类企业和金融机构在境内外股票市场上通过发行、增发、配股、行权以及可转债方式累计筹资1 715亿元，同比少131亿元。

（五）保险业总资产保持较快增长

2011年第一季度，保险业累计实现保费收入4 617亿元[①]，累计赔款、给付980亿元，同比增长33.9%，其中，财产险赔付同比增长17.9%，寿险赔付同比增长49.8%。

保险业总资产继续保持较快增长速度。2011年3月末，保险业总资产为5.4万亿元，同比增长25.9%，比上年年末加快0.7个百分点。其中，银行存款同比分别增长40.2%，比上年年末加快7.5个百分点；投资类资产同比增长21.4%，比上年年末回落4.2个百分点。

表7　2011年3月末主要保险资金运用余额及占比情况表

	余额(亿元人民币)		占资产总额比重(%)	
	2011年3月末	2010年3月末	2011年3月末	2010年3月末
资产总额	54 064	42 929	100.0	100.0
其中：银行存款	16 257	11 595	30.1	27.0
投资	33 899	27 943	62.7	65.1

数据来源：中国保险监督管理委员会。

（六）外汇市场交易活跃

人民币外汇远期和“外币对”交易规模快速扩张。第一季度，人民币外汇即期成交8 133亿美元，同比增长5.5%；人民币外汇掉期交易累计成交金额折合3 377亿美元，同比增长18.5%，其中，隔夜美元掉期成交1 861亿美元，占掉期总成交额的55.1%；人民币外汇远期市场累计成交595亿美元，同比增长1 855%。第一季度“外币对”累计成交金额折合209亿美元，同比增长68.0%，其中，成交最多的产品为美元对港元，市场份额为49.9%，同比下降14.2个百分点。外汇市场交易主体进一步增加，2011年第一季度，新批准1家即期市场会员、2家货币掉期会员，以及1家企业集团进入银行间外汇市场。

（七）黄金市场运行平稳

黄金价格先跌后涨，与国际市场黄金价格走势保持一致。上海黄金交易所黄金价格1月呈下跌趋势，2月到3月持续上涨。国内金价持续高于国际金价，但价差逐渐减小。国内黄金最高价为每克305.3元，最低价为每克281.2元。3月末，黄金价格为每克302.1元，比年初上涨0.07%。

上海黄金交易所黄金市场运行平稳。第一季度，黄金累计成交1 424.6吨，同比下降0.9%；成交金额为4 214.4亿元，同比增长19.7%。白银累计成交40 276.0吨，同比增长488.1%；成交金额为2 855.0亿元，同比增长948.1%。铂金累计成交15.7吨，同比增加19.8%；成交金额为61.3亿元，同比增长31.5%。

① 由于2011年中国保监会对保费收入口径进行调整，故该指标与上年不可比。

二、金融市场制度建设

（一）加快推进外汇市场发展，适时推出外汇期权交易

2011年4月1日，我国银行间外汇市场正式开展人民币对外汇期权交易。期权交易以实需原则为基础，可进一步满足市场主体规避汇率风险的需要，提供更多的汇率避险保值工具。2005年7月人民币汇率形成机制改革以来，银行间外汇市场已相继推出远期、外汇掉期和货币掉期等人民币外汇衍生产品，人民币对外汇期权交易的推出，标志着我国外汇市场已初步形成完整的基础类汇率衍生产品体系，为今后外汇市场进一步创新发展奠定了基础。

（二）期货市场法制建设进一步完善，产品创新取得新进展

1月17日，最高人民法院就期货市场会员分级结算、结算担保金等制度下有关司法执行的问题发布了专门规定。经中国证监会批准，3月24日，铅期货合约在上海期货交易所正式挂牌交易，进一步丰富了我国大宗商品交易品种，完善了相关产品的价格形成机制。

（三）修订股票市场交易结算规则，明确上市公司并购重组标准

1月13日，中国证券登记结算有限责任公司对《融资融券试点登记结算业务实施细则》进行全面修订，实现了融资融券交易后剩余资金划转与第三方存管制度要求的衔接。1月17日，深圳证券交易所对《深圳交易所交易规则》进行了修订，强化了对市场交易风险的监管措施。2月23日，中国证监会发布《上市公司严重财务困难的适用意见》等5个并购重组的法律适用意见，进一步提高了上市公司并购重组过程中相关标准的规范性和透明度。

（四）完善银保业务监管和偿付能力监管，提高保险业服务质量

为进一步规范银保市场秩序，中国保监会、中国银监会于3月联合发布了《商业银行代理保险业务监管指引》，从提高合作关系的稳定性、防范和打击销售误导、防止商业贿赂风险、明确保险公司和银行的责任划分、保护消费者合法权益以及促进银保发展方式转变等多方面对银保业务进行了全面系统规范。为进一步完善偿付能力监管制度，中国保监会发布相关规则明确要求对保险公司动态偿付能力测试进行第三方审核。另外，中国保监会还发布通知明确规定保险公司服务承诺报告制度，要求保险公司确保所有服务承诺落到实处，以提高保险业服务质量，切实保护被保险人利益。

第四部分 宏观经济分析

一、世界经济金融形势

2011年第一季度，全球经济继续“双速复苏”。受西亚和北非政局动荡、极端天气和日本地震等重大突发性事件的影响，国际原油和粮食等大宗商品价格持续攀升，金融市场动荡加剧，国际经济环境中的不稳定和不确定因素增多。美国经济温和增长，失业率缓慢回落，但房地产市场仍然低迷，财政和贸易赤字问题严重；欧元区部分国家主权债务风险犹存，由于通货膨胀压力增加，欧洲中央银行开始收紧货币政策；日本地震导致海啸和核泄漏事故，为日本乃至全球经济复苏蒙上了阴影；新兴经济体需求旺盛，但为应对跨境资本大规模流动和经济过热等风险，部分经济体主动收紧了宏观政策。国际货币基金组织（IMF）在2011年4月发布的《世界经济展望》中预测，2011年，美国、欧元区、日本和新兴市场与发展中经济体的经济增长率分别为2.8%、1.6%、1.4%和6.5%。

（一）主要经济体经济形势

美国经济继续复苏，但增速有所放缓，房地产市场和双赤字问题仍无明显改善。第一季度，美国GDP增长1.8%（环比折年率），低于市场预期。在财政刺激和量化宽松的货币政策的带动下，美国失业率连续四个月回落，2011年3月已降至8.8%，主要受求职人数减少的影响，新增就业岗位有限。消费形势持续向好，在股票市场上涨产生的财富效应的带动下，3月美国零售额连续9个月增长。受“出口倍增”政策的影响，1月美国出口额达1 675亿美元，创历史最高水平。但下行风险仍然存在。受能源和食品价格上涨的影响，美国3月CPI同比上涨2.7%，创2009年12月以来的最大涨幅，大宗商品价格上涨可能制约未来经济增长。房地产市场持续低迷，由于库存较大，房价仍有下滑空间。贸易及财政赤字问题不容乐观。联邦财政赤字2月创2 225亿美元的历史新高，3月赤字仍高达1 880亿美元。标准普尔公司4月18日宣布，将美国信用评级的展望从“稳定”降至“负面”，但仍维持其AAA级的信用评级不变。

欧元区经济增长优于预期，但仍面临主权债务风险和通货膨胀压力上升等突出问题，各成员经济表现分化明显。德国经济持续强劲增长，法国和意大利温和复苏，而西班牙、希腊、葡萄牙、爱尔兰等国仍受债务危机困扰，3月以来，这些国家的主权评级连遭降级，导致融资形势再度紧张，葡萄牙成为继希腊、爱尔兰之后第三个向欧盟申请救助的欧元区国家。同时，受能源、食品价格大幅走高的影响，欧元区的通货膨胀压力持续上升。3月HICP同比上升2.7%，创2008年10月以来的最高水平，已连续四个月高于欧洲中央银行2%的通货膨胀目标。

地震、海啸及核泄漏对日本经济复苏造成严峻挑战，公共债务问题堪忧。3月11日，日本东北部发生强烈地震并引发海啸和核泄漏事故。此次灾害对基础设施和全球汽车、电子产业链造成严重破坏，可能延缓日本乃至全球的经济复苏进程。日本公共债务已接近GDP的两倍，居发达国家之首，灾后重建的巨额财政支出需求将进一步恶化其公共债务状况。尽管失业率已连续小幅走低，但地震后能否延续回落态势有待观察。通货紧缩依然严峻，3月核心CPI连续第25个月同比下降。

表8 主要经济体宏观经济金融指标

国别	指标	2010年第一季度			2010年第二季度			2010年第三季度			2010年第四季度			2011年第一季度		
		1月	2月	3月	4月	5月	6月	7月	8月	9月	10月	11月	12月	1月	2月	3月
美国	实际GDP增速(环比折年率，%)	3.7			1.7			2.5			3.1			1.8 (初值)		
	失业率 (%)	9.7	9.7	9.7	9.9	9.7	9.5	9.5	9.6	9.6	9.6	9.8	9.4	9.0	8.9	8.8
	CPI (同比，%)	2.6	2.1	2.3	2.2	2.0	1.1	1.2	1.1	1.1	1.2	1.1	1.5	1.6	2.1	2.7
	DJ工业平均指数 (期末)	10 067	10 325	10 857	11 009	10 137	9 774	10 466	10 015	10 788	11 118	11 006	11 578	11 892	12 226	12 320
	纳斯达克指数 (期末)	2 147	2 238	2 398	2 467	2 257	2 109	2 255	2 114	2 369	2 507	2 498	2 653	2 700	2 782	2 781
欧元区	实际GDP增速(季度同比，%)	0.6			1.7			1.9			2.0			—		
	失业率 (%)	9.9	10.0	10.0	10.1	10.0	10.0	10.0	10.1	10.0	10.1	10.1	10.0	10.0	9.9	9.9
	HICP综合物价指数(同比，%)	1.0	0.9	1.4	1.5	1.6	1.4	1.7	1.6	1.8	1.9	1.9	2.2	2.3	2.4	2.7
	EURO STOXX 50 (期末)	2 479	2 470	2 629	2 541	2 397	2 360	2 476	2 450	2 482	2 543	2 478	2 601	2 654	2 713	2 583
日本	实际GDP增速(环比折年率，%)	5.0			1.5			4.5			-1.3			—		
	失业率 (%)	4.9	4.9	5.0	5.1	5.2	5.3	5.2	5.1	5.0	5.1	5.1	4.9	4.9	4.6	4.6
	CPI (同比，%)	-1.3	-1.1	-1.1	-1.2	-0.9	-0.7	-0.9	-0.9	-0.6	0.2	0.1	0.0	0.0	0.0	0.0
	日经225指数 (期末)	10 198	10 126	11 090	11 057	9 768	9 383	9 537	8 824	9 369	9 202	9 937	10 229	10 238	10 624	9 755

数据来源：各经济体相关统计部门及中央银行。

专栏3 发达经济体的主权债务问题

2008年金融危机以来，因房地产泡沫破灭、银行坏账增加、财务状况持续恶化等原因，冰岛、迪拜、希腊、爱尔兰等经济体相继爆发主权债务危机，引发金融市场动荡，给全球经济复苏蒙上了阴影。

从总体上看，一些发达经济体危机前即存在过度消费和负债行为，为应对金融危机又密集出台了大规模的金融救助和经济刺激措施，这些措施在拉动经济复苏的同时也使私人部门债务问题向政府公共债务转化。据IMF统计，2010年，美国、日本、欧元区、英国的公共债务余额和财政赤字占GDP的比重均比危机前大幅提高，明显高于中国、印度、巴西、俄罗斯等新兴经济体。

与20世纪80年代的拉丁美洲债务危机和90年代的墨西哥、俄罗斯债务危机相比，发达经济体的主权债务问题更多地体现在国内财政赤字和政府债务的不可持续，具有其深层次的原因。一是发达经济体人口老龄化加剧，高福利支出使财政不堪重负，结构性改革又因利益集团反对和政治考虑而难以深入推进，储备货币优势也使其遏制过度负债行为的动力不足。二是发达经济体传统产业竞争力相对弱化，受金融危机严重冲击后，经济复苏缓慢，财政收入增长难以弥补应对危机有关的巨额财政支出缺口。另外，部分欧元区成员国长期缺乏有效的财政约束，美国海外支出膨胀和日本治理国内通货紧缩的财政支出也是导致主权债务问题积重难返的重要原因。

一些发达经济体主权信用下降，公共债务风险较高。IMF预计G7国家2011年的平均财政赤字约为GDP的7%，平均负债水平将占GDP的113%，其中，日本的公共债务将升至GDP的234%。近期国际三大评级公司连续下调了西班牙、葡萄牙、希腊、爱尔兰等欧元区国家的主权评级。4月6日，葡萄牙政府决定向欧盟寻求援助，成为继希腊、爱尔兰之后第三个寻求外部救助的欧元区国家。尽管欧盟加强了财政整顿，并推动建立欧洲稳定机制（ESM）、扩大欧洲金融稳定工具（EFSF）的融资能力，但穆迪等评级公司仍表示不排除进一步下调欧元区国家主权评级的可能性。其他发达经济体的债务形势也令人堪忧。2011年以来，标准普尔和穆迪分别下调了日本的信用评级与评级展望，穆迪对美英等国的主权信用风险提出警示，标准普尔则于4月18日宣布美国信用评级展望降级。由于发达经济体的经济规模、金融市场影响力都远超其他经济体，如果发生主权债务危机，其对全球经济和金融稳定产生的冲击和影响将更加广泛和深刻。

发达经济体的主权债务问题给全球经济复苏带来了较大的不确定性。一方面，欧洲主权债务危机造成全球股票市场、外汇市场和债券市场的大幅波动，尤其是在金融市场信心相对脆弱的时期，还可能引发系统性风险；另一方面，各国同步加强财政整顿的叠加效应可能加剧欧洲国家的经济困境并制约全球需求的回升。美国、日本的高债务问题也可能降低其潜在经济产出并加剧中长期通货膨胀和货币贬值压力。尽管日本的公共债务融资95%以上依靠国内融资，而美国具有美元储备货币和金融市场的优势，短期内两国发生主权债务危机的可能性不大，但美国、日本的债务率持续攀升可能打击市场信心，推高政府的融资成本和实际利率，降低潜在产出水平。IMF研究结果表明，公共负债率每增长10个百分点，年均实际经济增幅就会放缓0.15个百分点。另外，财政状况持续恶化可能削弱国内外投资者持有政府债券的意愿，使中央银行不得不最终为政府债务买单，财政货币化将制约中央银行实现通货膨胀目标的努力。从总体上看，发达经济体的主权债务问题在短期内难以根本好转。美国扩大减税计划增加了削减赤字的难度；欧元区部分国家的银行业仍较脆弱，可能需要进一步财政救助，欧洲中央银行加息也将加重有关国家的债务负担；日本大地震后的巨额重建资金需求将加剧其债务问题。当前主要发达经济体在刺激经济增长和加强财政整顿方面处于两难抉择。如果主要发达经济体不能有效实施财政整顿、下决心推动结构性改革，主权债务风险将成为未来全球经济复苏面临的重大挑战。

新兴经济体面临跨境资本大规模流动和经济过热的风险，西亚和北非地区政局动荡影响区域及全球经济稳定。在内需旺盛和外需复苏等因素的带动下，主要新兴经济体经济稳步复苏，但为抑制持续加大的通货膨胀压力和跨境资本大规模流动风险，部分新兴经济体主动收紧了宏观政策，经济增速有放缓趋势。西亚和北非地区政局动荡可能威胁全球复苏。突尼斯、埃及、利比亚等国政治动荡，恐慌情绪和避险行为带动国际原油价格和黄金价格大幅走高。

（二）国际金融市场概况

主要货币间汇率宽幅震荡，欧元兑美元先弱后强，日元兑美元汇率大幅波动。受欧元区内债务问题困扰，欧元在年初兑美元快速贬值，但随着中国、日本、俄罗斯等国相继对欧元表示支持，加之欧元区通货膨胀压力上升、加息预期强化，欧元兑美元汇率走高。截至3月31日，欧元兑美元汇率收于1.4159美元/欧元，较年初升值5.85%。日本发生地震海啸后，日本保险商和其他公司企业纷纷将资金调回国

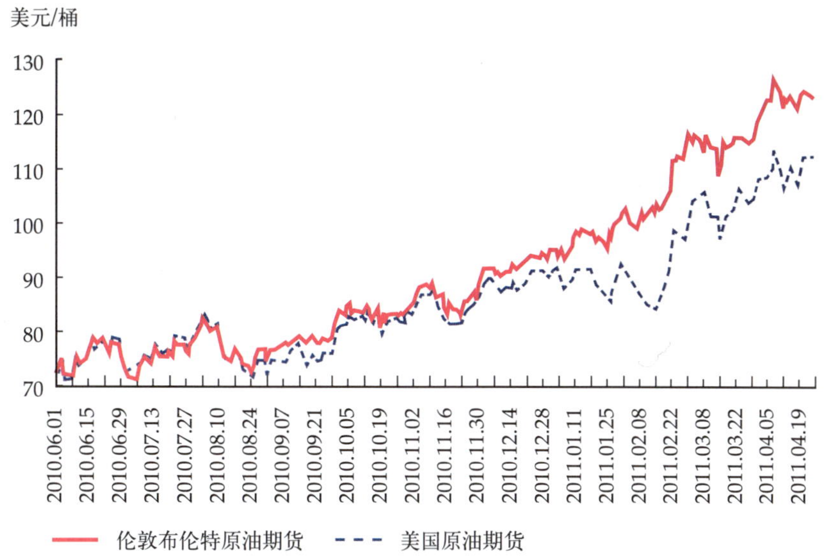

数据来源：路透社。

图3　国际原油价格走势

内以支付保险理赔和灾后重建，投机资金借机做多日元，日元汇率3月17日盘中升至1美元兑76.25日元，为第二次世界大战后的最高水平。为阻止日元过度升值，3月18日，G7召开电视电话会议决定联合干预外汇市场，日元汇率当日跌幅超过3%。截至3月31日，日元兑美元汇率收于1美元兑83.20日元，比年初下跌2.46%。

伦敦同业拆借市场美元Libor低位波动。2011年，美联储继续实施量化宽松的货币政策，受此影响，美元Libor保持低位小幅波动。截至3月31日，1年期Libor为0.78%，与年初基本持平；欧元区同业拆借利率Euribor受欧洲主权债务危机、欧洲中央银行加息预期等因素影响震荡上升。截至3月31日，1年期Euribor为2.0%，比年初上升0.50 个百分点。

国际主要债券收益率窄幅波动。美国股

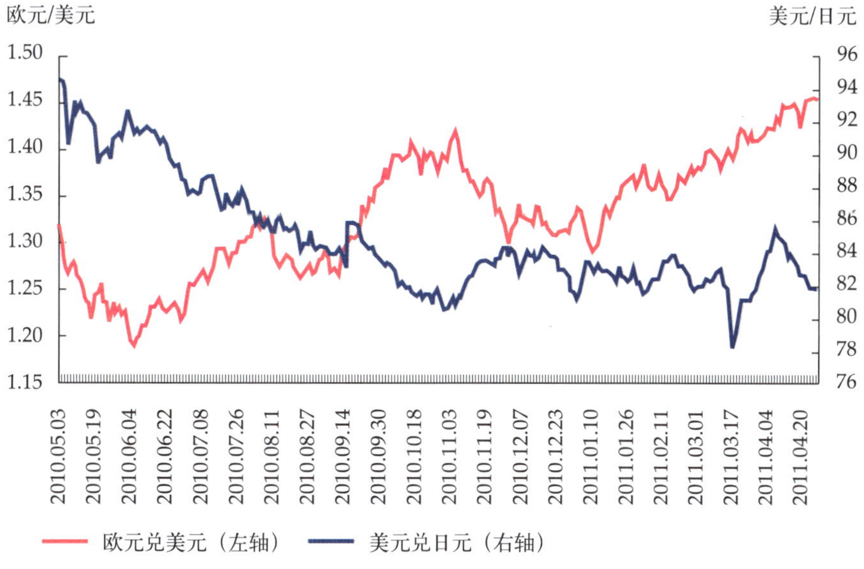

数据来源：路透社。

图4　主要货币汇率走势

票市场表现良好导致资金从债券市场流出，同时受美国国会对削减政府支出计划产生分歧、穆迪警告将下调美国AAA级主权信用评级等因素影响，美国国债收益率在1月至2月上旬走高。随后西亚和北非局势动荡、日本地震导致避险需求增加，收益率逐步回落。欧元区通货膨胀率走高使市场对欧洲中央银行的加息预期增强，欧元区国债收益率有所提高。尽管标准普尔和穆迪先后调低了日本的主权信用评级，但震后大量资金从海外及日本股票市场回流国债市场，日本国债收益率仍保持基本稳定。截至3月31日，美国、欧元区、日本的10年期国债收益率分别收于3.47%、3.36%和1.25%，较上年年末分别上升11个、39个和13个基点。

西亚和北非局势动荡拖累欧美股票市场，地震海啸导致日本股票市场暴跌。主要发达经济体股票市场在年初延续了2010年第四季度以来的升势，但受西亚和北非政局动荡、日本地震等重大突发性事件影响，主要股票市场一度出现明显下跌。截至3月31日，道琼斯指数、纳斯达克指数分别收于12 320点、2 781点，较年初分别上涨6.4%、4.8%；欧元区STOXX50指数收于2 583点，较年初下跌0.7%。日本3月11日发生强烈地震灾害后，日经225指数连续两天累计下跌近20%，3月15日，盘中最大跌幅超过14.2%。随后，日本银行向金融市场注入大规模流动性，股票市场指数呈逐步回稳态势。截至3月31日，日经225指数收于9 755点，但仍较年初下跌4.6%。

（三）主要经济体房地产市场走势

美国房地产市场持续低迷。美国商务部数据显示，2月新房销售较上年同期减少28%，新房价格跌至2003年12月以来的最低点。标准普尔发布的凯斯—席勒房价指数也显示，2011年1月，美国20个大中城市的平均房价环比下跌1.0%，跌至接近2003年的水平。

欧洲房地产市场总体呈现温和复苏态势。1月，英国Halifax房价指数环比上涨0.8%。伴随经济强劲增长，德国柏林、法兰克福等主要大城市的商业和住宅市场需求增加，租金普遍上扬。在贷款低利率和市场需求的带动下，法国新屋开工量大幅增长。受经济衰退和债务危机的影响，欧元区外围国家房地产价格仍较低迷。

日本房地产市场出现企稳迹象。日本50大

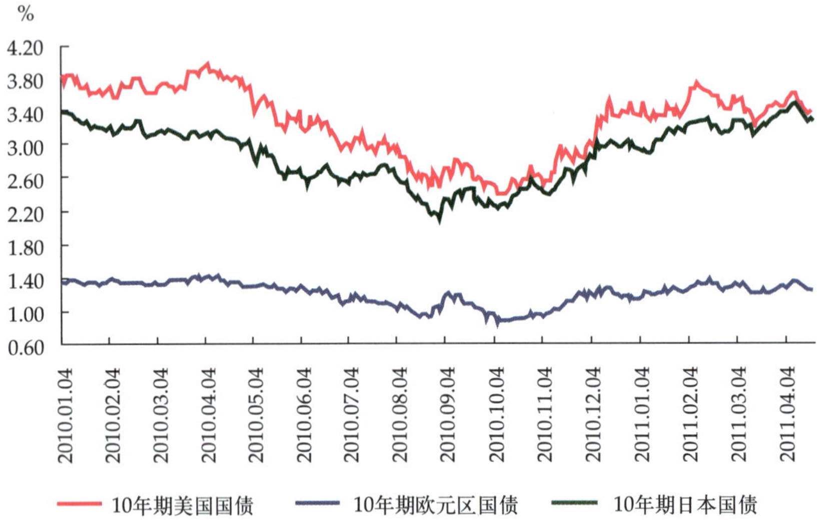

数据来源：路透社。

图5 主要国债收益率走势

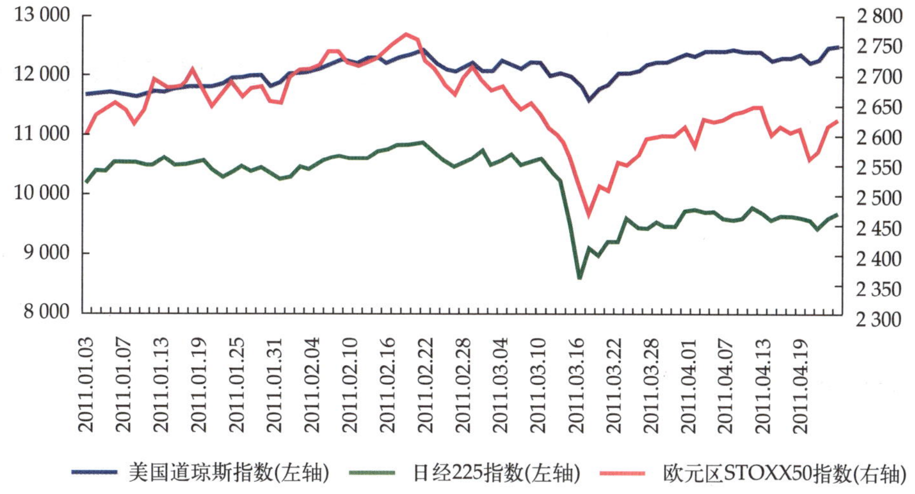

数据来源：路透社。

图6　主要股票市场走势

建筑公司1月建筑订单同比增加19.5%。受益于政府对节能型房屋进行补贴和税收减免，2月日本房屋开工数量同比增长10.1%，连续九个月呈正增长。特大地震海啸及核泄漏事故发生以来，避灾需求带动东京及周边地区的住宅价格上涨，预计在灾后重建完成前供需缺口可能还将继续推升房价。

（四）主要经济体货币政策

各经济体货币政策出现明显分化。美联储继续按计划实施第二轮量化宽松政策（QE2）。日本中央银行借助各种渠道向市场大规模注入流动性，以应对地震海啸灾害对金融市场的冲击。欧洲中央银行三年来首次提高基准利率。新兴经济体的中央银行则普遍采取加息和提高存款准备金率等措施应对上升的通货膨胀压力和资本大量流入。加拿大、澳大利亚中央银行继续维持基准利率不变，新西兰中央银行则在地震影响下宣布降息。

美联储继续维持0～0.25%的基准利率和第二轮量化宽松政策。由于经济复苏趋于稳固且通货膨胀率走高，美联储内部对是否维持宽松货币政策产生分歧，但联邦公开市场委员会（FOMC）4月27日宣布，美联储将继续执行再投资政策，并在6月末完成第二轮资产收购计划。

欧洲中央银行三年来首次提高基准利率以应对通货膨胀压力上升。3月3日，欧洲中央银行将2011年欧元区的通货膨胀预测值上调50个基点至2.3%。4月7日，欧洲中央银行决定将主要再融资利率、贷款便利利率和存款便利利率分别调高0.25个百分点至1.25%、2%和0.5%，为三年来首次提高基准利率。

尽管通货膨胀率持续走高，但由于国内经济疲软，英格兰银行继续维持0.5%的基准利率和2 000亿英镑的资产购买规模不变。

日本银行继续维持“零利率”政策，并通过增加金融市场流动性注入等方式应对地震海啸灾害。日本银行继续将银行间无担保隔夜拆借利率保持0～0.1%的区间。为防止地震海啸灾害给金融市场带来恐慌，震后日本银行多次向市场注入流动性，截至3月22日，累计注资达40万亿日元，约占日本银行资产负债表的20%。另外，日本银行还将资产购买计划规模扩大5万亿日元，并将为地震灾区金融机构提供总规模为1万亿日元的低息贷款。

部分经济强劲复苏、通货膨胀压力较大的经济体已逐步进入加息周期。2011年第一季度，印度、巴西、俄罗斯、韩国、泰国、印度尼西亚、越南、菲律宾、瑞典、波兰、匈牙利、秘鲁、以色列等经济体相继加息，抑制国内通货膨胀压力。另外，为防止国际短期资本被高利差吸引，土耳其中央银行在下调基准利率的同时，上调了法定存款准备金率。

（五）国际经济形势展望

目前全球经济复苏逐渐稳固，私人需求增长继续带动经济复苏，经济增长的内生性增强。但地缘政治风险、重大自然灾害持续发生和大宗商品价格上涨等制约经济增长的因素仍然存在，全球经济和金融市场仍有可能受到冲击。

展望未来，全球经济“双速复苏”的趋势仍将持续。发达经济体的增长和就业问题难以在短时间内改善，新兴经济体则面临经济过热和跨境资本大幅波动的风险。IMF4月预测，2011年发达经济体和新兴市场与发展中经济体的经济增长率分别为2.4%和6.5%，通货膨胀率也将分别从2010年的1.6%和6.2%提高至2.2%和6.9%。遏制通货膨胀成为当前各国面临的共同挑战。

二、我国宏观经济运行分析

2011年第一季度，中国经济开局良好，继续朝宏观调控的预期方向发展。消费需求保持稳定，固定资产投资和进出口增长较快，农业生产形势向好，工业企业效益改善，居民收入稳定增加，但物价上涨较快。2011年第一季度，实现国内生产总值（GDP）9.6万亿元，同比增长9.7%，增速比上年同期低2.2个百分点；居民消费价格指数(CPI)同比上涨5.0%，比上年同期高2.8个百分点；贸易逆差为10.2亿美元，为2005年以来首次出现季度逆差。

（一）消费需求保持稳定，投资增速仍在较高水平，对外贸易出现季度逆差

城乡居民收入继续增长，国内消费需求保持稳定。2011年第一季度，城镇居民家庭人均可支配收入为5 963元，同比增长12.3%，扣除价格因素，实际增长7.1%；农村居民人均现金收入为2 187元，同比增长20.6%，扣除价格因素，实际增长14.3%。第一季度全国城镇储户问卷调查结果显示：居民当期收入感受指数为

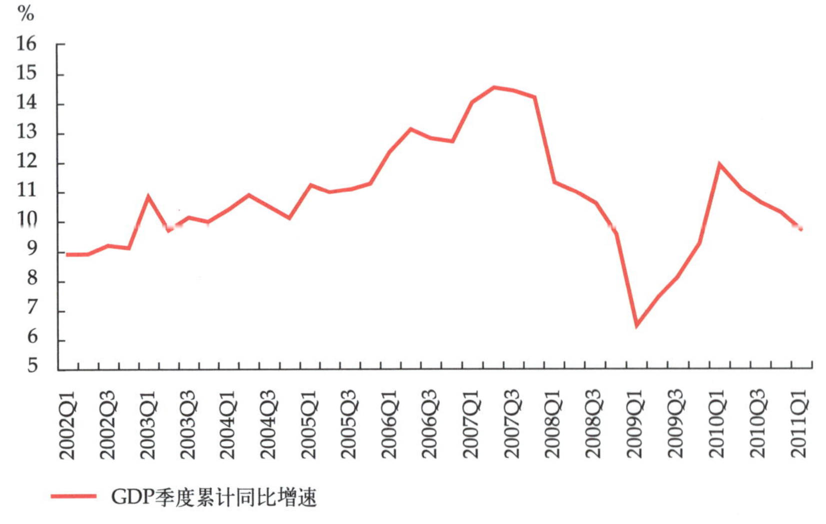

数据来源：国家统计局。

图7　GDP保持较快增长

54.5%，比上个季度高3.4个百分点。第一季度累计社会消费品零售总额为4.3万亿元，同比增长16.3%；实际同比增长11.6%。分城乡看，城镇消费增速快于乡村，增速差距基本保持稳定。第一季度，城镇消费品零售额为3.7万亿元，同比增长16.4%；乡村消费品零售额为5 674亿元，同比增长15.8%。

开工项目计划总投资2.95万亿元，同比下降12.7%。

进出口较快增长，贸易出现季度逆差。第一季度，进出口总额为8 003亿美元，同比增长29.5%。其中，出口3 996亿美元，同比增长26.5%；进口4 007亿美元，同比增长32.6%。进口强劲增长导致出现贸易逆差10.2亿美元，

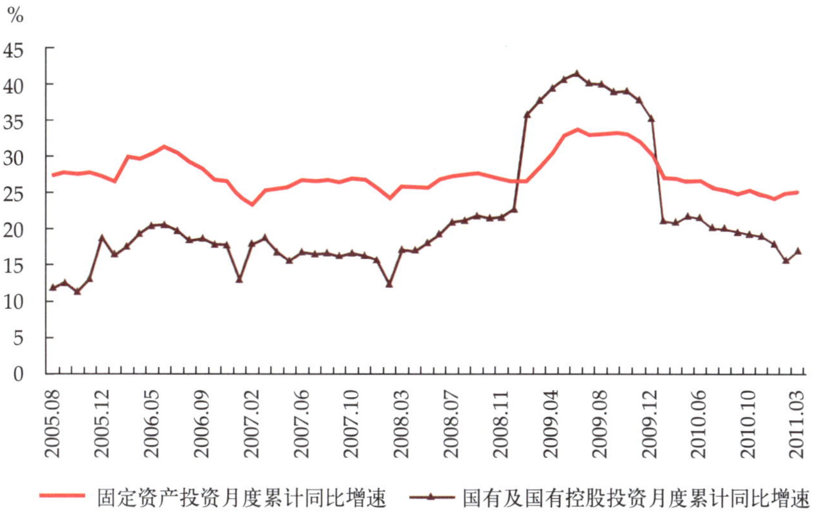

数据来源：国家统计局。

图8　固定资产投资增速仍在较高水平

固定资产投资增速仍在较高水平，中西部投资增速明显快于东部。第一季度，固定资产投资（不含农户）完成3.9万亿元[①]，同比增长25.0%。其中，国有及国有控股投资1.4万亿元，同比增长17.0%。分地区看，东部、中部、西部地区城镇投资分别增长21.6%、31.3%和26.5%，中部和西部投资增速明显快于东部；分产业看，三次产业投资分别增长10.8%、24.8%和25.6%，第二、第三产业投资保持了较高增速。第一季度，城镇施工项目计划总投资33.6万亿元，同比增长19.1%，比上年同期低11.3个百分点；城镇新是2000年以后第三次出现季度逆差，此前两次分别出现在2003年和2004年的第一季度，分别逆差9.7亿美元和86.1亿美元。第一季度贸易逆差是在进出口双双快速增长的基础上实现的，且进口增速比出口增速快6.1个百分点。进口增速较快主要是由于国内需求旺盛及进口价格快速上涨所致。第一季度，我国对美国、欧盟顺差分别为345.5亿美元和294.8亿美元，对韩国、日本和东盟分别逆差177.7亿美元、150.0亿美元和65.9亿美元。第一季度，实际使用外资金额303.4亿美元，同比增长29.4%，比上年同期高21.8个百分点。

①2011年起，国家统计局公布固定资产投资数据在原口径上增加农村企事业组织项目投资，且项目统计起点调整为计划总投资额为500万元，根据国家统计局目前公布的数据情况，图8中2010年前的数据为原城镇固定资产投资口径，由于500万元以下项目的投资完成额比重很小，500万元及以上项目投资完成额可以比较准确地反映投资的发展速度及结构，不会对投资整体运行趋势的判断产生影响，新旧口径数据差别较小。

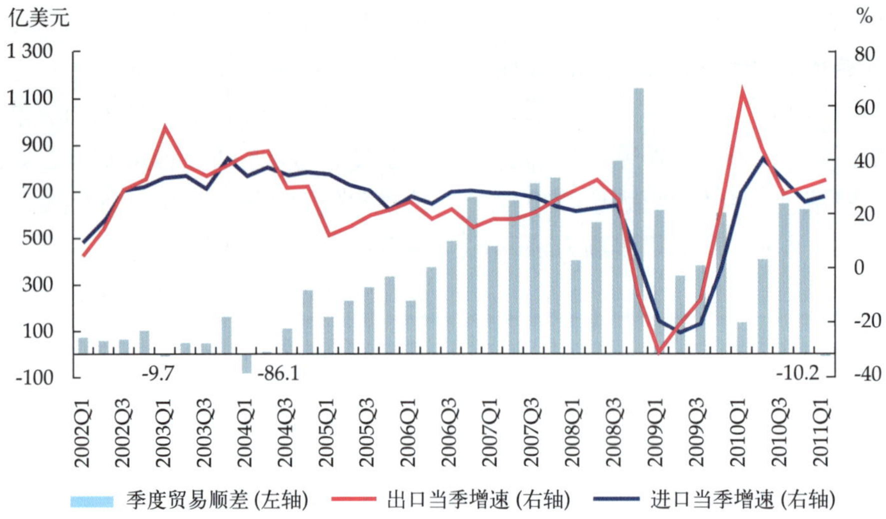

数据来源：中国人民银行、海关总署。

图9　进出口快速增长，出现贸易逆差

（二）农业生产形势较好，工业生产平稳增长

第一季度，第一产业增加值为5 980亿元，增长3.5%；第二产业增加值为4.7万亿元，增长11.1%；第三产业增加值为4.4万亿元，增长9.1%。第一、第二、第三产业占GDP比重分别为6.2%、48.6%、45.2%。

粮食播种面积略有增加，畜牧业生产稳定增长。据全国7万多农户种植意向调查显示，2011年，全国粮食播种面积将达到11 028万公顷，比上年增加40万公顷。第一季度，猪牛羊禽肉产量为2 142万吨，同比增长1.8%。

工业生产平稳增长，企业效益继续增加。第一季度，全国规模以上工业增加值同比增长14.4%①。工业产销衔接状况良好，工业产品产销率为97.7%，比上年同期水平高0.1个百分点。工业企业效益继续增加。第一季度，全国规模以上工业企业实现利润10 659亿元，同比增长32%。第一季度中国人民银行5 000户工业企业调查显示，企业经营景气指数在连续七个季度攀升后，当季度高位下调0.2个百分点至71.1%。市场需求总体平稳，企业产品市场需求指数为63.5%，比上个季度下降1.8个百分点。其中，国内订单指数为56.9%，比上个季度下降0.9个百分点，仍徘徊于历史高位，出口订单指数延续上个季度以来的回落趋势，下降0.8个百分点至51.1%。产成品库存较上季度减少，存货指数为49.6%，比上个季度低0.7个百分点，比上年同期高0.5个百分点；企业盈利能力稳定，企业盈利指数为58.2%，比上个季度下降2.9个百分点，比上年同期高1.8个百分点。

（三）物价上涨压力仍然较大

受主要经济体货币政策持续宽松和世界经济逐渐复苏的影响，国际大宗商品价格持续上涨，全球通货膨胀预期明显上升，国内输入性通货膨胀压力进一步加大。同时在国内投资需求拉动和能源、资源、劳动力、土地等成本上升多种因素的推动下，我国价格总水平自2009年第二季度开始逐步回升，2010年下半年尤其是第四季度以来价格上涨压力明显增大。

居民消费价格涨幅继续扩大。第一季度

①2010年及以前规模以上工业统计范围为主营业务收入500万元以上的工业企业，2011年开始为主营业务收入2 000万元以上的工业企业。

CPI同比上涨5.0%，涨幅比上个季度继续扩大0.3个百分点。其中，各月涨幅分别为4.9%、4.9%和5.4%，从食品和非食品分类看，食品价格同比上涨11.0%，涨幅比上个季度高0.5个百分点；非食品价格同比上涨2.5%，涨幅比上个季度高0.6个百分点，上涨有所加快；非食品价格的七大类中，除交通和通信类同比下降0.1%以外，其余六大类均呈上涨态势。从消费品和服务分类看，消费品价格同比上涨5.4%，比上个季度高0.1个百分点；服务价格同比上涨4.2%，比上个季度高1.6个百分点，上涨明显加快。从基期因素和新涨价因素看，第一季度各月，基期因素分别为4.0%、2.7%和3.4%，平均为3.4%；新涨价因素分别为0.9%、2.2%和2.0%，平均为1.7%。从环比看，除娱乐教育文化用品及服务类指数2011年第一季度的平均环比涨幅与历史平均水平基本持平外，CPI和其他各分类指数2011年第一季度的平均环比涨幅均高于历史平均水平。

生产价格上涨较快。第一季度，工业生产者出厂价格①同比上涨7.1%，比上个季度高1.4个百分点，各月同比涨幅分别为6.6%、7.2%和7.3%。工业生产者购进价格同比上涨10.2%，比上个季度高1.1个百分点，各月涨幅分别为9.7%、10.4%和10.5%。第一季度，企业商品价格指数（CGPI）上涨8.7%，比上个季度高0.6个百分点，连续两个季度涨幅扩大。按商品用途分类看，CGPI中投资品和消费品价格分别上涨8.1%和9.8%；按商品基本分类看，CGPI中农产品、矿产品、煤油电和加工业产品价格同比分别上涨19.3%、14.1%、7.0%和6.4%。第一季度，全国主要农产品生产价格（指农产品生产者直接出售其产品时的价格）同比上涨15.6%，涨幅比同期农业生产资料价格指数高8.7个百分点，有利于农民增收。

进口价格上涨较快。第一季度各月，进口价格同比涨幅分别为11.7%、16.6%和15.5%，平均为14.6%；出口价格同比涨幅分别为11.0%、11.4%和7.5%，平均为10.0%。进口价格同比涨幅快速扩大主要是受国际大宗商品价格持续上涨的影响。第一季度，纽约商品交易所原油期货当季平均价格环比上涨11.8%，同

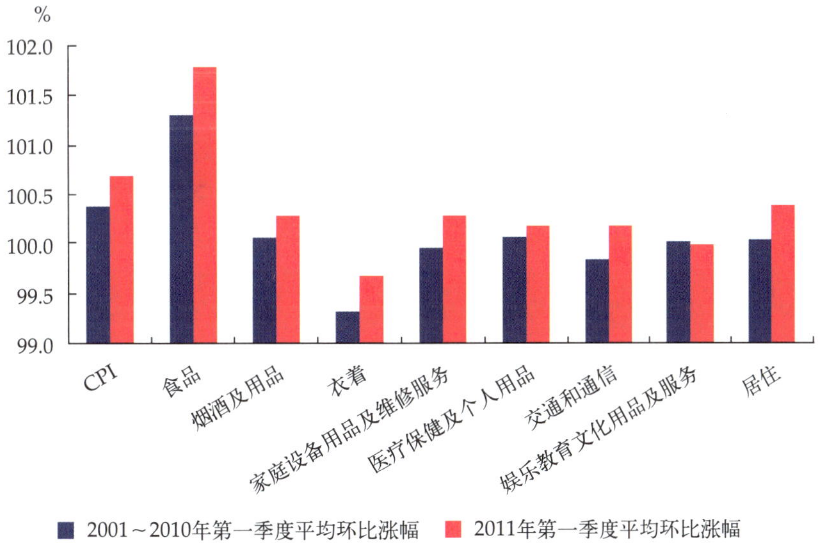

数据来源：国家统计局、中国人民银行工作人员计算。

图10　CPI第一季度平均环比涨幅高于历史平均值

---

①国家统计局从2011年1月开始实施新的工业生产者价格统计调查制度方法，“工业品出厂价格指数”和“原材料、燃料、动力购进价格指数”分别被改称为“工业生产者出厂价格指数”和“工业生产者购进价格指数”。

比上涨12.0%。布伦特原油现货当季平均价格环比上涨21.2%，同比上涨37.7%。伦敦金属交易所铜和铝现货当季平均价格分别比上个季度上涨6.6%和11.4%，比上年同期上涨33.2%和15.6%。国家发展和改革委员会根据现行成品油价格形成机制，结合近一段时间国际市场油价变化情况，先后两次上调成品油价格，自2月20日起，汽油、柴油价格每吨均提高350元，自4月7日起，汽油、柴油价格每吨分别提高500元和400元。

专栏4 大宗商品价格

大宗商品通常指用于生产与消费的大批量买卖的标准化物质商品，主要包括三类：第一类是黄金、原油等金融属性和避险保值功能较强的商品；第二类是以有色金属、黑色金属为代表的原材料；第三类是大豆、糖、小麦、棉花、橡胶等农产品。目前，国际上大多数大宗商品由具有代表性的国际期货市场定价，如纽约商品交易所的西得克萨斯轻质原油（WTI）期货价格就是国际原油价格的重要参照。衡量大宗商品价格变动的代表性指数有路透CRB指数、标准普尔高盛商品指数（S&P GSCI）、IMF商品指数。这类指数通常选取经济敏感商品的期货或现货价格编制，按商品的贸易或产量确定权重并进行动态调整，能比较及时、灵敏地反映国际大宗商品价格的整体变化。

影响国际大宗商品价格走势的因素相当复杂，大致分为三类：第一类是实体经济供求因素。由于大宗商品主要是资源性质的非再生能源、原材料，供给缺乏弹性，实体经济增长越强劲，对能源和原材料的需求越大，其价格上涨动力就越强。第二类是金融因素，即流动性状况、美元汇率变化、投机活跃程度等。一般而言，国际市场流动性越充裕、投机活动越活跃，大宗商品价格上涨越快。另外，由于大宗商品交易以美元计价，美元升值则价格下降，贬值则上升。第三类是短期冲击因素，如突发事件、气候、地缘政治等也会通过影响预期导致大宗商品价格的短期波动加剧。

国际大宗商品价格波动主要通过影响进口价格和预期等渠道对国内价格产生影响，影响程度主要取决于三个方面的因素，一是大宗商品的进口依存度，二是国内消费品市场的供求状况，三是资源利用效率。从进口依存度看，我国对原油、铁矿石、铜等能源和金属的进口依存度均超过50%，这类国际大宗商品价格上涨对国内生产者价格以及主要依赖能源、原材料投入的工业制成品（非食品）价格的影响程度较大；相反，国内粮食等主要农产品进口依存度较低，国际大宗商品中粮食的价格波动对国内食品价格的影响相对较小。从国内消费品市场供求状况看，我国多数工业制成品供大于求或供求基本平衡，国际大宗商品价格对国内最终消费物价的影响一般小于对生产者价格的影响。从资源利用效率看，2009年，我国单位GDP能耗是世界平均水平的2.78倍，电力消耗是OECD国家的3.5倍，因而，国际大宗商品价格上涨对我国物价水平的影响就会大于资源利用水平更好的发达国家。相反，日本资源利用效率高，尽管其大宗能源、原材料几乎完全依赖进口，但进口价格大幅上涨对其国内物价的影响较小。

近年来，随着我国经济较快发展和大宗原材料进口依存度的上升，国际大宗商品价格变动对国内物价走势的影响逐渐增强。国际金融危机以来，国际大宗商品价格先后经历了急剧下跌和较快上涨的大幅波动，从国内PPI、非食品CPI与CRB指数走势看，其变动趋势基本一致。2011年以来，在全球经济保持复苏态势、主要经济体持续保持宽松政策以及地缘政治冲突的影响下，原油等国际大宗商品价格上涨明显加快，加剧了国内价格上涨的压力。

应对国际大宗商品价格波动对我国物价的影响，既需要通过完善重要能源、原材料储备体系，多方面开拓国际、国内资源市场等途径保障供给安全，更需要加快经济结构战略性调整和发展方式转变，提高资源利用效率，加快资源价格改革，降低经济发展对资源的需求，从根本上增强抵御国际大宗商品价格波动的能力。

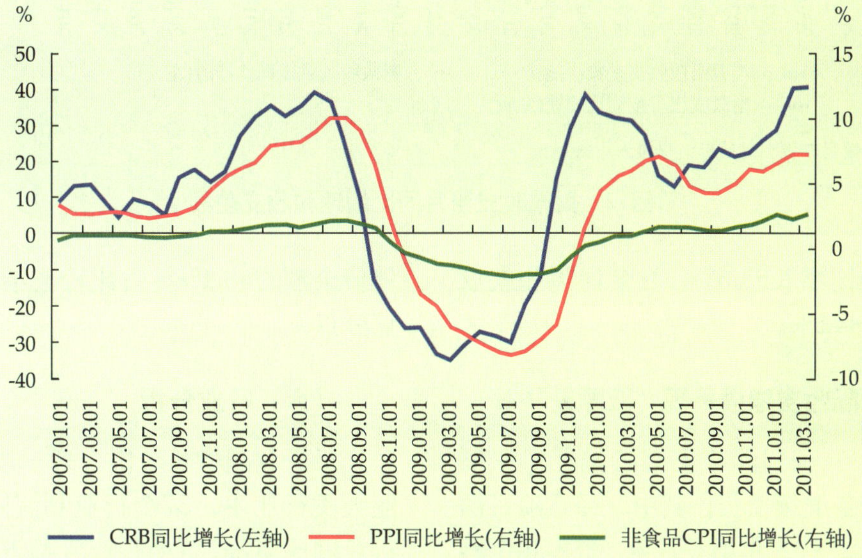

数据来源：WIND、中国人民银行工作人员计算。

图11　CRB期货价格指数与我国PPI、非食品CPI走势

GDP缩减指数继续上升。第一季度，我国GDP为9.6万亿元，实际增长9.7%，GDP缩减指数（按当年价格计算的GDP与按不变价格计算的GDP的比率）变动率为7.2%，比上年同期提高2.4个百分点，比上年提高1.4个百分点。

（四）财政收入保持较快增长，医疗卫生、社会保障和就业等财政支出增速较高

第一季度，累计财政收入（不含债务收入）较快增长，全国财政收入2.6万亿元，同比增长33.1%，比上年同期低0.9个百分点；全国财政支出1.8万亿元，同比增长26%，比上年同期高14.1个百分点。收支相抵，收入大于支出8 072亿元，收支差额比上年同期增加2 775亿元。

从财政收入结构看，第一季度累计税收收入2.34万亿元，同比增长32.4%，比上年同期低3.5个百分点。其中，国内增值税同比增长23.2%，营业税同比增长26.3%，国内消费税同比增长21.5%。从支出结构看，各项支出中位居前三位的分别是，社会保障和就业支出2 832.4亿元，占15.7%；教育支出2 593.3亿元，占14.4%；一般公共服务支出2 061.5亿元，占11.4%。从增速看，第一季度增长较快的有医

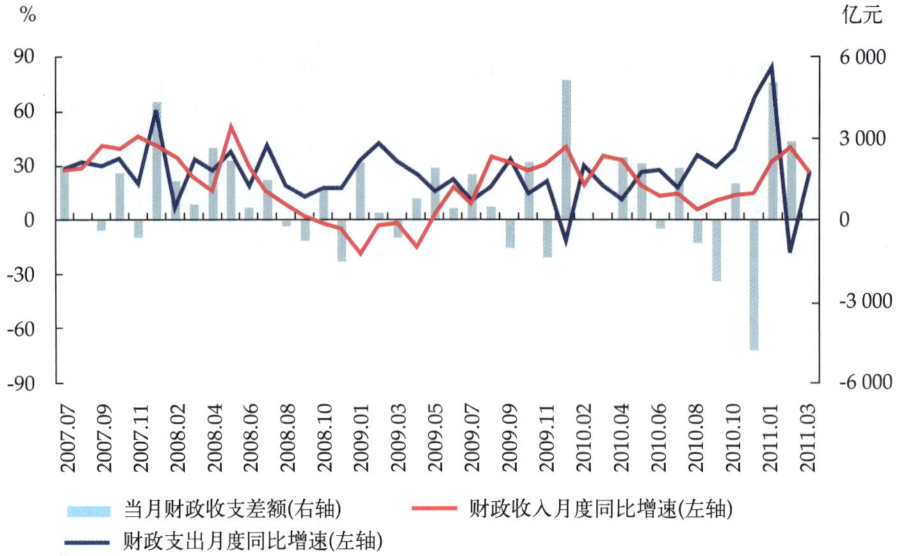

数据来源：财政部、中国人民银行。

图12　财政收支当月同比增速和收支差额

疗卫生支出同比增长55.6%，社会保障和就业支出同比增长44.5%。

（五）国际收支继续呈现“双顺差”

2010年，我国国际收支继续呈现“双顺差”，外汇储备继续增长。其中，经常项目顺差3 054亿美元，较上年增长17%；资本和金融项目顺差2 260亿美元，增长25%；全年外汇储备资产增加4 696亿美元。2011年第一季度，在复杂多变的国内外宏观环境下，我国外汇总体保持净流入态势，外汇储备增长较快。截至3月末，国家外汇储备余额为30 447亿美元，较2010年年末增加1 974亿美元。在国内外经济基本面以及利差、预期汇兑收益等因素的共同作用下，预计2011年未来三个季度，我国仍将保持外汇资金净流入格局。

外债总规模增长较快，短期外债余额占比上升。2010年年末，我国外债余额为5 489亿美元，比上年年末增长28.1%，增速比上年提高13.7个百分点。其中，登记外债余额为3 377亿美元，比上年年末上升26.5%；短期外债余额为3 757亿美元，比上年年末增长44.9%，占外债余额的68.4%，占比较上年年末上升8.0个百分点。

（六）行业分析

工业利润增长较快。第一季度，在39个工业大类行业中，37个行业利润同比增长，1个行业同比下降，1个行业亏损下降。其中，石油和天然气开采业利润同比增长33.1%，黑色金属矿采选业增长80.1%，化学纤维制造业增长1倍，石油加工、炼焦及核燃料加工业下降17%。第一季度，原煤产量为8.4亿吨，同比增长18.8%；发电量为10 650.7亿千瓦时，同比增长13.4%；原油产量为5 135.6万吨，同比增长6.7%。1～2月，全社会货运量为52.1亿吨，同比增长13.2%。

1. 房地产行业

2011年第一季度，随着一系列房地产宏观调控政策的贯彻落实，房地产市场继续呈现回稳态势，房价环比下降的城市个数增多，主要金融机构房地产贷款增速逐步回落。

商品房销售增幅比上年同期大幅回落，但较上年全年水平略有上升。全国房地产销售面积和销售额增幅自2009年年末快速回落，2010年9月后增幅略有回升。2011年第一季度，全国商品房销售面积为17 643万平方米，同比增长14.9%，增幅比上年同期回落20.9个百分点，但比上年全年提高4.8个百分点；商品房销售额为10 152亿元，同比增长27.3%，增幅比上年同期回落30.4个百分点，但比上年全年提高9个百分点。其中，商品住宅的销售面积和销售额分别占商品房销售面积和销售额的89.8%和84.8%。

房价环比下降的城市个数增多。2011年国家统计局采用了新的统计制度。3月，全国70个大中城市中，新建商品住宅价格环比下降的有12个城市，比2月增加了4个；环比价格上涨的城市有50个，比2月减少了6个。二手住宅价格环比下降的城市个数有16个，比2月增加了12个；环比价格上涨的城市有44个，比2月减少了6个。

开发投资保持较快增长。2010年各月，房地产开发投资累计完成额增幅均在30%以上，5月后开发投资增幅较之前略有放缓。2011年第一季度，全国完成房地产开发投资8 846亿元，同比增长34.1%，增幅比上年同期回落1个百分点，比上年全年提高0.9个百分点。其中，商品住宅完成投资6 253亿元，占房地产开发投资总量的70.7%。2011年第一季度，全国房屋新开工面积为3.98亿平方米，同比增长23.4%，增幅比上年同期回落37.4个百分点，比上年全年回落17.3个百分点。

房地产贷款余额增速回落。随着房地产市场的变化，房地产贷款余额增速自2010年5月以来持续回落。截至2011年3月末，全国主要金融机构房地产贷款余额为9.89万亿元，同比增长21%，增速比上年年末低6.4个百分点。其中，房产开发贷款余额为2.49万亿元，同比增长18.6%，增速比上年年末低4.5个百分点，连续4个月下滑。个人购房贷款余额为6.48万亿元，同比增长22.8%，增速比上年年末低6.5个百分点，连续11个月下滑。地产开发贷款余额为8 368亿元，同比增长12.5%，增速比上年年末低12.2个百分点。从贷款新增量看，2011年第一季度累计新增房地产贷款为5 095亿元，同比少增3 338亿元。其中，3月当月新增房地产贷款为1 665亿元，同比少增321亿元。

为巩固和扩大调控成果，进一步做好房地产市场调控工作，逐步解决城镇居民住房问题，促进房地产市场平稳健康发展，2011年1月26日，国务院办公厅印发了《关于进一步做好房地产市场调控工作有关问题的通知》（国办发[2011]1号，以下简称国办发1号文件），各地方政府也相继出台了相关措施。为贯彻落实国办发1号文件精神，切实做好差别化住房信贷政策实施工作，3月18日，中国人民银行印发《关于做好差别化住房信贷政策实施工作的通知》（银发[2011]66号），明确各地实施差别化住房信贷政策的基本条件、程序和管理要求，督促金融机构严格执行差别化住房信贷政策。

根据各地保障性住房的实际情况，中国人民银行会同有关部门积极探索建立和完善支持保障性安居工程建设的金融配套制度框架，金融机构保障性住房的信贷支持力度不断加强。2011年3月末，主要金融机构保障性住房开发贷款余额为2 274.30亿元，个人购买保障性住房贷款余额为251.02亿元。

2. 农业

农业是国民经济的基础产业。近年来，根据工业反哺农业、城市支持农村和“多予少取放活”的基本方针，中央连续出台了八个关于“三农”的“1号文件”，不断加大强农惠农政策扶持力度，农业和农村经济呈现出平稳较快发展的良好态势。农业综合生产能力明显提高，粮食等主要农产品供应基本充足。截至2010年，全国粮食总产量连续四年稳定在1万亿斤以上，实现了连续七年增产。农民收入持续增长，增收渠道日益多样化。2010年，农民人均纯收入达到5 919元，实际增长10.9%，超过了国内生产总值的增长速度，其中，工资性收入占比达到41.1%。农业科技推广力度加大，机械化水平不断提高。科技对农业增长的贡献率从2005年的48%提高到2010年的52%，农作物良种覆盖率超过96%，耕种收综合机械化水平首次突破50%。近年来，农村金融机构改革与创新不断推进，对落实国家支农惠农政策和保持农业农村经济社会发展发挥了重要作用。截至2010年11月末，全国有30个省份实现乡镇金融服务全覆盖，有10个省份实现乡镇金融机构全覆盖。截至2010年年末，全部金融机构涉农贷款余额达到11.8万亿元，其中，农林牧渔业贷款余额为2.3万亿元，有力地支持了农业产业化发展，推动了传统农业向现代农业转变。

虽然农业和农村经济发展出现了良好的局面，但从总体上看，农业依然是我国国民经济发展中的薄弱环节，面临诸多问题和挑战。第一，农业发展方式仍然较为粗放，抗御自然灾害的能力不强。我国农业基础设施较为落后，土地产出率、资源利用率和劳动生产率较低。根据农业部的统计，我国中低产田占耕地面积的70%，农田有效灌溉面积仅占耕地面积的50%，全国近2/3的乡镇农技推广机构社会化服务能力较弱，农业靠天吃饭的局面仍未根本改变。第二，保障国家粮食安全和主要农产品有效供给的难度加大。在较为落后的生产方式影响下，我国农业增长主要依赖资源投入。而从资源角度来看，全国耕地面积从1996年的19.51亿亩减少到2010年的18.26亿亩，接近18亿亩的耕地红线；淡水资源总体短缺，时空分布不均，不少地方超量开采地下水，缺水成为制约许多地区农业发展的“瓶颈”。与此同时，农产品需求呈刚性增长态势，粮食与主要农产品供需之间的矛盾突出。第三，农业生产成本显著提高，保持粮食和主要农产品价格稳定的难度加大。近年来，随着农业劳动力持续流向制造业、建筑业等非农部门，农业劳动力供给相对不足，农业劳动力成本向制造业工资水平靠拢。受国内外资源类产品价格因素的影响，化肥、饲料、农药、种子、农机等农资价格总体呈上涨态势。第四，随着我国农产品市场的逐步开放，国内外农产品价格的相关度不断增强，全球食品价格波动将影响我国粮食和农产品价格，尤其是大豆等对外依存度较高的农产品受到的价格冲击将更大。

“稳增长、控通胀、调结构”，农业是关键。《政府工作报告》再次强调，要巩固和加强农业基础地位，坚持把“三农”工作放在重中之重，在工业化、城镇化深入发展中同步推进农业现代化，巩固和发展农村的好形势。中国人民银行与各相关部门将深化农村信用社改革，加快建立多层次、多样化、适度竞争的农村金融服务体系，积极推进农村信贷产品和服务方式创新，不断完善包括信贷、证券、保险在内的农村金融市场体系，进一步发挥金融在支持“三农”发展中的重要作用。

第五部分 货币政策趋势

一、我国宏观经济展望

当前，在一系列政策措施的综合作用下，国内经济继续保持平稳较快增长的态势。全球经济总体在曲折和波动中保持复苏态势，外部环境总体改善。各地发展热情较高、投资动力较强、消费增长空间广阔，城镇化发展有助于降低交易成本，推动劳动力等要素向效率更高的部门转移和集聚，形成新的经济增长点，总体来看经济持续增长的动能依然充足。2011年第一季度中国人民银行对企业家、银行家和城镇储户问卷调查结果显示，主要指标较为平稳，仍处在较高的水平上。其中，居民未来收入预期指数与上季度基本持平，就业预期改善，为2009年以来的最好状况。企业家市场需求预期指数和国内订单预期指数较上季度分别提高1.7个和2.0个百分点，出口订单预期指数自2010年第二季度以来首次回升，较上季度提高3.8个百分点。金融机构也普遍反映项目储备多、企业信贷需求旺盛，贷款仍有扩张压力。需继续把握好宏观总量调控的任务。与此同时，国民经济持续发展面临的问题，主要是国内经济结构调整压力加大，创新能力不强，资源环境约束较强，改善民生任务艰巨，需要进一步增强经济发展的协调性、可持续性和内生动力。随着劳动年龄人口增速下降、经济发展方式逐步转变，我国经济的潜在增长水平可能会有一定程度放缓。要更加注意通过结构调整和改革提高生产效率，提升自主创新能力，提高经济增长质量，拓展未来经济增长的潜在空间。

随着经济增长态势进一步巩固，价格较快上涨成为经济运行中面临的最突出问题。应当看到，货币信贷增速自2010年下半年以来保持回落态势，一系列价格调控措施正在逐步发挥作用，我国粮食连续增产、库存充裕，主要工业品供给能力充足，这些都有助于抑制未来价格上涨。但当前全球货币条件依然宽松，流动性总体充裕，大量资金向增长较快的新兴经济体流入，在经济总体趋好的大背景下，国际初级产品价格出现持续较快上涨，全球范围内的通货膨胀压力上升，加之前两年为应对国际金融危机我国投资规模大幅度扩张，在建项目较多，总需求回升较快，这些都推动全社会通货膨胀预期增强，价格上行压力加大。另外，受巴拉萨—萨缪尔森效应及劳动年龄人口增长趋缓等因素影响，农产品、服务业领域中劳动力成本涨幅可能会明显超出其生产率增长，导致价格出现上涨趋势，同时资源性产品价格也有待逐步理顺，这些因素有可能系统性地推高价格水平。宏观政策需要防范结构性和趋势性的价格上涨与通货膨胀预期交织影响、相互推动，从而进一步加剧通货膨胀压力。中国人民银行2011年第一季度城镇储户问卷调查显示，居民对未来物价上涨预期有所减弱，显示政策调控正在发挥作用，但总体看通货膨胀预期仍处于较高水平。认为目前房价过高的居民占比较高，是2009年第一季度有统计以来仅次于上年年末的第二高值。

二、下一阶段主要政策思路

下一阶段，中国人民银行将按照国务院统一部署，以科学发展为主题，以加快转变经济发展方式为主线，切实实施好稳健的货币政策，注意把握调控的节奏和力度，保持政策的连续性和稳定性，提高针对性、灵活性和有效性。一方面，要处理好控制货币总量和改善结构的关系。在满足经济发展合理资金需求的同时，消除通货膨胀的货币条件，同时着力优化结构，更好地满足多样化的投融资需求；另一方面，要处理好促进经济增长与抑制通货膨胀的关系。当前增长速度和就业都处在合理水平，稳定物价和管好通货膨胀预期是关键，也是宏观调控的首要任务。要保持必要的调控力度，巩固和加强前期调控成果，进一步巩固经济发展的良好势头。

一是继续加强流动性管理，把好流动性总闸门。准备金工具针对由外汇流入等导致的偏多流动性，其运用力度和调整空间取决于多个可变的条件，因此并不存在绝对上限。要根据经济金融形势和外汇流动的变化情况，综合运用公开市场操作、存款准备金率等货币政策工具，合理安排政策工具组合、期限结构和操作力度，加强流动性管理，保持银行体系流动性合理适度，促进货币信贷适度增长。根据形势发展要求，继续运用利率等价格调控手段，调节资金需求和投资储蓄行为，管理通货膨胀预期。加强对社会融资总量的监测与调节，保持合理的社会融资规模和节奏。

二是健全宏观审慎政策框架，配合常规性货币政策工具发挥合力。把货币信贷和流动性管理的总量调节与强化宏观审慎管理结合起来，根据宏观形势变化及银行体系稳健性状况等进行适度调整，继续实施好差别准备金动态调整措施，引导并激励金融机构自我保持稳健和调整信贷投放，提升金融机构风险防范能力。进一步加强系统性风险防范。继续加强地方融资平台公司贷款、表外资产和房地产金融的风险管理。

三是着力优化结构，加强对实体经济的支持。引导金融机构把握好贷款投放进度和节奏，加强金融产品和服务创新，加大对重点领域和薄弱环节的资金支持。按照国家经济结构调整和经济发展方式转变的要求，改进和完善对战略性新兴产业、节能环保产业、现代服务业、科技自主创新等的金融支持，严格控制对高耗能、高排放行业和产能过剩行业的贷款，支持低碳经济发展。引导更多的资金投向“三农”和中小企业，做好就业、助学、扶贫等金融服务。发展消费信贷，支持扩大内需。继续做好促进区域经济协调发展的金融支持。落实差别化住房信贷政策，推动房地产金融健康发展。合理调节中长期贷款和短期贷款的比例。

四是稳步推进利率市场化改革和人民币汇率形成机制改革。继续培育货币市场基准利率（Shibor），引导金融机构进一步增强风险定价能力，根据“十二五”规划总体要求和基础条件，通过选择具有硬约束的金融机构、逐步放开替代性金融产品价格等途径，有计划、有步骤地推进利率市场化改革。按照主动性、可控性和渐进性原则，进一步完善人民币汇率形成机制，发挥市场供求在汇率形成中的基础性作用，参考一篮子货币进行调节，增强汇率弹性，保持人民币汇率在合理均衡水平上的基本稳定，促进国际收支基本平衡。加快发展外汇市场，推动汇率风险管理工具创新。扩大人民币在跨境贸易和投资中的使用，稳步拓宽人民币流出和回流渠道。继续深化外汇管理体制改革，严厉打击“热钱”等违法违规资金流入。

五是继续推动金融市场健康发展，深化金融企业改革。充分发挥金融市场在资源配置中的基础性作用，进一步扩大直接融资渠道，发挥好股票、债券、产业基金等融资工具的作用，不断完善金融市场制度和基础设施建设，推动金融市场支持实体经济的发展。积极、稳妥地推动银行间债券市场对外开放。继续深化大型商业银行改革，持续改进金融服务方式，不断提高金融服务品质，切实履行大型商业银行的社会责任。继续推进中国农业银行改革，稳步推进“三农金融事业部”改革，全面改进“三农”金融服务。继续稳步推进国家开发银行商业化转型，推进中国进出口银行和中国出口信用保险公司改革，进一步做好中国农业发展银行改革前期研究工作。

PART 1 Monetary and Credit Performance

In Q1 2011 China's economy and financial system performed soundly. The trend in the growth of money and credit supply was in a normal direction. Liquidity in the banking system was adequate.

I. The growth of the money supply declined

At end-March 2011, outstanding M2 registered RMB75.8 trillion yuan, up 16.6 percent year on year, a deceleration of 3.1 percentage points over the end of 2010. Outstanding M1 stood at RMB26.6 trillion yuan, an increase of 15.0 percent year on year and a deceleration of 6.2 percentage points over the end of 2010. Outstanding M0 totaled RMB4.5 trillion yuan, up 14.8 percent year on year, a deceleration of 1.9 percentage points over the end of the previous year. Net cash injections reached RMB25.7 billion yuan, RMB57.5 billion yuan less year on year.

Aggregate money growth generally declined. With the use of a mix of monetary policy tools, including open market operations, the reserve requirement ratio, and interest rates, the prudent monetary policy produced some results. In January and February, year-on-year M2 growth declined by 2.5 percentage points and 1.5 percentage points compared with the previous months respectively, whereas in March there was a slight increase of 0.9 percentage point. At end-March 2011, M2 growth accelerated a little, mainly driven by the financial institutions' increase in deposits in order to meet the requirements for seasonal assessments.

At the end of March, outstanding base money registered RMB19.3 trillion yuan, up 29.0 percent year on year and RMB1.0 trillion yuan more than at the beginning of the year. At end-March, the money multiplier stood at 3.94, which was 0.02 higher than end-2010, showing strong money creation by the monetary base. Meanwhile, the excess reserve requirement ratio of financial institutions reached 1.5 percent, and that of rural credit cooperatives (RCCs) posted 3.7 percent.

II. Deposit growth of financial institutions slowed down

At end-March 2011, outstanding deposits in domestic and foreign currencies of all financial institutions (hereafter including foreign-funded financial institutions) stood at RMB76.8 trillion yuan, up 18.7 percent year on year, 1.1 percentage points lower than the growth in the end of 2010 and RMB4.0 trillion yuan more than that at the beginning of 2011, an acceleration of RMB77.6 billion yuan year on year. Outstanding RMB deposits registered RMB75.3 trillion yuan, up 19.0 percent year on year, a deceleration of 1.2 percentage points over the previous year and RMB4.0 trillion yuan more than that at the beginning of 2011, an acceleration of RMB54.5 billion yuan. The sharp increase at the end of the quarter was mainly attributed to the concentrated maturity of wealth management products of commercial banks, the flowing back of third party deposits, and the concentrated fiscal appropriations. Outstanding deposits in foreign currencies posted USD236.9 billion, up USD11.2 billion than that at the beginning of 2011, or 9.4 percent year on year, an acceleration of USD6.5 billion.

In particular, deposit growth of the household sector accelerated whereas that of non-financial institutions slowed down. At end-March, outstanding household deposits stood at RMB32.8 trillion yuan, up 17.9 percent year on year, an acceleration of 1.4 percentage points and an increase of RMB2.7 trillion yuan over the beginning of the year, an acceleration of RMB662.1 billion yuan year on year. Outstanding RMB deposits of non-financial institutions totaled RMB28.2 trillion yuan, up 16.6 percent over Q1 2010, a deceleration of 4.9 percentage points and RMB384.4 billion yuan more than that at the beginning of 2011, a deceleration of RMB951.1 billion yuan year on year. Within this total, the year-on-year growth of RMB deposits of non-financial institutions slowed down to 12.1 percent at end-January and gradually sped up in the following months as a result of the Spring Festival. Funds in the corporate sector continued their stable growth. At end-March 2011, outstanding fiscal deposits reached RMB3.0 trillion yuan, up 20.1 percent year on year and RMB346 billion yuan more than that at the beginning of 2011, an acceleration of RMB98.7 billion yuan year on year.

III. The trend in loan growth of financial institutions was in a normal direction

At end-March 2011, outstanding loans of all financial institutions in domestic and foreign currencies reached RMB52.6 trillion yuan, up 17.6 percent year on year, a deceleration of 2.1 percentage points and RMB2.4 trillion yuan more than that at the beginning of 2011, a deceleration of RMB400.8 billion yuan year on year.

The growth of RMB loans slowed down. At end-March 2011, outstanding RMB loans stood at RMB49.5 trillion yuan, up 17.9 percent year on year, a deceleration of 2.0 percentage points compared with end-2010 and RMB2.24 trillion yuan more than that at the beginning of 2011, a deceleration of RMB352.4 billion yuan year on year. Broken down by sectors, household loans gradually declined whereas the loan growth of non-financial institutions remained relatively stable. At end-March 2011, household loans grew 28.3 percent year on year, a deceleration of 9.3 percentage points compared with end-2010 and RMB755.7 billion yuan more than that at the beginning of 2011, a deceleration of RMB166.1 billion yuan. In Q1 2011, the increase in individual home loans slowed down. At end-March 2011, outstanding individual home loans rose RMB281 billion yuan over the beginning of the year, a deceleration of RMB201.5 billion yuan year on year. Loans of non-financial institutions and other sectors went up 14.6 percent year on year, a deceleration of 0.7 percentage point over end-2010 and RMB1.5 trillion yuan more than that at the beginning of 2011, a deceleration of RMB189.8 billion yuan. Within this total, medium- and long-term loans grew RMB983 billion yuan over the beginning of the year, a deceleration of RMB796.5 billion yuan year on year. Bill financing dropped by RMB262.2 billion yuan over the beginning of 2011, a deceleration of RMB362.1 billion yuan year on year. Broken down by institutions, the majority of Chinese-funded large banks operating nationwide saw a deceleration of year-on-year loan growth, and the growth of loans extended by small- and medium-sized local banks operating nationwide accelerated year on year.

Credit support for SMEs was strengthened further, and that for agriculture, rural areas, and farmers remained robust. In Q1 2011, new RMB loans extended to SMEs by Chinese banking financial institutions stood at RMB911.4 billion yuan. By end-March 2011, their outstanding value had risen 24.8 percent year on year, 21.6 percentage points faster than the year-on-year growth of new loans extended to large enterprises. Within this total, in Q1 new loans extended to small enterprises posted RMB497.9 billion yuan. By end-March 2011, their outstanding value had increased vigorously by 48.7 percent year on year. By end-March, outstanding agro-linked loans of major financial institutions, rural cooperative financial institutions, urban credit cooperatives, town and township banks, and financial companies stood at RMB12.7 trillion yuan. Within this total, RMB770.9 billion yuan was newly extended in Q1 2011, accounting for 32 percent of the total new loans in Q1.

Foreign currency loans maintained stable growth. At end-March 2011, outstanding foreign currency loans of financial institutions reached USD477.5 billion, up 17.2 percent year on year and USD27 billion more than that at the beginning of 2011, a deceleration of USD1.8 billion year on year. Broken down by type, trade financing in support of imports and exports increased USD9.6 billion, accounting for 36 percent of the total of new foreign-currency loans. Overseas loans and medium- and long-

Table 1 RMB Loans of Financial Institutions in the First Quarter of 2011

Unit: RMB100 million yuan

	In the first quarter of 2011		In the first quarter of 2010	
	New loans	Acceleration year on year	New loans	Acceleration year on year
Large national banks[1]	11,024	-2,753	13,777	-14,649
Small- and medium-sized national banks[2]	6,589	336	6,253	-5,856
Small- and medium-sized regional banks[3]	1,867	176	1,691	-590
Rural cooperative financial institutions[4]	4,592	-171	4,763	538
Foreign-funded financial Institutions	186	-325	511	775

Notes: 1. Large national banks refer to banks with assets denominated in foreign and domestic currencies worth no less than RMB2 trillion yuan (according to the total amount of assets in both domestic and foreign currencies of the financial institutions at end-2008).

2. Small- and medium-sized national banks refer to banks that operate across different provinces with assets denominated in domestic and foreign currencies worth less than RMB2 trillion yuan.

3. Small- and medium-sized regional banks refer to banks that operate within a single province with total assets of less than RMB2 trillion yuan.

4. Rural cooperative financial institutions refer to rural commercial banks, rural cooperative banks, and rural credit cooperatives.

Source: The People's Bank of China.

term loans in support of "Going Global" rose by USD8.2 billion, accounting for 30 percent of the total new foreign currency loans.

IV. Growth of all-system financing aggregate decelerated year on year and the share of direct financing clearly rose

It is estimated that all-system financing aggregate increased RMB4.19 trillion yuan in Q1 2011, a deceleration of RMB322.5 billion yuan year on year, among which RMB loans went up by RMB2.24 trillion yuan, a deceleration of RMB352.4 billion yuan year on year. The growth of foreign currency loans reached RMB147.4 billion yuan, a deceleration of RMB45.7 billion yuan year on year. Entrusted loans reached RMB320.4 billion yuan, up RMB168.4 billion yuan year on year. Trust loans rose by RMB9.1 billion yuan, a deceleration of RMB204.7 billion yuan year on year. Bankers' acceptances rose RMB761.1 billion yuan, a deceleration of RMB147.1 billion yuan. Net financing of corporate bonds posted RMB455.1 billion yuan, RMB187.4 billion yuan more year on year. Non-financial institutions financed RMB155.8 billion yuan on domestic stock markets, an acceleration of RMB30.9 billion yuan year on year.

The financing structure showed the following features. First, the share of loan financing continued to decrease. RMB loan financing accounted for 53.5 percent of aggregate financing in Q1, 4.1 percentage points lower than that during the same period of the previous year. Second, the share of financial institutions' off-balance sheet financing dropped significantly. Economic entities' financing by way of entrusted loans, trust loans, and bankers' acceptances from financial institutions accounted for 7.6 percent, 0.2 percent, and 18.2 percent respectively, adding up to a total of 26.0 percent, a deceleration of 2.1 percentage points year on year. Third, the growth of direct financing as a percentage of the total was remarkable, reaching a record high in the quarterly year-on-year increase since 2002. The share of financing through corporate bonds and non-financial institutions on domestic stock markets stood at 10.9 percent and 3.7 percent respectively, accelerating by 4.9 percentage points and 1.0 percentage point year on year.

Box 1 All-system Financing Aggregate

The Central Economic Work Conference held in December 2010 and the 2011 Government Work Report pointed to the importance of "maintaining a reasonable size of all-system financing aggregate," making this a vital indicator of macroeconomic monitoring.

Aggregate financing refers to the total amount of funds the real economy (the corporate and household sectors) acquires from the financial system during a certain period (month, quarter, or year). Financial system refers to all-system financing as a whole. Broken down by institutions, it includes banking, securities, and insurance financial institutions. In terms of markets, it includes credit markets, bond markets, stock markets, insurance markets, and intermediate business markets. It is composed of three parts: first, funds channeled indirectly by financial institutions to the real economy, by way of RMB loans, foreign currency loans, trust loans, entrusted loans, corporate bonds and equities of non-financial institutions held by financial institutions, compensation of insurance companies, and real estate investment; second, direct financing provided to the real economy through formal financial instruments, traditional financial markets, based on the credits or services of financial institutions, mainly including bankers' acceptances, public offering on the domestic stock market by non-financial institutions, and net issuances of corporate bonds; third, other financing, mainly composed of loans extended by micro-credit companies, credit companies, and investments in sector funds.

There are altogether eight indicators for measuring all-system financing aggregate, namely RMB loans, foreign currency loans, entrusted loans, trust loans, bankers' acceptances, corporate bonds, funds raised on the domestic stock market by non-financial institutions, and other financing. With the development and deepening of China's financial market and financial innovation, there will be more financing channels for the real economy, such as private equity and hedge funds. In the future, when necessary these new ways will be calculated as part of the all-system financing aggregate.

It is observed that China's all-system financing aggregate has expanded rapidly in recent years, and financing has been playing a more important role in supporting economic development. From 2002 to 2010, China's all-system financing aggregate rose from RMB2 trillion yuan to RMB14.27 trillion yuan, with an average annual growth rate of 27.8 percent, 9.4 percentage points more than the growth of RMB loans. In 2010, all-system financing aggregate accounted for 35.9 percent of GDP, up 19.2 percentage points compared with 2002. At the same time, the financing structure has been diversified and finance has played a more important role in resource allocations. This is supported by the following data. First, in 2010, financing through corporate bonds and domestic equities market offering of non-financial institutions accounted for 8.4 percent and 4.1 percent respectively of the all-system financing aggregate during the same period, among which the share of financing through corporate bonds was up 6.8 percentage points compared with 2002. Second, off-balance sheet financing of financial institutions has played a more important role. In 2010, bankers' acceptances, entrusted loans, and trust loans accounted for 16.3 percent, 7.9 percent, and 2.7 percent respectively of the all-system financing aggregate, up 19.8 percentage points, 7.0 percentage points, and 2.7 percentage points respectively over 2002.

Traditionally, the link between finance and the economy refers to that between the banking system and the real economy. For quite a long time, M2 and new RMB loans were the key indicators for macroeconomic monitoring and analysis. In some years, new RMB loans received even more attention than M2. With the rapid growth of China's financial market in recent years, however, the relationship between finance and the economy has evolved. In the context of the innovation in the financial market and financial products, diversification of the financial structure, and the more important role played by securities and insurance institutions in support of the real economy, more financial variables are having a major impact on the real economy. Apart from the traditional variables such as money and credit, trusts, securities, equities, and other financial assets are also included. In 2010, new RMB loans stood at RMB7.95 trillion yuan, RMB1.65 trillion yuan less year on year, but new financing through bankers' acceptances and entrusted loans registered RMB3.47 trillion yuan, accounting for 24.2 percent of the aggregate financing and RMB2.33 trillion more than that in the previous year. In this context, a more appropriate and more comprehensive indicator is needed to improve macroeconomic monitoring to better reflect the evolving relationship between the real economy and the financial sector. The indicator of all-system financing aggregate has thus been chosen. In addition to loans, off-balance sheet financing of financial institutions, namely bankers' acceptances, entrusted loans, and trust loans and direct financing must be included in statistical coverage to comprehensively reflect and monitor financing to the real economy. This will help end the practice of merely attending to loan financing while having inadequate supervision over the other indicators.

V. The lending rate of financial institutions registered a stable increase

Lending rates offered to non-financial institutions and other sectors increased stably month by month in Q1 2011. The weighted average lending rate reached 6.91 percent, up 0.72 percentage point compared with that at the beginning of 2011. The weighted average interest rate for general lending registered 7.10 percent, up 0.76 percentage point over the beginning of 2011, and the weighted average bill financing rate posted 6.26 percent, up 0.77 percentage point over the beginning of 2011. The home loan interest rate continued to grow. The weighted average residential mortgage rate rose by 0.82 percentage point over the beginning of 2011 to 6.17 percent in March.

Loans with interest rates higher than and flat with the benchmark rate accounted for a larger share of the total. In March, the share of loans with interest rates higher than and flat with the benchmark rate stood at 55.82 percent and 30.22 percent respectively, up 12.78 percentage points and 1.06 percentage points over that at the beginning of 2011, and loans with interest rates lower than the benchmark rate accounted

Table 2 Shares of Loans with Rates at Various Ranges of the Benchmark Rate in the First Quarter of 2011

Unit:%

Month	Adjusted downward	At the benchmark	Adjusted upward					
	[0.9,1.0)	1.0	Sum	(1.0,1.1]	(1.1,1.3]	(1.3,1.5]	(1.5,2.0]	Above 2.0
January	21.35	29.45	49.20	15.97	15.01	6.08	8.67	3.48
February	19.94	31.80	48.26	17.91	14.55	5.61	7.29	2.90
March	13.96	30.22	55.82	18.25	17.76	6.96	9.24	3.60

Source: The People's Bank of China.

Table 3 The Average Interest Rate for Large-value Deposits and Loans Denominated in US Dollars January through March 2011

Unit:%

Month	Large-value deposits						Loans				
	Demand deposits	Within 3 months	3-6 months (including 3 months)	6-12 months (including 6 months)	1 year	Above 1 year	Within 3 months	3-6 months (including 3 months)	6-12 months (including 6 months)	1 year	Above 1 year
January	0.24	1.99	2.01	1.87	3.47	4.45	2.76	2.92	3.04	2.91	3.35
February	0.27	2.14	2.68	2.55	3.34	3.91	2.94	3.16	3.12	3.16	3.16
March	0.32	2.31	2.67	3.01	2.91	4.47	3.04	3.26	3.76	3.25	3.15

Source: The People's Bank of China.

for 13.96 percent of the total, down 13.84 percentage points compared with that at the beginning of 2011.

The foreign currency deposit rate generally went up and the lending rate continued to increase due to changes in the supply and demand of funds in China. In March, the weighted average interest rate of large-value US dollar deposits with a maturity of less than 3 months grew 0.47 percentage point over the beginning of 2011 to 2.31 percent. The weighted average interest rate of US dollar loans with a maturity of less than 3 months and 3-6 months (including 3 months) stood at 3.04 percent and 3.26 percent respectively, up 0.47 percentage point and 0.41 percentage point over the beginning of 2011.

VI. The flexibility of the RMB exchange rate rose significantly

Since the beginning of 2011, the RMB exchange rate has moved in both directions and has appreciated slightly with much stronger flexibility, and expectations of RMB exchange rate movements remained generally stable. At end-March 2011, the central parity of the RMB against the US dollar was RMB6.5564 yuan per US dollar, up 663 basis points or 1 percent over end-2010. The central parity of the RMB against the euro registered RMB9.2681 yuan per euro, a depreciation of 4.98 percent, and the central parity of the RMB against the Japanese yen stood at RMB7.8883 yuan per 100 Japanese yen, an appreciation of 3.01 percent from end-2010. Beginning with the reform of the RMB exchange rate regime in July 2005 to end-March 2011, the RMB has appreciated 26.24 percent against the US dollar and 8.05 percent against the euro, and has depreciated 7.38 percent against the Japanese yen. According to the BIS, in Q1 2011 the nominal effective RMB exchange rate depreciated 1.2 percent and the real effective exchange rate depreciated by 1.9 percent. From the exchange rate reform in 2005 to end-March 2011, the nominal effective RMB exchange rate has appreciated 13.4 percent and the real effective exchange rate has appreciated 20.3 percent.

In Q1 2011, the central parity of the RMB against the US dollar peaked at RMB6.5564 yuan per dollar and reached a trough of RMB6.6349 yuan per dollar. Among the 58 trading days, the interbank foreign exchange market saw an appreciation on 38 days and a depreciation on 20 days. The largest appreciation in a single day was 0.20 percent (or 133 points) whereas the largest depreciation in a single day was 0.16 percent (or 103 points).

PART 2

Monetary Policy Conduct

In line with the spirit of the Central Economic Work Conference and the overall arrangements of the State Council, since the beginning of 2011 the PBC has implemented a prudent monetary policy in an effort to keep overall prices basically stable, which is the priority of China's macroeconomic management. To do so, the PBC used a combination of quantitative and price-based monetary policy tools as well as macro-prudential policy tools, strengthened management of liquidity and money and credit aggregates, and kept the all-system financing aggregate at a reasonable level. It encouraged financial institutions to improve the credit structures and to advance financial enterprise reforms. In the meantime, the PBC improved the RMB exchange rate regime and foreign exchange administration. All these efforts contributed to stable and healthy economic development.

I. Flexible open market operations and strengthened liquidity management

The PBC flexibly conducted open market operations to withdraw more liquidity from the market. In particular, it managed the mix and maturity of open market operation tools in response to liquidity supply and demand in the banking system. Combined with central bank bills and short-term repurchase operations, this helped withdraw more liquidity from the market. In the first quarter of 2011, the PBC issued RMB337 billion yuan of central bank bills and conducted RMB815 billion yuan of short-term repos on a cumulative basis. As of end-March, outstanding central bank bills totaled about RMB2.8 trillion yuan.

The PBC effectively used open market operations to pre-adjust and fine-tune liquidity so as to reduce the shock of seasonal factors on liquidity in the banking system. To address seasonal liquidity volatility around the Spring Festival, the PBC matched the maturity dates of different repos with peaks in cash supply before the festival by carefully arranging the use of repos of varied maturity, thus effectively removing short-term liquidity fluctuations caused by seasonal factors.

The PBC properly increased the flexibility of the interest rates of open market operations to better manage inflationary expectations. Initiated in response to developments in the market environment, and complemented by movements in the benchmark lending and deposit rates, this facilitated management of inflationary expectations and supported a greater role for market interest rates to balance financing supply and demand. As of end-March, interest rates for 3-month and 1-year central bank bills recorded 2.7944 percent and 3.1992 percent respectively, up 77.88 and 68.77 basis points from end-2010.

The PBC properly conducted state treasury cash management operations. In the first quarter of

2011, the PBC deposited RMB30 billion yuan of 3-month state treasury funds in commercial banks in two separate operations.

II. The reserve requirement increases on four occasions and the dynamically differentiated reserve requirement

Against the background of a continued, large BOP surplus, since the beginning of 2011 the PBC raised the reserve requirement ratio for RMB deposits in depository financial institutions, a potent tool to mop up excessive liquidity, by 2 percentage points on a cumulative basis, including 4 increases of an increment of 0.5 percentage point on January 20, February 24, May 25, and April 21, with a view to strengthening liquidity management, controlling money and credit aggregates, keeping all-system financing at a reasonable level, and managing inflationary expectations.

The dynamic adjustment mechanism for a differentiated reserve requirement, which was introduced under a macro-prudential philosophy and designed to work along with conventional monetary policy tools, such as open market operations, reserve requirements, and interest rates, went into operation in early 2011. In applying the mechanism, the PBC considers a range of factors, including all-system financing, discrepancies between credit supply and economic development goals and the contributions of individual financial institutions to the discrepancy. The PBC also takes into account the importance of individual institutions in the system, and the soundness and compliance of credit policies, so that it is able to withdraw excess liquidity in a well-targeted way and to encourage a reasonable, proper, and steady credit supply and improvement in the credit structure. The mechanism serves as a flexible scheme to mobilize financial institutions to follow macro-prudential policy and to enhance their risk-prevention capacity by raising capital and improving asset quality. It is part of the macro-economic management and prevents the build-up of pro-cyclical systemic risks, and leaves plenty of room for market competition.

III. Benchmark deposit and lending rates increase on two occasions

To address the growing inflationary expectations and the rapid money and credit supply, the PBC raised the benchmark deposit and lending rates on February 9 and April 6, increasing the 1-year benchmark deposit rate from 2.75 percent to 3.25 percent, and the 1-year benchmark lending rate from 5.81 percent to 6.31 percent, both up by 0.5 percentage point cumulatively. Building on the two increases in the fourth quarter in 2010, this led to a gradual increase in the lending rate for non-financial enterprises and other sectors, thereby playing a role in influencing borrowing needs. Rising funding costs also help guide inflationary expectations and improve the leveraging role of interest rates.

IV. Credit structure improvements to support shifts in the development pattern and strategic economic restructuring

The PBC enhanced the coordination of money and credit policy with other policies and strengthened window guidance to encourage financial institutions to improve the credit structure following a differentiated credit policy. The PBC guided financial institutions to support the reinvigoration of key industries, avoid haphazard investment and inefficient and duplicated construction, and endorse energy conservation, outdated capacity elimination, and low-carbon development. The PBC also urged financial institutions to explore new guarantee services and to design credit products and services tailored to the service sector. Financial institutions stepped up support for agriculture, rural areas, and farmers, spring farming activities, drought relief, grain production, and SMEs, as well as for financial programs designed to promote the people's livelihood, including plans to support employment for specific groups, students with financial difficulties, and rescue and disaster relief efforts. They continued to support regions listed by the central government to be in need of assistance and areas with state pilot reform programs. They also extended financial support to the quake-hit zones and to Zhouqu after a devastating mudslide struck the area. In the meantime, efforts were made to strengthen management of lending to local government financing platforms and to explore new financing channels for such financing platforms.

V. Agro-linked central bank lending and rediscounts to improve county and rural financial services

The PBC increased central bank lending and rediscounts, guiding financial institutions to provide more agro-linked loans. Since the beginning of 2011, a total of RMB15 billion yuan of extra agro-linked central bank lending was granted to the western regions, main grain-producing regions, and disaster-stricken areas, including RMB5 billion yuan to Xinjiang, Guangxi, and other western provinces and the main grain-producing regions, and RMB10 billion yuan to eight drought-hit provinces including Henan, Shandong, and Hebei. As of end-March, central bank lending for agriculture recorded RMB79.1 billion yuan, a rise of RMB33 billion yuan from the same period of the previous year, playing a positive role in supporting spring farming activities and drought relief and encouraging more agro-linked lending. Taking advantage of the rediscounts' role in guiding credit flows and promoting structural adjustments, the PBC allocated an additional RMB5 billion yuan rediscount quota for Liaoning and four other provinces. Rediscount operations totaled RMB55.2 billion yuan in the first three months, up RMB35.1 billion yuan year on year. Outstanding rediscounts at end-March registered RMB76.6 billion yuan, a year-on-year increase of 50.3 billion yuan. About 32 percent of this total was agro-linked, and 89 percent was issued by SMEs, effectively expanding the financing for agriculture, rural areas, farmers, and SMEs.

To encourage prudential operations and agro-linked lending by rural financial institutions, the PBC implemented relevant incentive policies, encouraging financial institutions incorporated at the county levels to channel a certain share of new deposits to local borrowers, and encouraging rural credit cooperatives (RCCs) to meet follow-up monitoring and assessment standards after redemption of special bills. Specifically, the PBC decided to arrange RMB20 billion yuan of additional agro-linked central banking lending to 425 county-level RCCs and 16 township banks that meet these two standards. RCCs that meet assessment standards receive greater policy support from central bank lending and rediscounts, whereas those who fail to meet the standards face restrictions.

VI. Rapid growth of RMB settlement in cross-border trade

In the first quarter of 2011, RMB settlement in cross-border trade amounted to RMB360.32 billion yuan, an increase of RMB19.0 billion yuan from the last quarter of 2010. This included RMB20.23 billion yuan in goods exports and RMB285.37 billion yuan in goods imports, and RMB19.59 billion yuan in exports of services and other items under the current account and RMB35.13 billion yuan in imports of services and other items under the current account. During this period, actual RMB receipts and payments recorded RMB258.47 billion yuan, including RMB39.25 billion yuan in receipts and RMB219.22 billion yuan in payments. The receipt-to-payment ratio was 1:5, representing a slight drop from end-2010. RMB settlement in trade with Hong Kong SAR made up the largest share of the total. As of end-March 2011, mainland agent banks had opened 800 interbank RMB accounts for participating overseas banks, with a total outstanding amount of RMB85.86 billion yuan, an average of RMB107.33 million yuan in each account.

Figure 1 Monthly RMB Settlement of Cross-border Trade

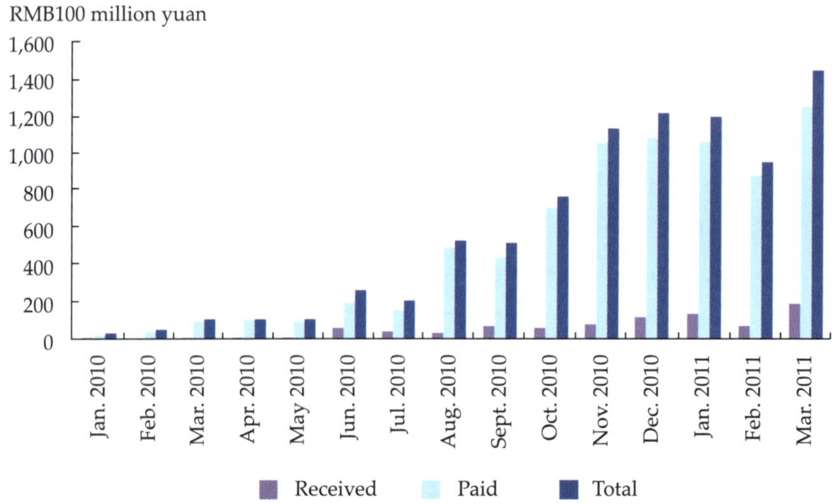

Source: The People's Bank of China.

Box 2 Hong Kong RMB Business Progressed Steadily

RMB business in Hong Kong began in 2004 in response to market needs. Supported by policies and endogenous drives, it gained momentum and developed through the various stages of serving individual clients, RMB bond businesses, and RMB settlement of cross-border trade to RMB businesses independently run by Hong Kong financial institutions in accordance with the local law.

As economic and trade ties between the mainland and Hong Kong have grown closer due to progress in the reform and opening up and the rapid economic growth in the mainland, circulation of RMB cash in Hong Kong has expanded and the stock of RMB cash has accumulated in Hong Kong. In 2003, with the approval of the State Council, Hong Kong banks were allowed to offer four local RMB businesses, including deposits, exchange, bank cards, and remittances. This program was designed to meet the needs of travel and the small amount of consumption by tourists, and did not cover large-value transactions under the current account or RMB lending, investment, financing, or other capital account transactions. On December 24, 2003, with the authorization of the PBC, the Bank of China (Hong Kong) Limited (hereinafter referred to as BOC HK) became the clearing bank for personal RMB businesses in Hong Kong and it signed the Clearing Agreement on RMB Business with the PBC. This provides squaring arrangements for RMB clearing and exchange between the mainland and Hong Kong, laying the foundation for further development of Hong Kong RMB business. On February 25, 2004, local banks in Hong Kong officially opened RMB services for individuals.

After the launch, Hong Kong RMB business grew steadily. Backed by smooth clearing channels, RMB deposits increased, producing needs for RMB investment and asset management. With the approval of the State Council, the PBC released Notice ([2007] No.3) on January 14, 2007, allowing mainland financial institutions to issue RMB bonds in Hong Kong and to remit the proceeds back to the mainland. The PBC also expanded the scope of clearing for RMB business in Hong Kong to accommodate this development. The first RMB bond issue in Hong Kong, totaling RMB5 billion yuan, was issued by the China Development Bank on July 28, 2007. On September 28, 2009, with the approval of the State Council, the Ministry of Finance issued RMB6 billion yuan of RMB government bonds in Hong Kong, bringing more RMB investment products to the Hong Kong market.

To promote trade and to facilitate investment, on April 8, 2009 the State Council decided to launch a pilot RMB settlement program for cross-border trade between five mainland cities(Shanghai and four cities in Guangdong) and Hong Kong, Macau, and the ASEAN countries. The pilot program went into operation on July 2, 2009 and RMB business in Hong Kong was expanded to cover corporate business, mainly RMB settlement and financing. RMB settlement of trade with Hong Kong accounted for a dominant share under the pilot program, and the share of settlement of the actual amount of RMB received and paid during this process exceeded two-thirds of the total. RMB settlement of cross-border trade became a major source of RMB funds in Hong Kong. At end-March 2011, RMB deposits in Hong Kong reached RMB451.4 billion yuan, constituting about 15 percent of Hong Kong's foreign currency deposits.

In an effort to further boost RMB business in Hong Kong and to strengthen economic and trade cooperation and visits between the mainland and Hong Kong, on July 19, 2010 the PBC signed a Supplementary Memorandum of Cooperation with the Hong Kong Monetary Authority (HKMA), and a revised Clearing Agreement on RMB Business with the BOC HK. These allowed participating banks in Hong Kong to offer RMB banking services to corporate and institutional clients in accordance with the local law, with fund flows in and out of the mainland subject to the relevant regulations on the mainland. As a result, Hong Kong's RMB business expanded rapidly. Restrictions on opening RMB accounts and RMB transfers were removed. Banks were allowed to freely develop different RMB exchange services and balance sheets products, and a variety of new RMB products soon emerged, including deliverable forwards, certificates of deposit, structured wealth management products, and investment trusts. Many international development institutions and overseas and multinational financial institutions and enterprises issued RMB bonds in Hong Kong. At end-march, RMB82 billion yuan of RMB bonds were issued in Hong Kong. On April 11, 2011, the first RMB-denominated fund in Hong Kong, Huixian Real Estate Investment Trust, was launched.

Hong Kong's role as a key window for economic and trade exchanges between the mainland and other economies makes it important to develop an offshore RMB business center and global asset management center in Hong Kong and expand RMB business there. First, this will help strengthen Hong Kong's status as an international financial center and ensure its long-term prosperity under the one country, two systems framework. Second, it will provide an important platform for overseas access to and use of RMB, thus promoting trade and investment. Third, it will provide useful experiences for financial reform in the mainland. Fourth, while the capital account is not yet fully liberalized, effective management of cross-border RMB flows will help prevent risks associated with cross-border uses of RMB.

VII. Improvement in the RMB exchange rate regime

In line with the principle of being self-initiated, controllable, and gradual, the PBC further improved the RMB exchange rate regime reform. Focusing on the role of market supply and demand, the PBC enhanced RMB exchange rate flexibility with reference to a basket of currencies and kept the RMB exchange rate basically stable at an adaptive and equilibrium level.

VIII. Progress in financial institution reform

The PBC continued to deepen reform of large commercial banks and to advance reform of policy financial institutions. It encouraged large commercial banks to modernize their corporate governance to improve decision-making, and asked them to ensure sound operations and to avoid a rebound in non-performing assets by enhancing awareness of capital, costs, and risk control and improving their asset, liability, and profit structures. As of end-2010, for the Industrial and Commercial Bank of China (ICBC), the Agricultural Bank of China (ABC), the Bank of China (BOC), the China Construction Bank (CCB), and the Bank of Communications, the capital adequacy ratio was 12.27 percent, 11.59 percent, 12.58 percent, 12.68 percent, and 12.36 percent respectively; the non-performing loan (NPL) ratio posted 1.08 percent, 2.03 percent, 1.10 percent, 1.14 percent, and 1.12 percent; and the before-tax profits registered RMB215.4 billion yuan, RMB120.7

billion yuan, RMB142.1 billion yuan, RMB175.2 billion yuan, and RMB50 billion yuan. The PBC continued the reform of the ABC to build a multi-divisional structure for financial services to the rural areas. To review the progress of this pilot program and agro-linked financial services, the PBC completed a case-by-case assessment of 561 ABC county-level branch offices in 8 provinces where the pilot program was operating, including Sichuan, Chongqing, and Hubei. The PBC also released favorable policies on business revenue, regulatory fees, and the reserve requirement to support the pilot program. The transition to commercial operations in the China Development Bank made steady progress, thereby playing an active role in supporting the "Going Global" initiative and in improving the people's livelihood. In the meantime, the PBC studied the reform plans for the Export and Import Bank of China and the China Export and Credit Insurance Corporation, and promoted a deepening of the internal reform at the China Agricultural Development Bank.

Notable achievements were made in terms of RCC reform. First, the RCCs' asset quality and risk-prevention capacity were strengthened significantly. Based on the five-category loan classification, outstanding NPLs at RCCs at end-March totaled RMB402.0 billion yuan, down RMB18.4 billion yuan from end-2010. Their share of total RCC lending dropped 0.8 percentage point to 6.6 percent. The capital adequacy ratio stood at 8.6 percent. Second, the financial position of RCCs was strengthened remarkably, greatly boosting their financial services to the rural areas. At end-March, total RCC deposits posted RMB9.3 trillion yuan, accounting for 12.3 percent of the total deposits in financial institutions, up 0.4 percentage point from end-2010. RCC lending registered RMB6.1 trillion yuan, or 12.4 percent of the total lending by financial institutions, an increase of 0.6 percentage point from end-2010. This included RMB4.1 trillion yuan of agro-linked loans and RMB2.2 trillion yuan of lending to rural households, up RMB245.4 billion yuan and RMB156.2 billion yuan respectively from end-2010.

IX. Deepening the reform of foreign exchange administration

To facilitate enterprises using cross-border funds, and drawing on the experiences from a pilot program in selected regions, on January 1, 2011, coverage of the policy that allows exporters to deposit export proceeds in overseas banks was expanded to cover enterprises throughout the country. This allows overseas enterprises to deposit proceeds from goods exports in overseas banks, helping Chinese enterprises take full advantage of resources on both the global and domestic markets and easing the pressures to transfer export proceeds back to the mainland.

Regulation of cross-border capital inflows and the selling of foreign exchange was strengthened. In particular, to encourage reasonable cross-border capital flows and to prevent illegal capital inflows, actions were taken to enhance management of the banks' overall position for foreign exchange sales and purchases as well as for foreign exchange receipts and sales for entrepôt trade. The share of advance payments and delayed payments for goods trade was lowered. The overall quota for the short-term external debt for mainland financial institutions in 2011 was further reduced, as was the outstanding external debt quota for banks with large interbank deposits and lending. In the meantime, the transparency of foreign exchange administration was increased to promote sound public understanding of developments in cross-border capital flows and in irregular flows and to guide market expectations.

PART 3 Financial Market Analysis

In the first quarter of 2011, China's financial market continued to perform in a healthy and sound manner, and in general market liquidity was adequate. Interest rates on the money market fluctuated somewhat, and transactions were buoyant. Indices on the bond market moved up steadily, and bond issuances grew significantly. Stock indices rose slightly, and trading on the stock market was buoyant.

I. Financial market analysis

1. The money market traded briskly and interest rates fluctuated somewhat

Repo transactions and interbank borrowing on the money market were brisk, with the trading volumes increasing significantly. In Q1 2011, the turnover of bond repos totaled RMB21.5 trillion yuan, with an average daily turnover of RMB357.8 billion yuan, up 25.6 percent year on year. The turnover of interbank borrowing reached RMB6.0 trillion yuan, with an average daily turnover of RMB100 billion yuan, an increase of 14.3 percent year on year. Overnight products still dominated bond repo and interbank borrowing transactions, accounting for 76.2 percent and 85.0 percent of their respective turnovers, down 4.2 and 2.8 percentage points from the same period of the previous year. The total turnover of government securities repos on the stock exchanges soared 160 percent year on year to RMB3.12 trillion yuan.

In terms of financial institutions, net lending of state-owned commercial banks declined noticeably from the same period of the previous year; among non-banking financial institutions, net borrowing of insurance companies declined considerably from the same period of the previous year, whereas net borrowing of securities companies and fund management companies declined slightly.

Table 4 Fund Flows Among Financial Institutions in the First Quarter of 2011

Unit: RMB100 million yuan

	Repo		Inter-bank borrowing	
	In the first quarter of 2011	In the first quarter of 2010	In the first quarter of 2011	In the first quarter of 2010
State-owned commercial banks	-48,621	-62,499	1,360	-9,800
Other commercial banks	13,487	17,958	-5,328	6,282
Other financial institutions	31,909	38,133	4,327	1,962
Of which: Securities companies and fund management companies	13,091	19,943	2,502	224
Insurance companies	6,494	3,335	—	—
Foreign-funded financial institutions	3,226	6,408	-359	1,556

Note: "Other financial institutions" in the table include the China Development Bank, policy banks, associations of rural credit cooperatives, finance companies, trust and investment companies, insurance companies, securities companies, fund management companies, and so forth. A negative sign indicates net lending; a positive sign indicates net borrowing.
Source: China Foreign Exchange Trade System.

Trading of RMB interest-rate swaps grew rapidly. In Q1 2011, a total of 4,775 transactions was conducted, with an aggregate nominal principal of RMB566.79 billion yuan, up 170.2 percent year on year. In particular, trading of interest rate swaps with a maturity of less than 1 year was the most buoyant, with an aggregate nominal principal of RMB341.54 billion yuan, accounting for 60.3 percent of the total turnover. The base interest rate, or the floating end of the RMB interest-rate swaps, included the Shibor, the 1-year time deposit rate, and the 7-day fixing repo rate, and their notional principal accounted for 31.7 percent, 3.0 percent, and 65.3 percent of the total, respectively.

Interest rates on the money market fluctuated somewhat. Due to the impact of the Spring Festival, in January interest rates of all maturities on the money market reached their yearly high, and then declined somewhat month by month. In March, the weighted average interest rate of bond-pledged repo and interbank borrowing was 1.98 percent and 1.93 percent respectively, down 1.04 and 0.8 percentage point from February, and down 1.14 and 0.99 percentage point from December 2010. In Q1 2011, the short-end rates of the Shibor showed a decreasing trend after a period of rapid increases. At end-March, the overnight and 1-week Shibor stood at 1.80 percent and 2.82 percent respectively, down 2.72 and 3.57 percent points from the beginning of the year. Shibor interest rates of a maturity of over 3 months steadily moved up. At end-March, the 3-month and 1-year Shibor registered 4.17 percent and 4.66 percent respectively, up 0.87 and 1.03 percentage point from the beginning of the year.

Table 5 Transactions of Interest Rate Derivatives in the First Quarter of 2011

Year	Bond forwards		Interest-rate swaps		Forward-rate agreements	
	Transactions	Amount[1] (RMB100 million yuan)	Transactions	Amount of nominal principal (RMB100 million yuan)	Transactions	Amount of nominal principal (RMB100 million yuan)
2006	398	664.5	103	355.7	—	—
2007	1,238	2,518.1	1,978	2,186.9	14	10.5
2008	1,327	5,005.5	4,040	4,121.5	137	113.6
2009	1,599	6,556.4	4,044	4,616.4	27	60.0
2010	967	3,183.4	11,643	15,003.4	20	33.5
Q1 2011	159	212.6	4,775	5,667.9	2	2.0

Note: 1. Since 2009, statistics on transactions of bond forwards have been changed to the settlement amounts of the transactions.
Source: China Foreign Exchange Trade System.

2. Indices on the bond market moved up steadily and bond issuances grew significantly

Indices on both the interbank bond market and the stock exchanges went up slightly. The index of total returns on the interbank bond market rose 0.48 percent, from 132.9 points at the beginning of 2011 to 133.6 points at end-March 2011; the index of government securities on the stock exchanges rose 1.01 percent, from 126.3 points at the beginning of 2011 to 127.6 points at end-March 2011. Since the beginning of 2011, interest rates on the money market declined slightly amid fluctuations, and the yield curve of government securities at the

Figure 2 Yield Curve of Government Securities on the Inter-bank Market in the First Quarter of 2011

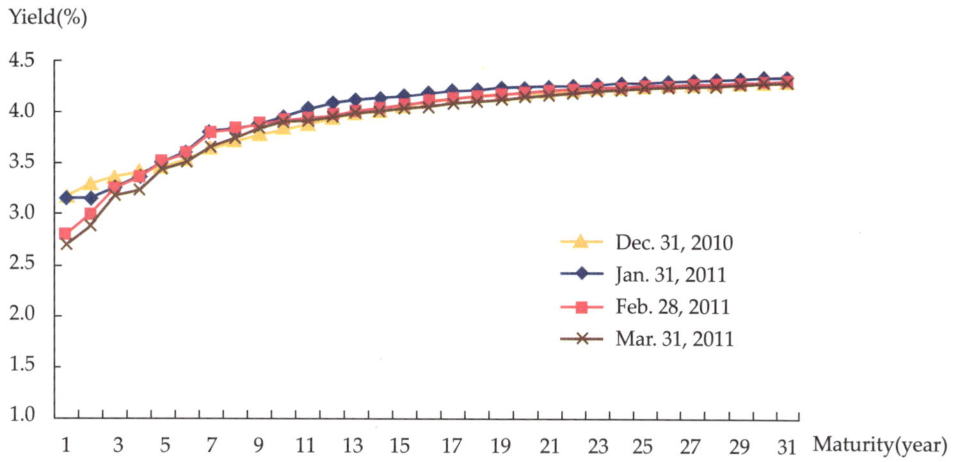

Source: China Government Securities Depository Trust and Clearing Co., Ltd..

short-ends declined correspondingly, whereas the yields of medium-and long-ends picked up somewhat due to heightened inflation expectations and interest-rate hikes. The yield curve of government securities showed an overall steepening upward trend.

Spot trading on the interbank bond market increased steadily. In Q1 2011, the turnover of spot bond trading on the interbank bond market totaled RMB12.62 trillion yuan, with a daily average turnover of RMB210.3 billion yuan, up 22.1 percent year on year. In terms of trading entities, state-owned commercial banks were mainly net bond buyers on the interbank spot bond market, with net purchases of RMB130 billion yuan; other commercial banks were mainly net sellers, with net sales of RMB163.8 billion yuan; and insurance companies became net buyers after being net sellers during the same period of the previous year, with net purchases of RMB6.5 billion yuan. A total of RMB27.2 billion yuan of spot government securities was traded on the stock exchanges, RMB25.6 billion yuan less than that during the same period of the previous year.

Affected by hikes in the benchmark deposit and loan rates and heightened inflation expectations in the market, bond issuance rates showed an overall upward trend, but because financial institutions had a stronger demand. for bond investments in Q1, the increase in bond issuance rates was somewhat restrained. The fixed interest rate of 2 batches of 10-year government securities issued in Q1 averaged 3.89 percent, up 15 basis points from those of the same maturity issued in Q4 2010. The interest rate of 3-year policy financial bonds issued by the China Development Bank was 4.02 percent, up 32 basis points from the end of the previous year. The Shibor played a greater role in bond pricing. In Q1 2011, 72 fixed-rate bonds based on the Shibor were issued on the primary bond market, with a total issuance volume of RMB80.6 billion yuan. A total of RMB70.8 billion yuan of short-term fixed-rate financing bills was issued based on the Shibor, accounting for about 25.3 percent of the issuance of all short-term fixed-rate financing bills. Furthermore, 7 floating-rate bonds based on the Shibor were issued, with a total issuance volume of RMB66.5 billion yuan.

Table 6 Issuance of Bonds in the First Quarter of 2011

Type of bonds	Issuances (RMB100 million yuan)	Year-on-year growth (%)
Government securities[1]	3,260	41.7
Financial bonds issued by the China Development Bank and other policy banks	6,098	118.6
Bank subordinate bonds and hybrid bonds	175	-47.3
Bank ordinary bonds	20	—
Enterprise bonds[2]	6,205	59.6
Of which: Short-term financial bills	2,832	74.7
Medium-term notes	1,841	60.2
Corporate bonds	403	98.4

Notes: 1. Including municipal bonds issued by the Ministry of Finance on behalf of local governments.
2. Including enterprise bonds, super and short-term commercial paper, short-term financing bills, medium-term notes, collective bills of SMEs, corporate bonds, and bonds with detachable warrants.
Source: The People's Bank of China, China Government Securities Depository Trust and Clearing Co., Ltd..

Bond issuances grew significantly. In Q1 2011, a total of RMB1.58 trillion yuan (excluding central bank bills) of RMB bonds was issued on the primary market, up 71.2 percent year on year. In particular, policy financial bonds, corporate bonds, short-term financing bills, and medium-term notes grew notably by 118.6 percent, 98.4 percent, 74.7 percent, and 60.2 percent respectively. In the meantime, RMB1.7 billion yuan of collective bills and RMB91 billion yuan of super and short-term commercial paper (SCP) were issued respectively. In terms of the maturity structure, the issuance of bonds with a maturity of less than 5 years accounted for 70.3 percent, up 4.9 percentage points year on year. At end-March, a total of RMB20.1 trillion yuan of bonds was deposited with the China Government Securities Depository Trust and Clearing Co., Ltd..

3. Interest rates on the bill market remained at an elevated level, and bill financing decreased on a continual basis

Affected by a number of factors such as the interest rates on the money market and the changed supply of and demand for bills, in Q1 2011 bill market interest rates first rose and then became subdued, but still remained at an elevated level. Outstanding bill financing continued to decline and transactions on the bill market were generally brisk. In Q1, commercial drafts issued by enterprises totaled RMB3.6 trillion yuan, representing year-on-year growth of 31.7 percent; cumulative discounted bills amounted to RMB6.9 trillion yuan, representing year-on-year growth of 12.8 percent. At end-March, the total value of outstanding undue commercial drafts increased 33.6 percent year on year to RMB5.9 trillion yuan; outstanding discounted bills registered RMB1.2 trillion yuan, down 29.7 percent year on year. Since 2011, financial institutions continued to strengthen credit asset structural adjustments and to decrease the scale of bill financing so as to meet the demand for ordinary loans, and outstanding discounted bills fell by RMB262.2 billion yuan from the beginning of the year. At end-March, the share of outstanding bill financing to outstanding loans was 2.5 percent, down nearly 2 percentage points year on year.

4. Stock indices increased slightly and the stock markets continued to trade briskly

The stock indices increased slightly. At end-March, the Shanghai Stock Exchange Composite Index and the Shenzhen Stock Exchange Component Index increased 4.2 percent and 0.8 percent respectively from the end of the previous year to close at 2,928 points and 12,563 points. The average P/E ratio on the A-share market of the Shanghai Stock Exchange increased from 21.6 times at end-2010 to 22.8 times at end-March 2011; the average P/E ratio on the A-share market of the Shenzhen Stock Exchange declined from 45.3 times to 35.9 times.

Trading on the stock markets remained buoyant. In Q1 2011, the turnover on the Shanghai and Shenzhen Stock Exchanges totaled RMB13.51 trillion yuan, an increase of 16.5 percent year on year, and the daily turnover averaged RMB232.9 billion yuan, RMB32.3 billion yuan more than that during the same period of the previous year. At end-March, market capitalization increased 7.7 percent from the end of the previous year to RMB20.78 trillion yuan.

Financing on the stock markets declined somewhat. According to preliminary statistics, a total of RMB171.5 billion yuan was raised in Q1 2011 by non-financial enterprises and financial institutions on the domestic and overseas stock markets by way of IPOs, additional offerings, right issuances, and warrant exercises, RMB13.1 billion yuan less than that during the same period of the previous year.

5. Total assets of the insurance industry maintained fairly rapid growth

In Q1 2011, the total premium income of the insurance industry amounted to RMB461.7 billion yuan;[1] and total claim and premium payments increased 33.9 percent year on year to RMB98 billion yuan. In particular, total claim and benefit payments of the property-insurance sector increased 17.9 percent, whereas those of the life-insurance sector increased 49.8 percent.

Total assets in the insurance industry maintained fairly rapid growth. At end-March 2011, total assets in the insurance industry posted RMB5.4 trillion yuan, an increase of 25.9 percent year on year, up 0.7 percentage point from the end of the previous year. Among this total, bank deposits increased 40.2 percent, up 7.5 percentage points and investment-type assets increased 21.4 percent, down 4.2 percentage point.

Table 7 Use of Insurance Funds at End-March 2011

	Outstanding balance(RMB100 million yuan)		As a share of total assets (%)	
	End-March 2011	End-March 2010	End-March 2011	End-March 2010
Total assets	54,064	42,929	100.0	100.0
Of which: Bank deposits	16,257	11,595	30.1	27.0
Investment	33,899	27,943	62.7	65.1

Source: China Insurance Regulatory Commission.

1. Because the CIRC adjusted the statistics on premium income in the insurance industry in 2011, the indicator cannot be compared with the previous year.

6. The foreign exchange market traded briskly

The volume of forward and "currency pairs" transactions increased rapidly. In Q1 2011, the turnover of spot RMB foreign exchange transactions totaled USD813.3 billion, representing an increase of 5.5 percent year on year; the turnover of RMB foreign exchange swap transactions totaled USD337.7 billion, representing an increase of 18.5 percent year on year; among this total, overnight RMB/USD swap transactions amounted to USD186.1 billion, accounting for 55.1 percent of all swap transactions; the turnover on the RMB foreign exchange forward market totaled USD59.5 billion, an increase of 1,855 percent year on year. In Q1 2011, the turnover of foreign currency pairs amounted to USD20.9 billion, an increase of 68.0 percent year on year. In particular, the USD/HKD pairs accounted for the lion's share, or 49.9 percent, down 14.2 percentage points from the same period of the previous year. The number of participants on the foreign exchange market expanded further. In Q1 2011, one new member was accepted on the spot market, two new members were accepted on the foreign exchange swap market, and one enterprise group was permitted to trade on the interbank foreign exchange market.

7. The gold market operated stably

The price of gold first declined and then increased, keeping pace with the movement of gold prices on the international market. The price of gold on the Shanghai Gold Exchange saw a slight decline in January, and then rose continuously in February and March. The price of gold on the domestic market has continued to be higher than that on the international market, but the difference has gradually narrowed. The highest gold price on the domestic market was RMB305.3 yuan per gram, and the lowest gold price was RMB281.2 yuan per gram. At end-March, the price of gold was RMB302.1 yuan per gram, up 0.07 percent from the beginning of the year.

The Shanghai Gold Exchange operated stably. In Q1 2011, a total of 1,424.6 tons of gold was traded on the Shanghai Gold Exchange, a decrease of 0.9 percent year on year; total turnover posted RMB421.44 billion yuan, an increase of 19.7 percent year on year. The trading volume of silver was 40,276.0 tons, an increase of 488.1 percent year on year; total turnover amounted to RMB285.5 billion yuan, an increase of 948.1 percent. The trading volume of platinum increased 19.8 percent year on year to 15.7 tons and the total turnover rose 31.5 percent year on year to RMB6.13 billion yuan.

II. Institutional building in the financial market

1. Promoting the development of the foreign exchange market, and timely launching RMB-FOREX options trading

On April 1 2011, RMB-FOREX options trading was officially launched on the interbank foreign exchange market. Options trading is based on the principle of real demand, and will provide more tools for market participants to hedge exchange rate risks. Since the reform of the RMB exchange rate regime in July 2005, a number of RMB/foreign exchange derivatives were launched on the interbank foreign exchange market, such as forwards, foreign exchange swaps, and currency swaps, and the launching of RMB-FOREX options trading indicates that the Chinese foreign exchange market has offered a complete range of foreign exchange derivatives, and has laid a foundation for further development and innovation in the market.

2. Rules of the futures market was further improved, and new progress was made in product innovation

On January 17, the Supreme People's Court issued a specific regulation on issues concerning execution under the two-step settlement system arrangement and the three categories of guarantee fund system on the futures market. Approved by the CSRC, on March 24 the lead futures contract was officially launched on the Shanghai Futures Exchange, which further enriched the varieties of commodities trading in China and improved the pricing mechanism of relevant products.

3. Amending stock market trading settlement rules and clarifying the standard for mergers and acquisitions of public companies

On January 13, the China Government Securities Depository Trust and Clearing Corporation comprehensively amended the *Administrative Measures on the Registration and Settlement Business of the Pilot Securities Margin Trading Scheme*, and realized compliance of transfers of the remaining funds after the margin trading with the third party depository requirement. On January 17, the Shenzhen Stock Exchange amended its *Trading Rules*, strengthening supervision over market transaction risks. On February 23, the CSRC issued the *Opinions on Listed Companies with Serious Financial Problems* and four other judicial interpretations on mergers and acquisitions, further improving the standards and transparency of mergers and acquisitions by listed companies.

4. Improving supervision of bancassurance business and solvency and upgrading the quality of insurance services

In order to further standardize the bancassurance market, in March the CIRC and the CBRC jointly issued the *Guidelines on Supervision of Bancassurance Business*, so as to maintain a stable bank-insurance company cooperative relationship, prevent and crack down on misleading sales, pre-empt risks of commercial bribery, delineate the responsibility of insurance companies and commercial banks, protect the legitimate rights and interests of consumers, and promote the shift in the development mode of the bancassurance business. In order to further improve supervision of the solvency of insurance companies, the CIRC issued relevant regulations specifying that the dynamic solvency test of insurance companies should be reviewed by third parties. In addition, the CIRC also issued notices stipulating that a reporting system of services commitments by insurance companies be put in place, requiring insurance companies to deliver their services commitments, so as to upgrade the quality of insurance services and to protect the interests of the insured.

PART 4 Macroeconomic Analysis

I. Global economic and financial developments

In Q1 2011, the global recovery broadly continued but at two speeds, with increased uncertainties and unstable factors caused by the political unrest in West Asia and North Africa, the extreme weather conditions, the Tohoku earthquake in Japan, the spike in commodity prices, especially food and oil, and the volatile financial market. The U.S. economy grew moderately, with a gradually declining unemployment rate. But the U.S. housing market remained depressed and both the fiscal deficit and the trade deficit presented major challenges. In some European countries, sovereign debt risks still existed but the ECB had already embarked on a tightening monetary policy amid upward inflationary pressures. The earthquake in Japan and the resulting tsunami and nuclear crisis cast a shadow on the recovery of Japan and even the world. The emerging market economies experienced robust demand but in order to contain large cross-border capital flows and risks of overheating, some economies initiated a tightening of macro policy. In its April 2011 *World Economic Outlook*, the IMF projected growth for the United States, the euro area, Japan, and the emerging and developing economies will be 2.8 percent, 1.6 percent, 1.4 percent, and 6.5 percent respectively throughout 2011.

1. Economic developments in the major economies

The U.S. economy continued to rebound but at a moderate speed. The housing market remained lackluster and the problem of a double deficit did not see significant improvement. GDP growth registered 1.8 percent in Q1 (the seasonally adjusted annualized rate), lower than market expectations. Due to the fiscal stimulus and quantitative easing, the unemployment rate moved downward for four consecutive months to 8.8 percent in March 2011. The labor market added only a few new jobs because the number of job-seekers was falling. Consumption continued to change for the better, with retail sales edging up for nine consecutive months, driven mainly by the wealth effect from the stock market rally. Boosted by the National Export Initiatives, exports reached a record high of USD167.5 billion in January. But downside risks still existed. Due to rising energy and food prices, in March the CPI climbed by 2.7 percent year on year, the largest surge since December 2009. It is possible that commodity price hikes will weigh on future economic growth. The housing market continued to be gloomy, and the large inventory provided ample room for a further decline in prices. Trade conditions and the fiscal deficit were not optimistic, reflected in the historical high federal deficit of USD222.5 billion in February, which in March squeezed downward a bit to USD188 billion. On April 18, Standard & Poor's lowered its outlook for the U.S. credit rating from "stable" to "negative," but the credit rating remained unchanged at AAA.

Table 8 Macroeconomic and Financial Indices of the Major Economies

Country	Index	2010 Q1			2010 Q2			2010 Q3			2010 Q4			2011 Q1		
		Jan.	Feb.	Mar.	Apr.	May	Jun.	Jul.	Aug.	Sept.	Oct.	Nov.	Dec.	Jan.	Feb.	Mar.
United States	Real GDP growth rate (Annualized quarterly rate, MOM, %)	3.7			1.7			2.5			3.1			1.8 (beginning number)		
	Unemployment rate (%)	9.7	9.7	9.7	9.9	9.7	9.5	9.5	9.6	9.6	9.6	9.8	9.4	9.0	8.9	8.8
	CPI (YOY, %)	2.6	2.1	2.3	2.2	2.0	1.1	1.2	1.1	1.1	1.2	1.1	1.5	1.6	2.1	2.7
	DJ Industrial average(Closing number)	10,067	10,325	10,857	11,009	10,137	9,774	10,466	10,015	10,788	11,118	11,006	11,578	11,892	12,226	12,320
	NASDAQ(Closing number)	2,147	2,238	2,398	2,467	2,257	2,109	2,255	2,114	2,369	2,507	2,498	2,653	2,700	2,782	2,781
Euro Area	Real GDP growth rate (Quarterly YOY, %)	0.6			1.7			1.9			2.0			—		
	Unemployment rate (%)	9.9	10.0	10.0	10.1	10.0	10.0	10.0	10.1	10.0	10.1	10.1	10.0	10.0	9.9	9.9
	HICP (YOY, %)	1.0	0.9	1.4	1.5	1.6	1.4	1.7	1.6	1.8	1.9	1.9	2.2	2.3	2.4	2.7
	EURO STOXX 50(Closing number)	2,479	2,470	2,629	2,541	2,397	2,360	2,476	2,450	2,482	2,543	2,478	2,601	2,654	2,713	2,583
Japan	Real GDP growth rate (Annualized quarterly rate, MOM, %)	5.0			1.5			4.5			-1.3			—		
	Unemployment rate (%)	4.9	4.9	5.0	5.1	5.2	5.3	5.2	5.1	5.0	5.1	5.1	4.9	4.9	4.6	4.6
	CPI (YOY, %)	-1.3	-1.1	-1.1	-1.2	-0.9	-0.7	-0.9	-0.9	-0.6	0.2	0.1	0.0	0.0	0.0	0.0
	NIKKEI225(Closing number)	10,198	10,126	11,090	11,057	9,768	9,383	9,537	8,824	9,369	9,202	9,937	10,229	10,238	10,624	9,755

Source: Statistical Bureaus and Central Banks of the Relevant Economies.

Despite sovereign debt risks and rising inflationary pressures, there were fewer economic activities in the euro area than expected but there was substantial variation across the member states. Growth was robust in Germany and moderate in France and Italy. But countries such as Spain, Greece, Portugal, and Ireland were besieged by debt crises and their sovereign ratings were downgraded in March, resulting in tensions in their financing conditions. Portugal became the third euro area country, after Greece and Ireland, to seek a bailout from the EU. Meanwhile, ballooning energy and food prices added to inflationary pressures in the euro area. In March, the HICP picked up by 2.7 percent year on year, reaching its highest level since October 2008 and exceeding the 2 percent target set by the ECB for four consecutive months.

The earthquake, tsunami, and nuclear crisis posed serious challenges to the recovery of Japan, and raised concerns about Japan's public debt. On March 11, a large magnitude earthquake hit off the east coast of Japan, triggering a tsunami and a nuclear accident. The disaster caused major disruptions in the infrastructure, the global automobile industry, and the electronic industrial chain, which could ripple throughout the Japanese economy and even hamper the global recovery. Japan's public debt is now roughly twice the size of its GDP, the highest among the advanced economies. Huge fiscal expenditures for reconstruction will further weigh down on the public debt conditions. Although the unemployment rate was drifting lower, further observations are needed to better understand whether this trend will continue after the earthquake. Deflation continued to be a grave problem, as evidenced by the fact that in March the core CPI had been falling for 25 consecutive months.

Box 3 Sovereign Debt Challenges in the Advanced Economies

Since the onset of the financial crisis in 2008, sovereign debt crises have erupted in countries such as Iceland, Dubai, Greece, and Ireland due to bursting of the housing bubbles, the increasing bad banking loans, and the deteriorating fiscal conditions. The financial markets suffered a significant bout of volatility and the outlook for global recovery was not optimistic.

In general, some advanced economies already had problems of over-consumption and heavy debt burdens prior to the crisis. In addition, the large financial bailout plans and stimulus measures during the financial crisis, while contributing to the economic recovery, also transferred private debt to the public sector. According to the IMF, the share of the debt outstanding and the fiscal deficit in GDP in the U.S., Japan, the euro area, and the U.K. in 2010 was much higher than prior to the crisis and higher than that in the emerging market economies such as China, India, Brazil, and Russia. Compared with the Latin American debt crisis in the early 1980s and the Mexican and Russian debt crises in the 1990s, this round of sovereign debt crises in the advanced economies, evidenced in the unsustainability of the fiscal deficit and government debt have deeper root causes. First, aging population in the advanced economies has necessitated high level of welfare expenditures, which weighed heavily on public finance. The opposition of interest groups and political concerns has made it difficult to push forward with structural reforms. Meanwhile, because of the advantages of reserve currencies, those economies had little momentum to control their over-borrowing. Second, the traditional industries of the advanced economies by and large have lost their competitiveness and the financial crisis dealt these industries another significant blow. The sluggish post-crisis recovery has left a gap between slow fiscal income growth and huge crisis-related fiscal expenditures. Furthermore, factors such as persistent lack of fiscal restraints in some euro area member states, America's huge foreign expenditures, and Japan's fiscal costs for taming its deflation also all contributed to the accumulation of sovereign debt.

The credit ratings of some advanced economies were downgraded, revealing the risks of high public debt. According to the estimation of the IMF, the average fiscal deficit of G7 in 2011 would be 7 percent of GDP and the average indebtedness would be 113 percent of GDP. Among these countries, Japan's public debt would soar to an estimated 234 percent of GDP. The three international rating companies in succession downgraded the sovereign ratings of some euro area countries, including Spain, Portugal, Greece, and Ireland. On April 6, the Portuguese government decided to turn to the European Union for a bailout, becoming the third euro area country after Greece and Ireland to ask for external support. Although the European Union had already intensified fiscal austerity, facilitated the establishment of the ESM, and expended the funding sources of the EFSF, rating companies like Moody's did not rule out the possibility of downgrading euro area countries. Debt conditions in other developed countries were also gloomy. In 2011, Standard & Poor's and Moody's cut Japan's credit and outlook rating. Moody's warned against U.S. and U.K.

sovereign risks. On April 18, Standard & Poor's lowered its outlook for the U.S.'s credit rating from "stable" to "negative." Given the size of the advanced economies and the weight of their financial market, should a crisis break out there, that would have a more profound influence on the global economy and financial stability.

Sovereign debt risks bring huge uncertainties to the world recovery. On the one hand, European debt crisis has caused large fluctuations in global stock markets, foreign exchange markets, and bond markets, thus increasing systemic risks especially during the period when market confidence is fragile. On the other hand, fiscal consolidation measures taken by the various countries could overlap, exacerbating the economic slack in the euro area countries and dampening the rebound in global demand. The heavy debt burden in the U.S. and Japan could reduce their potential outputs and add to medium- and long-term inflationary and currency depreciation pressures. Though 95 percent of Japan's public debt is financed domestically and the U.S. issues reserve currency and has cutting-edge financial markets, thus eliminating the possibility of a short-term sovereign crisis in the two countries, rising debt levels in the U.S. and Japan could undermine market confidence, increase government financing costs and real interest rates, and reduce potential output. IMF studies show that each 10-percentage-point increase in the debt ratio slows annual real economic growth by about 0.15 percentage point. In addition, worsening fiscal conditions might weaken the willingness of investors at home and abroad to hold government treasuries, leaving central banks to be the final bill-payer for government debts. Monetization of the fiscal deficit would jeopardize central banks' efforts to reach the inflation targets. Generally, it is very difficult to fundamentally improve sovereign debt conditions in the advanced economies. In the U.S., the extension of tax cuts makes fiscal adjustments more difficult. In addition, a further fiscal stimulus is justified in some euro area countries because of the still fragile banking system, which could aggravate those countries' debt conditions, especially against the backdrop of an interest-rate increase by the ECB. In Japan, the huge capital demand for reconstruction in the aftermath of the earthquake is expected to have an adverse impact on Japan's public debt stance. The major advanced economies are caught in a dilemma between boosting economic growth and enhancing fiscal consolidation. If the major advanced economies fail to implement fiscal austerity measures and commit to structural reforms, sovereign debt risks will evolve into a major challenge to a global recovery.

The emerging market economies were challenged by large cross-border capital flows and economic overheating. The political upheavals in West Asia and North Africa might endanger the region and even global economic stability. Due to robust domestic demand and the rebound of external demand, growth of the major emerging market economies gradually went back on track. However, in the face of mounting inflationary pressures and large cross-border capital flows, some emerging market economies took the initiative to tighten the macro economy, which might slow the pace of growth. Political unrest in West Asia and

Figure 3 Trends in Crude Oil Prices

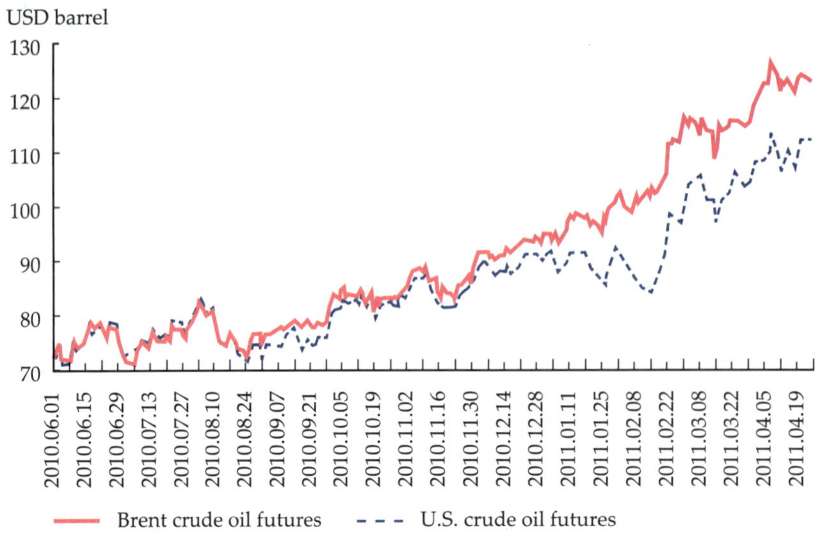

Source: Reuters.

North Africa might threaten the global recovery. Market panic and risk aversion caused by the political upheavals in Tunisia, Egypt, and Libya sparked a round of oil and gold price hikes.

2. Global financial market development

The exchange rates of the major currencies fluctuated within a large band. The euro weakened against the US dollar but later recouped its losses. The euro dropped rapidly against the US dollar at the beginning of the year due to concerns about the euro area debt problems, but turned upwards later in the year after the announcement by China, Japan, and Russia of support and against the background of rising inflationary pressures and expectations of an interest-rate increase in the euro area. On March 31, the exchange rate of the euro against the US dollar closed at 1.4159, up by 5.85 percent from the beginning of the year. Immediately after the Japanese earthquake and tsunami, Japanese insurance companies and other enterprises repatriated funds from foreign assets all at once to pay for reconstruction and insurance claims. At the same time, speculators took the opportunity to buy Japanese yen in large amounts. On March 17, the Japanese yen reached 76.25 yen per US dollar, the highest level since World War II. To prevent the yen from soaring too rapidly, after a conference call on March 18, the G7 pledged to jointly intervene to stabilize the foreign exchange market. With this news, the yen retreated by more than 3 percent within the day. On March 31, the exchange rate of the Japanese yen against the US dollar closed at 83.20 yen per US dollar, down by 2.46 percent from the beginning of the year.

The US dollar Libor fluctuated at a low level. In 2011 the U.S. Fed continued to implement quantitative easing, which contributed to the slight swing of the US dollar at a low level. On March 31, the 1-year Libor read at 0.78 percent, almost the same as that at the beginning of the year. Influenced by the euro area sovereign debt crisis and expectations of an interest rate increase by the ECB, the Euribor squeezed up. On March 31, the 1-year Euribor reached 2.0 percent, up by 0.50 percentage point compared to the beginning of the year.

Figure 4 Movements in the Exchange Rates between the Major Currencies

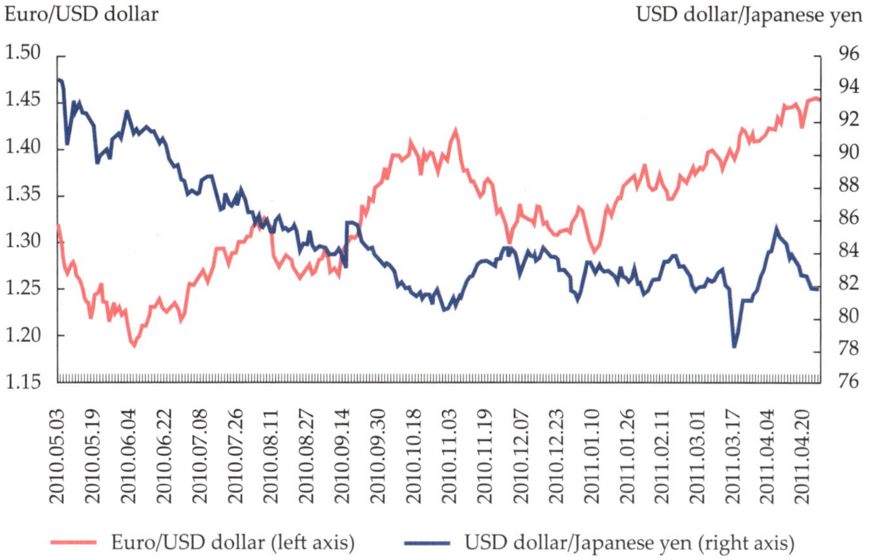

Source: Reuters.

The yields of securities in the major countries fluctuated within a narrow range. The good performance of the U.S. stock market attracted capital flows from the securities markets. Meanwhile, despite factors such as divergent opinions about government spending cuts in the U.S. Congress, Moody's warning of the potential downgrading of the AAA sovereign rating of the U.S., yields of U.S. government securities climbed up from January until the beginning of February. However, due to the social unrest in West Asia and North Africa, and the risk aversion resulting from the Japanese earthquake, yields began to drift lower. The buildup of inflationary pressures in the euro area heightened market expectations of an

Figure 5 Movements in the Yields of the Major Treasuries

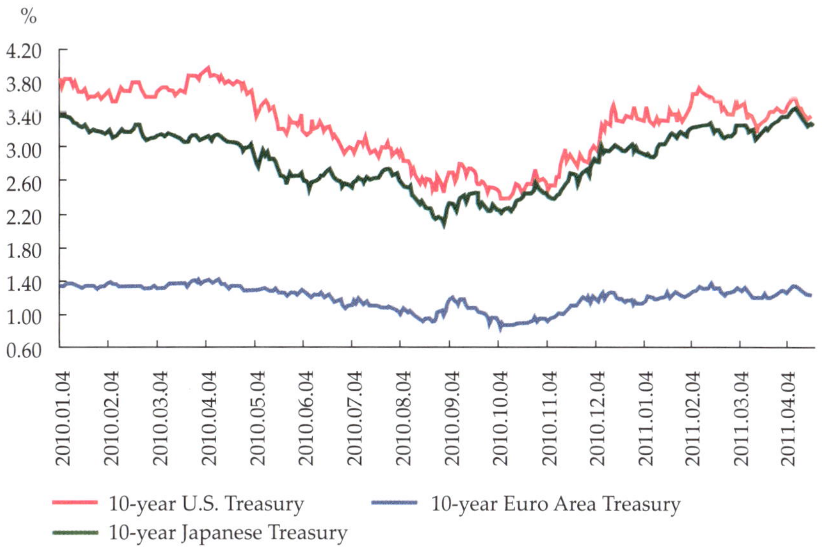

Source: Reuters.

interest-rate increase, which boosted yields of securities in the euro area. Despite Standard & Poor's and Moody's cut in Japan's sovereign rating, the repatriation of capital from abroad and stock market returns from the overseas bond market kept the yields of Japanese government securities almost unchanged. On March 31, yields of 10-year treasury bonds in the U.S., euro area, and Japan closed at 3.47 percent, 3.36 percent, and 1.25 percent respectively, up by 11, 39, and 13 basis points from the end of the previous year.

Social tensions in West Asia and North Africa put a drag on stock markets in the U.S. and euro area. The earthquake and tsunami caused an avalanche in the Japanese stock market. At the beginning of the year, stock markets in the major advanced economies continued the upward momentum that had begun in Q4 of 2010. But hit hard by unexpected incidents such as the political upheaval in West Asia and North Africa and the Japanese earthquake, the major stock indices experienced a freefall. On March 31, the Dow Jones Industrial Average and the NASDAQ closed at 12,320 and 2,781, up by 6.4 percent and 4.8 percent from the beginning of the year; the STOXX50 was 2,583, down 0.7 percent from the beginning of the year. After the massive earthquake hit Japan on March 11, the Nikkei 255 fell by an accumulated 20 percent in just two days. And on March 15, it plunged by 14.2 percent. But later, the Bank of Japan flooded the financial market with liquidity, helping to stabilize the stock market. On March 31, the Nikkei 225 closed at 9,755, down by 4.6 percent from the beginning of the year.

3. The development of the housing market in the major economies

The U.S. housing market remained in the doldrums. According to the U.S. Department of Commerce, new home sales in February declined by 28 percent year on year and new home prices plummeted to their lowest level since December 2003. The Case-Shiller Home Price Indices published by Standard & Poor's

Figure 6 Movements of the Major Stock Indices

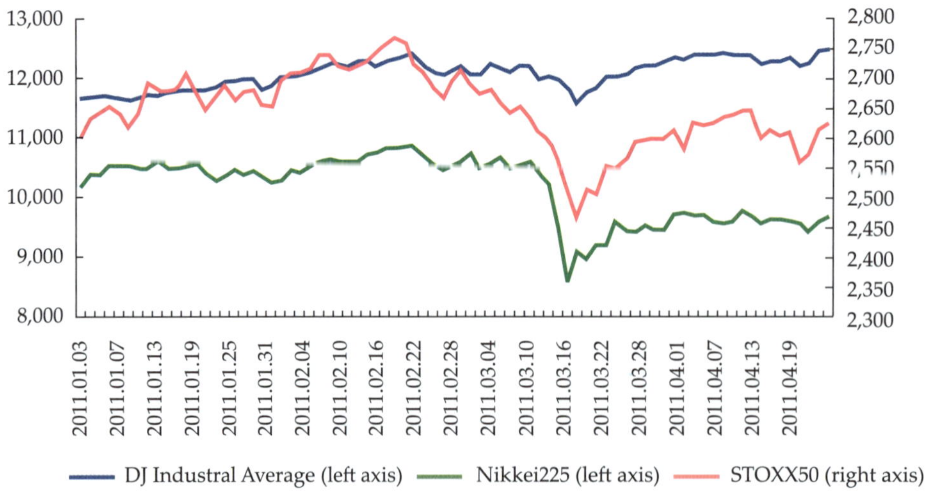

Source: Reuters.

showed that in January 2011, home prices in twenty metropolitan regions of the U.S. had slid by 1.0 percent month on month to almost the same level as that in 2003.

The European housing market experienced a moderate rebound. In January, the U.K. Halifax picked up by 0.8 percent month on month. Demand for both residential and commercial real estate, as well as for rentals, in German metropolitan areas including Berlin and Frankfurt was promoted by the strong economic performance. Due to low lending rates and robust market demand, the start of new homes rocketed in France. But sluggish economic activities and the shadow of the debt crisis kept housing prices in the peripheral countries of the euro area flat and low.

There were signs of stabilization in the Japanese housing market. In January, orders received for construction by the big 50 construction companies rose by 19.5 percent year on year. Promoted by government subsidies and tax reductions for energy-saving homes, the start of new building picked up by 10.1 percent year on year in February, registering the ninth successive positive monthly reading. After the earthquake and the tsunami, demands of refugees drove up housing prices in Tokyo and its peripheral areas and it is estimated that the demand gap will continue to push up housing prices before completion of reconstruction.

4. The monetary policies of the major economies

The monetary policies of the various economies diverged remarkably. The U.S. Fed implemented the QE2 as planned. The Bank of Japan went all out to flood the market with liquidity to fight the shocks caused by the earthquake and tsunami. The ECB raised its benchmark interest rate for the first time in the past three years. Further, a number of central banks in the emerging market economies took measures, such as boosting interest rates and the reserve requirement ratio, to counter the ballooning inflationary pressures and large capital inflows. The Bank of Canada and the Reserve Bank of Australia kept their benchmark interest rates unchanged while the Reserve Bank of New Zealand, against the background of the New Zealand earthquake, announced it would cut its interest rate.

The U.S. Fed continued to maintain the target range for the federal funds rate at 0 to 0.25 percent and to implement the QE2. Since the economic recovery had firmed and inflation had picked up, there were different opinions within the Fed as to whether to retain the quantitative easing monetary policy. On April 27, the Federal Open Market Committee announced it would continue expanding its holdings of securities and would complete the second round of asset purchases by the end of June.

The ECB raised its benchmark interest rates for the first time in the past three years to restrain inflationary pressures. On March 3, the ECB revised upward its forecast for inflation by 50 basis points to 2.3 percent. On April 7, the ECB decided to increase interest rates on the main refinancing operations, the marginal lending facility, and the deposit facility, each by 0.25 percentage point, to 1.25 percent, 2 percent, and 0.5 percent respectively. This was the first boost in interest rates in three years.

Though the inflation rate moved upward, because of concern about the sluggish domestic economy, the Bank of England decided to maintain the official bank rate at 0.5 percent and to keep the stock of asset purchases unchanged at GBP200 billion.

The Bank of Japan continued to keep the uncollateralized overnight call rate at about 0 to 0.1 percent and tried to gauge the effects of the earthquake and tsunami by injecting a large amount of liquidity into the financial market. To ease the market panic due to the earthquake and tsunami, on several occasions the Bank of Japan injected an enormous amount of liquidity into the market. By March 22, the total amount of injected cash reached 40 trillion yen, accounting for about 20 percent of the balance sheet of the Bank of Japan. In addition, the Bank of Japan also expanded the amount of the Asset Purchase Program by about 5 trillion yen and provided a new 1 trillion yen lending program, offering cheap one-year loans to financial institutions in the disaster-hit areas.

Some economies experienced a strong rebound and some economies facing increasing inflationary pressures had already entered a period of interest rate increases. In Q1, India, Brazil, Russia, South Korea, Thailand, Indonesia, Vietnam, Philippines, Sweden, Poland, Hungary, Peru, and Israel increased their benchmark rates to restrain inflation. Moreover, in order to prevent international short-term capital inflows attracted by the higher interest rate spread, the Central Bank of Turkey, while cutting its benchmark interest rate, increased its reserve requirement ratio.

5. World economic outlook

Currently, the global recovery has gradually strengthened, with private demand as the major driver, and the inherent strength of economic growth has been enhanced. However, the geopolitical risks, the large natural disasters that occurred in succession, and the soaring commodity prices are all factors affecting economic growth. The global economy and financial market are still prone to shocks.

Within the predictable future, the double-speed recovery is expected to continue. Growth and unemployment problems will linger on for a while in the advanced economies, whereas the emerging market economies will face the risks of overheating and cross-border capital flows. According to the World Economic Outlook Projections published by the IMF in April, in 2011 the growth rates of the advanced and emerging and developing economies will be 2.4 percent and 6.5 percent respectively. The inflation rates in the advanced and emerging and developing economies are projected to increase from the 1.6 percent and 2.2 percent in 2010 to 6.2 percent and 6.9 percent respectively in 2011. Inflation will be a common challenge to all countries.

II. Analysis of China's macroeconomic performance

In the first quarter of 2011, China's economy made a good start and developed in the direction as intended by the macroeconomic management policies. Consumption demand stabilized, fixed-asset investments and imports and exports grew rapidly, agricultural production performed well, the profitability of industrial enterprises improved, and household income grew, but prices rose rather quickly. In the first quarter of 2011, the Gross Domestic Product (GDP) registered RMB 9.6 trillion yuan, up 9.7 percent year on year and a deceleration of 2.2 percentage points from the same period of the previous year. The Consumer Price Index (CPI) was up 5.0 percent year on year, an acceleration of 2.8 percentage points from the previous year. The trade deficit posted USD1.02 billion, the first quarterly deficit since 2005.

Figure 7 The GDP Continues Growing Rapidly

Source: National Bureau of Statistics.

registered RMB2,187 yuan, up 20.6 percent or 14.3 percent in real terms. The PBC survey on urban depositors in the fourth quarter shows that the income index of residents in the period under review posted 54.5 percent, up 3.4 percentage points from the previous quarter. In the first quarter, retail sales of consumer goods totaled RMB4.3 trillion yuan, representing a year-on-year increase of 16.3 percent, or 11.6 percent in real terms. Broken down by urban and rural areas, consumption in the urban areas outpaced that in the rural areas, and the growth gap remained basically stable. In the first quarter, retail sales in the urban areas registered RMB3.7 trillion yuan, up 16.4 percent year on year, whereas retail sales in the rural areas posted RMB567.4 billion yuan, up 15.8 percent year on year.

1. Consumption demand stabilized, investment growth was rapid, and external trade posted a quarterly deficit

Supported by the income gains of urban and rural residents, domestic consumption remained stable. In the first quarter of 2011, the per capita disposable income of urban households posted RMB5,963 yuan, representing year-on-year growth of 12.3 percent and real growth of 7.1 percent. The per capita cash income of rural households

The growth of fixed-asset investments remained rapid, with the growth in central and western China outpacing that in the east. In the first quarter, completed fixed-asset investments

Figure 8 Fixed-asset Investments Continue their Rapid Growth

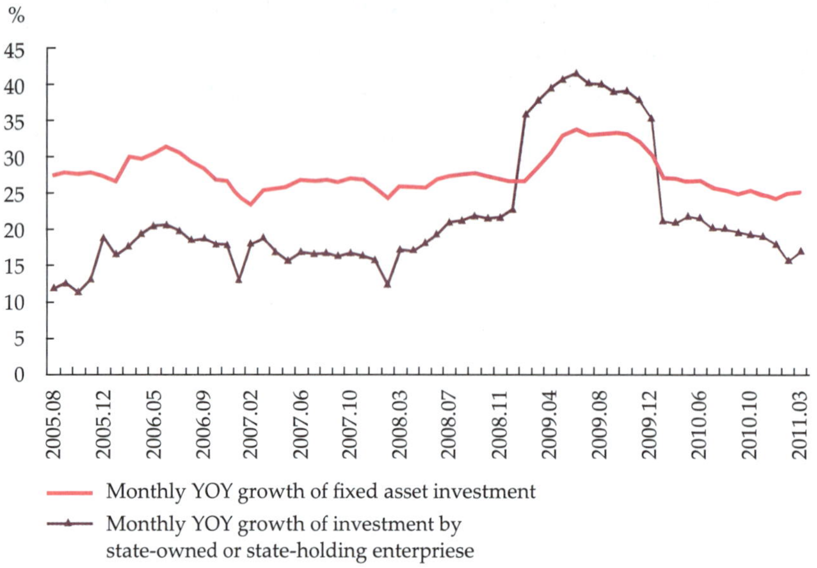

Source: National Bureau of Statistics.

(excluding investments by rural households) totaled RMB3.9 trillion yuan,[1] up 25 percent year on year. Among this total, investments by state-owned and state-holding enterprises registered RMB1.4 trillion yuan, up 17.0 percent year on year. Broken down by regions, growth of fixed-asset investments in the eastern, central, and western regions registered 21.6 percent, 31.3 percent, and 26.5 percent respectively, with the central and western regions obviously outpacing the eastern region. Broken down by industries, fixed-asset investments in the primary, secondary, and tertiary industries grew 10.8 percent, 24.8 percent, and 25.6 percent respectively, and growth in the secondary and tertiary industries remained rapid. In the first quarter, the total planned investment in projects under construction in urban areas grew by 19.1 percent year on year to RMB33.6 trillion yuan, a deceleration of 11.3 percentage points from the same period of the previous year. The total investment in new projects in urban areas dropped 12.7 percent year on year to RMB2.95 trillion yuan.

The volume of imports and exports grew rapidly, registering a quarterly trade deficit. In the first quarter, imports and exports totaled USD800.3 billion, up 29.5 percent year on year. Specifically, exports posted USD399.6 billion, up 26.5 percent year on year; imports registered USD400.7 billion, up 32.6 percent year on year. The strong growth of imports resulted in a trade deficit of USD1.02 billion, the third quarterly deficit since 2000, following the deficit of USD970 million in the first quarter of 2003 and the deficit of USD8.61 billion in the first quarter of 2004. The trade deficit was a result of the

1. From 2011, fixed-asset investment data will include project investments by operational and non-operational rural entities, and the threshold will be adjusted to RMB5 million yuan of the total volume of planned investment. Based on data now released by the NBS, the data before 2010 in Figure 8 are based on the previous statistical scope for fixed- asset investments in urban areas. Because the completed investment volume of projects below the RMB5 million yuan threshold as a ratio of the total is very small, the completed volume of projects at or above RMB5 million yuan can relatively accurately reflect the growth and structure of investments, and the change will not influence judgments about overall trends in investment development, so the difference between the two is small.

Figure 9 Imports and Exports Grow Rapidly, Posting a Trade Deficit

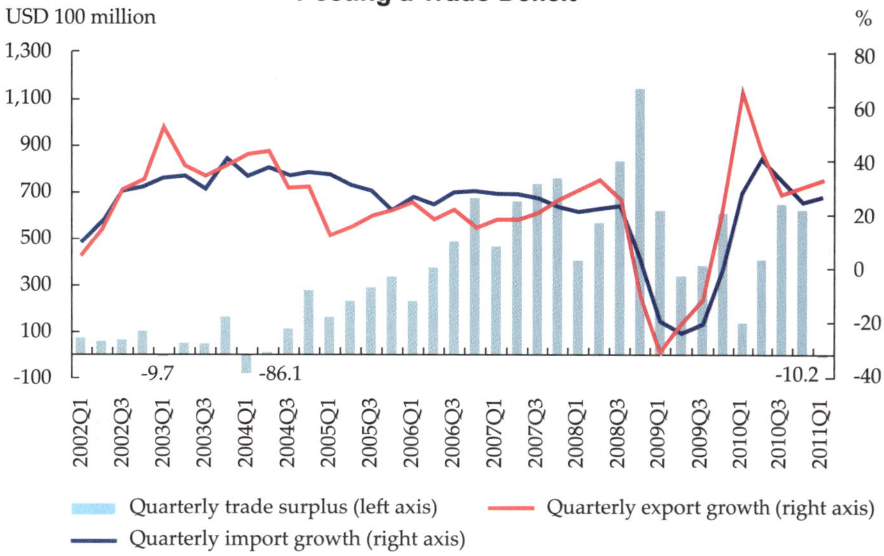

Source: The People's Bank of China, the General Administration of Customs.

rapid growth in both imports and exports, with the growth of imports 6.1 percentage points faster than that of exports. The rapid import growth was due to strong domestic demand and rising import prices. In the first quarter, China's trade surplus with the U.S. and the EU stood at USD34.55 billion and USD29.48 billion respectively, and China's trade deficit with South Korea, Japan, and the ASEAN countries posted USD17.77 billion, USD15.00 billion, and USD6.59 billion respectively. In the first quarter, actually utilized foreign investment reached USD30.34 billion, up 29.4 percent and an acceleration of 21.8 percentage points from the same period of the previous year.

2. Agricultural production performed well, and industrial production remained stable

In the first quarter, the added value of the primary, secondary, and tertiary industries reached RMB598 billion yuan, RMB4.7 trillion yuan, and RMB4.4 trillion yuan respectively, up 3.5 percent, 11.1 percent, and 9.1 percent. The share of the three industries in GDP was 6.2 percent, 48.6 percent, and 45.2 percent respectively.

The area of planted grain increased modestly and the output of animal husbandry registered stable growth. The survey of over 70,000 farmers indicates that the total area of planted grain in 2011 will reach 110.28 million hectares, 400,000 hectares more than that in the previous year. In the first quarter, the total output of meat (including pork, beef, mutton, and poultry) posted 21.42 million tons, up 1.8 percent year on year.

Industrial production posted stable growth and corporate profitability continue to rise. In the first quarter, the added value of statistically large enterprises grew 14.4 percent[1] year

1. Statistically large enterprises in and before the 2010 refer to those enterprises with income of over RMB5 million yuan from their main operating activities, and from 2011, the scope of statistics has changed to those industrial enterprises with income of over RMB20 million yuan from their main operating activities.

on year. Production and sales of industrial products were well connected, and 97.7 percent of manufactured goods were sold, up 0.1 percentage point from the same period of the previous year. Corporate profitability continued to increase. In the first quarter, profits of statistically large enterprises posted RMB1,065.9 billion yuan, up 32 percent year on year. The survey of 5,000 industrial enterprises conducted by the PBC in the first quarter reveals that the corporate business index dropped by 0.2 percentage point to 71.1 percent, after registering growth for seven successive quarters. Market demand remained generally stable, with the market demand index posting 63.5 percent, representing a deceleration of 1.8 percentage points from the previous quarter. Among the total, the domestic orders index stood at 56.9 percent, a deceleration of 0.9 percentage point from the previous quarter, but still considered a high level since the survey began. The export order index continued the declining trend from the previous quarter, and dropped by 0.8 percentage point to 51.1 percent. Inventories of finished products decreased from the previous quarter, and the inventory index posted 49.6 percent, a deceleration of 0.7 percentage point from the previous quarter and an acceleration of 0.5 percentage point from the same period of the previous year respectively. Corporate profitability remained stable, with the profitability index edging down by 2.9 percentage points from the previous quarter to 58.2 percent, an acceleration of 1.8 percentage points from the same period of the previous year.

3. Pressures on price hikes remained high

Affected by the continued loose monetary policies of the major economies and the gradual recovery of the world economy, commodities prices in the international market continued to rise, global inflationary expectations heightened, and imported inflationary pressures built up in China. At the same time, driven by domestic investment demand and rising costs of energy, resources, labor, land and other factors, the general price level in China began to gradually climb up since the second quarter of 2009, and pressures on price hikes mounted notably in the latter half of 2010, in the fourth quarter in particular.

The CPI continued to rise. In the first quarter, the CPI gained 5.0 percent year on year, an acceleration of 0.3 percentage point from the previous quarter. The monthly CPI was up 4.9 percent, 4.9 percent, and 5.4 percent respectively. Broken down by food and non-food items, food prices increased by 11.0 percent, an acceleration of 0.5 percentage point from the previous quarter, and non-food prices edged up by 2.5 percent, an acceleration of 0.6 percentage point from the previous quarter, revealing an accelerated growth rate. Six out of the seven categories of the non-food items registered positive growth (except for the category of transportation and communications, which dropped 0.1 percent year on year). Broken down by consumer goods and services, the prices of consumer goods grew by 5.4 percent, up 0.1 percentage point from the previous quarter, and the prices of services were up 4.2 percent, an obvious acceleration of 1.6 percentage points from the previous quarter. In terms of the base period factor and the new price-rising factor, in the three months of the first quarter, the base period factor was up 4.0 percent, 2.7 percent, and 3.4 percent respectively, averaging 3.4 percent, whereas the

Figure 10 Quarter-on-Quarter CPI in the First Quarter above the Historical Average Level

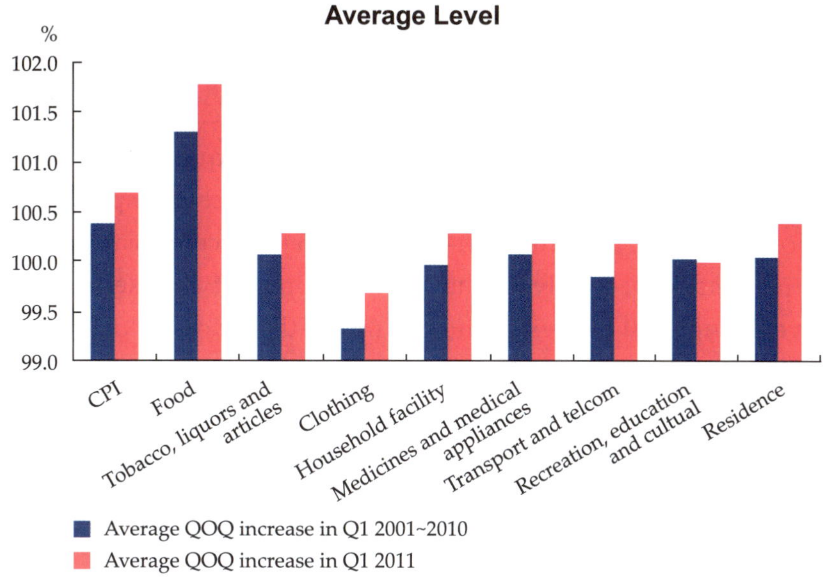

Source: National Bureau of Statistics and Calculations by the People's Bank of China Staff.

new price-rising factor gained 0.9 percent, 2.2 percent, and 2.0 percent, averaging 1.7 percent. In terms of quarter-on-quarter data, except for the category of entertainment, education, and cultural products and services whose average quarter-on-quarter increase in the first quarter was at par with the average historical level, the CPI and price increases of the other categories all rose quarter on quarter above the historical average level.

Producer prices grew rapidly. In the first quarter, ex-factory producer prices[1] of industrial products gained 7.1 percent year on year, an acceleration of 1.4 percentage points from the previous quarter. The monthly price hike was 6.6 percent, 7.2 percent, and 7.3 percent respectively year on year. The producer purchase prices increased by 10.2 percent year on year, representing an acceleration of 1.1 percentage points from the previous quarter, and the increase in the three months posted 9.7 percent, 10.4 percent, and 10.5 percent respectively year on year. In the first quarter, the Corporate Goods Price Index (CGPI) grew 8.7 percent, an acceleration of 0.6 percentage point from the previous quarter, registering the second quarterly increase in succession. Broken down by the application of goods in the CGPI basket, the prices of investment goods and consumer goods rose 8.1 percent and 9.8 percent respectively. Broken down by categories within the basket of the CGPI, the prices of agricultural products, mineral products, coal, oil, and electricity, and processed products were up 19.3 percent, 14.1 percent, 7.0 percent, and 6.4 percent respectively. In the first quarter, the producer prices of agricultural products (the prices at which farmers sell their products) climbed by 15.6 percent, 8.7 percentage points higher than the increase in prices of agricultural capital goods during the same period, thus

1. The National Bureau of Statistics began using a new method for PPI statistics beginning in January 2011. "Ex-factory prices of industrial products" and "the purchase prices of raw materials, fuel, and power" were renamed "ex-factory producer prices" and "producer purchase prices" respectively.

being conducive to increasing farmer incomes.

The import price hike was rapid. In the three months of the first quarter, import prices went up by 11.7 percent, 16.6 percent, and 15.5 percent respectively, averaging 14.6 percent. Export prices grew by 11.0 percent, 11.4 percent, and 7.5 percent respectively in the three months, averaging 10.0 percent. The faster import price hike was mainly due to the continuously rising commodity prices in the international market. In the first quarter, the average price of crude oil futures trading on the New York Mercantile Exchange grew 11.8 percent quarter on quarter, or 12.0 percent year on year. The average spot prices of Brent oil were up by 21.2 percent quarter on quarter, or 37.7 percent year on year. The average prices of copper and aluminum trading on the London Metal Exchange posted quarter-by-quarter growth of 6.6 percent and 11.4 percent respectively, or 33.2 percent and 15.6 percent year on year. The National Development and Reform Commission twice raised the prices of oil products according to the existing oil product-pricing mechanism and in view of the changes in oil prices on the international market. From February 20, the prices of petrol and diesel were increased by RMB350 yuan per ton, and from April 7, by RMB500 yuan per ton and RMB400 yuan per ton respectively.

Box 4 Commodity Prices

A commodity usually refers to standardized materials sold or purchased in bulk and used for production and consumption, including three major categories: First, gold, crude oil, and other commodities with metal properties with strong value preservation function; second, raw materials such as non-ferrous and ferrous metals; third, agricultural products including soy beans, sugar, wheat, cotton, and rubber. At present, the prices of most commodities are determined by major international futures markets. For example, the West Texas Intermediate (WTI) futures price is an important reference for the crude oil price on the international market. Major indices measuring the price changes of commodities include Reuters CRB Index, the Standard & Poor's Goldman Sachs Commodity Index (S&P GSCI), and the IMF Commodity Index. These indices usually include futures prices or stock prices of commodities sensitive to the economy, and their weights are dynamically adjusted according to trading or producing volumes of these commodities, so they can reflect the general changes in commodity prices on the international market in a timely manner.

Factors that influence changes in commodity prices are rather complex, and can be roughly divided into three categories: First, supply factors in the real economy. As most commodities are non-renewable energy and raw materials of a resource nature, whose supply is rather rigid, the more robust the growth of the real economy, the larger the demand for energy and raw materials, and, as a result, the stronger the dynamics pushing up the prices. The second category is financial factors, i.e., liquidity, US dollar exchange-rate changes, and speculation activities. Generally, the more liquidity there is in the market and the more active speculation there is, the more rapidly the prices of commodities will increase. In addition, as commodities are priced in US dollars, a dollar appreciation will lead to a price decrease of commodities, and vice versa. The third group of factors is short-term factors, such as unexpected events, the climate, and geopolitical issues that will heighten short-term fluctuations of commodity prices by influencing expectations.

The volatility of commodity prices influences domestic prices mainly through their effects on import prices and expectations, and the degree of their influence is mainly determined by three factors: First, the dependency on the imported commodities; second, supply and demand of consumer products in the domestic market; third, resource utilization efficiency. In terms of import dependency, China's dependency on imported crude oil, iron ore, copper, and other energies and metals exceeds 50 percent, and a price hike in these commodities will greatly influence the PPI and the prices of industrial finished products (non-food items) that mainly rely on the input of energy and raw materials. Conversely, the import dependency of agricultural products is relatively low, so grain price fluctuations have a relatively small effect on domestic food prices. In terms of supply and demand in the domestic consumer goods market, there is either an oversupply or a balanced supply and demand of most industrial finished products, so the influence of the prices of commodities in the international market on the CPI is generally smaller than their effect on the PPI. In terms of resource utilization efficiency, in 2009 per unit of GDP energy consumption in China was 2.78 times that of the world average, and electricity consumption was 3.5 times that of the OECD countries. Therefore, the influence of price hikes of commodities in the international market on China's price levels is greater than that on developed countries that utilize resources more efficiently. In contrast, Japan's resource utilization efficiency is high. As a result, although Japan imports most energy and raw materials, substantial price hikes of imported commodities have only a small influence on Japanese domestic prices.

In the recent years, with the rapid economic development and increasing dependency on imported commodities, price movements of commodities in the international market have had a greater influence on domestic prices. After the international financial crisis, commodity prices experienced drastic fluctuations, first plummeting and then increasing rapidly. Movements of China's domestic PPI and the non-food CPI are generally in line with the CRB movements. Since the beginning of 2011, impacted by the recovery of the global economy, the loose monetary policies of the major economies, and the geopolitical conflicts, the prices of crude oil and other commodities rose rapidly, heightening the pressures on domestic prices.

To deal with the impact of price fluctuations of commodities in the international market, we need to improve the reserve system of important energy and raw material items, guarantee supply security by exploring international and domestic resource markets through various channels, accelerate strategic adjustment of the economic structure and the shift in the development pattern, improve the efficiency of resource utilization, accelerate the reform of the resource-pricing mechanism, and reduce the demands of economic development for resources, thus fundamentally strengthening the ability to mitigate the impact of price volatility of international commodity prices.

Figure 11 CRB Futures Price Index and PPI, Non-food CPI in China

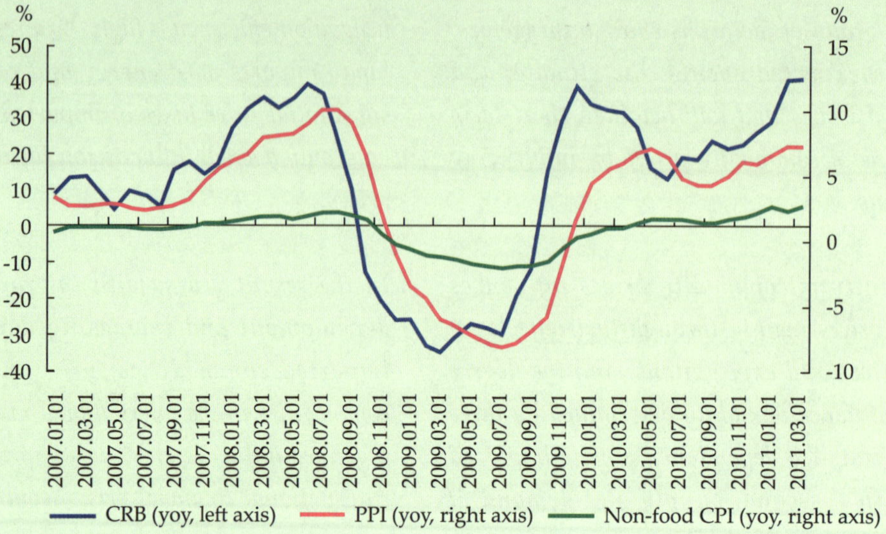

Source: WIND, calculation by the People's Bank of China Staff.

The GDP deflator continued to rise. The GDP in the first quarter registered RMB9.6 trillion yuan, up 9.7 percent year on year in real terms. Movement of the GDP deflator (as a ratio of the nominal GDP versus the real GDP) was 7.2 percent, up 2.4 and 1.4 percentage points respectively from the same period of the previous year.

4. Fiscal revenue maintained rapid growth, and growth of fiscal expenditures for medical services, social security, and employment accelerated

In the first quarter, fiscal revenue (excluding

Figure 12 Monthly YOY Growth of Fiscal Revenue and Expenditures and the Fiscal Balance

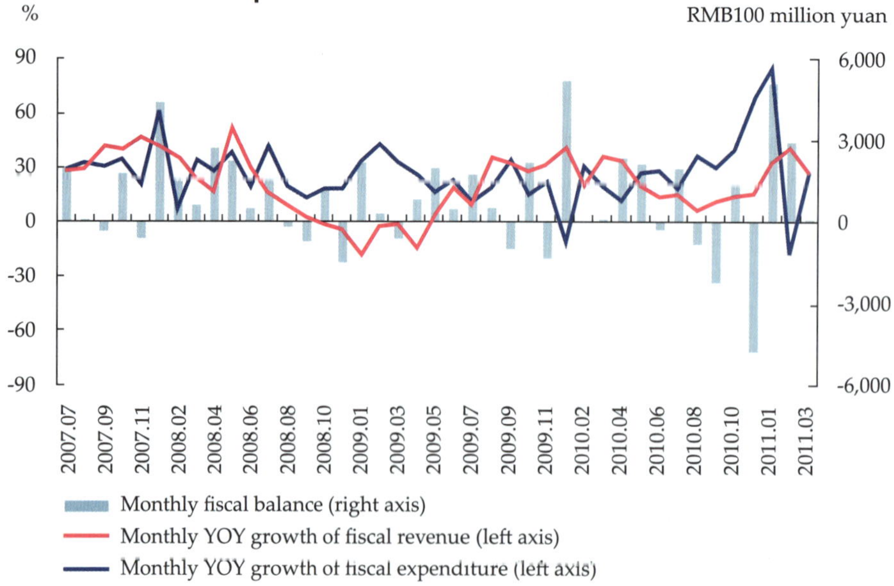

Source: Ministry of Finance, the People's Bank of China.

debt income) surged by 33.1 percent year on year to RMB2.6 trillion yuan, representing a deceleration of 0.9 percentage point, whereas fiscal expenditures registered RMB1.8 trillion yuan, up 26 percent year on year and an acceleration of 14.1 percentage points from the same period of the previous year. As a result, revenue was RMB807.2 billion yuan more than expenditures, representing an increase of RMB277.5 billion yuan from the same period of the previous year.

As for the structure of fiscal revenue, tax revenue in the first quarter posted RMB2.34 trillion yuan, up 32.4 percent year on year, representing a deceleration of 3.5 percentage points from the same period of the previous year. In particular, domestic VAT, business tax, and consumption tax revenue were up 23.2 percent, 26.3 percent, and 21.5 percent year on year respectively. Within the expenditure basket, the three largest items were social security and employment (RMB283.24 billion yuan, or 15.7 percent of the total spending), education (RMB259.33 billion yuan, or 14.4 percent of the total spending), and general public services (RMB206.15 billion yuan, or 11.4 percent of the total spending). Among all items in the basket, expenditures on medical services, and social security and employment registered relatively rapid growth at 55.6 percent, and 44.5 percent year on year respectively.

5. The balance of payments continued to run a "dual surplus"

In 2010 China's balance of payments (BOP) continued to run a surplus in both the current account and the capital and financial account, and international reserves assets continued to rise. In particular, the current account grew by 17 percent year on year to USD305.4 billion, the capital and financial account surplus was up 25 percent to USD226 billion, and the international reserves assets grew by USD469.6 billion. In the first quarter of 2011, against the background of the complex and ever-changing macroeconomic conditions both at home and abroad, China's foreign exchange was generally in a position of net influx, with a rapid build-up of foreign exchange. As of end-March, foreign exchange reserves posted USD3,044.7 billion, an increase of USD197.4 billion from end-2010. Due to the combined influence of economic fundamentals both at home and abroad, the interest spread, expected exchange gains, and other factors, it is expected that China will continue to have net inflows of foreign exchange in the coming three quarters.

The volume of external debt grew rapidly, and the share of short-term debt increased. As of end-2010, the stock of China's external debt stood at USD548.9 billion, up 28.1 percent from the end of 2009, an acceleration of 13.7 percentage points from the previous year. Among this total, the stock of registered external debt posted USD337.7 billion, up 26.5 percent from the end of 2010; short-term external debt posted USD375.7 billion, a year-on-year increase of 44.9 percent, accounting for 68.4 percent of the stock of external debt, and representing an acceleration of 8.0 percentage points from end-2010.

6. Sectoral analysis

Industrial profits grew rapidly. In the first quarter, among all 39 industrial sectors, 37 sectors reported year-on-year growth in profits, one industry experienced a year-on-year decline in profits, and one industry reported a decline in losses. Among the industries, the profits of the oil and natural gas exploration industry grew 33.1 percent year on year, the mining of ferrous metals industry experienced growth of 80.1 percent, and profits of the chemical fiber production industry doubled, but the oil processing, coking, and nuclear fuel processing industry declined by 17 percent. In the first quarter, crude coal output grew by 18.8 percent year on year to 840 million tons, power generation increased 13.4 percent to 1,065.07 billion kilowatts hour, and the output of crude oil grew 6.7 percent to 51.356 million tons. In the first two months, a total of 5.21 tons of cargo were handled, up 13.2 percent year on year.

(1) The real estate sector

In the first quarter, with the implementation of a series of macroeconomic policies targeting the real estate sector, the real estate sector continued to stabilize, more cities reported a month-on-month decline in housing prices, and real estate loans issued by the major financial institutions decelerated.

Sales of commercial real estate decelerated from the same period of the previous year, but accelerated slightly compared to the annual figure in 2010. Growth in the sold floor area and sales value pulled back rapidly since end-2009, but went up after September 2010. In the first quarter of 2011, the sold floor area of commercial real estate was up 14.9 percent year on year to 176.43 million square meters, representing a deceleration of 20.9 percentage points from the same period of the previous year, but an acceleration of 4.8 percentage points from the annual figure in 2010. Sales of commercial real estate were up 27.3 percent year on year to RMB1,015.2 billion yuan, representing a deceleration of 30.4 percentage points from the same period of the previous year but an acceleration of 9 percentage points from the annual figure in 2010. In particular, the sold area and the sales value of commercial residential housing accounted for 89.8 percent and 84.8 percent of the sold area and sales value of commercial housing respectively.

More cities reported a month-on-month decline in housing prices. The National Bureau of Statistics began using a new statistical system starting in 2011. In March, 12 out of 70 large- and medium-sized cities experienced a month-on-month drop in housing prices, 4 cities more than in February; 50 out of 70 cities reported a month-on-month increase in housing prices, 6 less than in February. About 16 cities reported a month-on-month decline in prices of pre-occupied housing, 12 more than in February; 44 cities reported a month-on-month increase, 6 less than in February.

Investment in real estate development continued to grow rapidly. Throughout 2010, the monthly growth of cumulative investment in real estate development was over 30 percent, but the growth decelerated slightly after May. In the first quarter, completed investment in real estate development totaled RMB884.6 billion yuan, up 34.1 percent year on year, representing a deceleration of 1 percentage point from the same period of the previous year, but an acceleration of 0.9 percentage point from 2010. In particular, completed investment in commercial residential housing reached RMB625.3 billion yuan, accounting for 70.7 percent of the total investment in real estate development. In the first quarter of 2011, the floor area of newly built housing increased by 23.4 percent year on year to RMB398 million square meters, representing a deceleration of 37.4 percentage points from the same period of the previous year and a deceleration of 17.3 percentage points from 2010.

The expansion of outstanding real estate loans decelerated. With the changes in the real estate market, growth of outstanding real estate loans moderated from May 2010. As of end-March 2011, the outstanding real estate loans of the major financial institutions reached RMB9.89 trillion yuan, up 21 percent year on year and a deceleration of 6.4 percentage points from end-2010. In particular, outstanding land development loans were up 18.6 percent year on year to RMB2.49 trillion yuan, representing a deceleration of 4.5 percentage points from end-2010, the fourth consecutive monthly decline . Outstanding mortgage loans posted year-on-year growth of 22.8 percent to RMB6.48 trillion yuan, representing a deceleration of 6.5 percentage points from end-2010, the eleventh consecutive month of decline. Outstanding housing development loans were up 12.5 percent year on year to RMB836.8 billion yuan, representing a deceleration of 12.2 percentage points from end-2010. In the first quarter, new real estate loans posted RMB509.5 billion yuan, a year-on-year decrease of RMB333.8 billion yuan. In particular, new loans in March reached RMB166.5 billion yuan, about RMB32.1 billion yuan less than that during the same period of the previous year.

In order to consolidate and expand the results of the price-containing measures, further improve regulation of the real estate market, gradually resolve the housing difficulties of urban dwellers, and promote stable and healthy development of the real estate market, the General Office of the State Council issued the *Notice of the General Office of the State Council on Issues Relating to Further Improvements in Real Estate Market Regulation* (State Council General Office Document No. 1 [2011], hereinafter referred to as State Council General Office Document No. 1 Document) on January 26, 2011, and local governments subsequently issued related measures. In order to carry out the principles laid out in the State Council General Office Document No. 1 Document, and to improve the differentiated housing credit policies, the PBC issued the *Notice on Improving the Differentiated Mortgage Loan Policies* (PBC Document No. 66 [2011]) on March 18, clarifying the basic conditions, procedures, and regulatory requirements for different localities to carry out the differentiated mortgage lending policies, and urged financial institutions to strictly carry out the differentiated mortgage loan polices.

In view of the status quo in government-subsidized housing, the PBC worked with other relevant government agencies to establish and improve an institutional framework to render financial support for the building of government-subsidized housing; as a result, credit support by financial institutions to government-subsidized housing was continuously strengthened. At end-March 2011, outstanding loans extended by the major financial institutions to government-subsidized housing amounted to RMB227.43 billion yuan, and outstanding mortgage loans for the purchase of government-subsidized housing posted RMB25.102 billion yuan.

(2) The agricultural sector

The agricultural sector is a basic sector in the national economy. In recent years, according to the basic principles of industry supporting agriculture, urban areas supporting rural areas, and the policy of "giving more, taking less, and loosening control," the Central Committee of the Communist Party of China (CPC) issued eight No.1 documents on agriculture, rural areas, and farmers over eight consecutive years to continuously strengthen policy support; as a result, the agricultural sector and rural economy performed well and grew relatively rapidly. The overall capacity of agricultural production improved noticeably, and the supply of grain and other major agricultural products remained adequate. In 2010, total grain production was above 500 billion kilograms for the fourth consecutive year, marking the seventh year of an increase. Farmers' income continued to grow and the sources of their income became more diversified. In 2010, the per capita net income of farmers posted RMB5,919 yuan, up 10.9 percent in real terms, outpacing GDP growth. In particular, wage income accounted for 41.1 percent of the total income. More efforts were made to promote agricultural-related technology, and agricultural production became more machine-based. In 2010 science and technology contributed 52 percent to growth in the sector, in comparison to 48 percent in 2005. Crop varieties accounted for over 96 percent of the total crops. The combined use of machines in breeding, planting, and harvesting exceeded 50 percent for the first time in history. In the recent years, the reform and innovation of financial institutions in the rural areas have been promoted on a continual basis, playing an important role in carrying out the national policies of supporting agriculture and farmers and in maintaining the momentum of economic and social development in the rural areas. As of end-November 2010, around 30 provinces had achieved full coverage of financial services in townships, and 10 provinces had achieved full coverage of financial institutions in townships. As of end-2010, outstanding agro-linked loans of all financial institutions reached RMB11.8 trillion yuan, including RMB2.3 trillion yuan to agriculture, forestry, animal husbandry, and fishery. The credit lending has effectively supported agricultural industrialization and promoted the modernization of the agricultural sector.

Despite the good performance in the agricultural sector and the sound economic development in the rural areas, in general the agricultural sector is still a weak link in the national economy, facing a lot of problems and challenges. First, the development pattern is still extensive, and the ability to mitigate natural disasters is not strong. The agricultural infrastructure is relatively backward, and the land output ratio, resource utilization ratio, and labor productivity are still low. According to the Ministry of Agriculture, medium- and low-yield land accounts for 70 percent of the arable land, effectively irrigated farmland only accounts for 50 percent of the total arable land, nearly two-thirds of the agricultural technology-promoting agencies are incapable of providing socialized services, and the status quo of "depending on Heaven for food" fundamentally has not been addressed. Second, it has become increasingly difficult to guarantee national food security and to supply the major agricultural products. Due to the backward production methods, agricultural growth mainly relies on resource inputs. In terms of resources, the arable land area decreased from 1.951 billion mu (1 mu=666.67 square meters) in 1996 to 1.826 billion mu in 2010, close to the alarm threshold of 1.8 billion mu. China is short of fresh water, and its geographical and seasonal distribution is uneven. Some localities extract underground water exceeding the prescribed volume, and water shortages have become a bottleneck constraining agricultural development in many regions. At the same time, demand for agricultural products has continued growing rather rapidly, highlighting the conflict between supply and demand of grain and other major agricultural products. Third, the costs of agricultural production have risen markedly and it has become more difficult to maintain price stability of grain and other major agricultural products. In recent years, with the agricultural labor force continuing to flow into the manufacturing industry, the construction industry, and other non-agricultural sectors, the supply of an agricultural labor force is inadequate, and labor costs in the agricultural sector are moving closer to those in the manufacturing sector. Affected by price factors for resource products both at home and abroad, the prices of fertilizers, animal feed, pesticides, seeds, agricultural machinery, and other capital goods for the agricultural sector have continued to grow. Fourth, with the further opening-up of the agricultural products market in China, prices of agricultural products in the domestic and international markets are increasingly interconnected, and fluctuations of food prices in the global market will influence the prices of grain and agricultural products in the home market, in particular the prices of soybeans and other agricultural products that depend on imports.

The agricultural sector is the key to stabilizing economic growth, containing inflation, and restructuring the economy. *The Report on the Work of the Government* reiterates that we need to strengthen the fundamental role of agriculture, prioritize efforts related to agriculture, rural areas, and farmers, promote agricultural modernization while deepening industrialization and urbanization, and consolidate and develop a good momentum in the rural areas. The PBC will work closely with other relevant departments to deepen the reform of the rural credit cooperatives, speed up the building of a multi-layered, diversified, and modestly competitive financial service system for the rural areas, push ahead with innovation in rural credit products and services, improve the rural financial market system, including credit, securities, and insurance, and put into better play the important role of financing to support the development of agriculture, rural areas, and farmers.

PART 5

Monetary Policy Stance to be Adopted in the Next Period

I. Outlook for the Chinese economy

At this current juncture, due to the mix of a series of policy measures, the momentum of steady and fairly rapid economic growth has been maintained. The world economy has generally maintained the momentum for recovery amidst fluctuations, and the external environment has generally improved. Local governments have strong investment incentives, room for consumption growth is vast, and urbanization can help bring down transaction costs, driving the labor force and other productive factors to flow to and concentrate in more efficient sectors, thus forming new growth points. In general, the dynamism for sustained economic growth remains strong. According to the business survey, bankers' survey, and urban depositors' survey conducted by the PBC in the first quarter of 2011, the major indices have remained stable and fairly high. The household income sentiment index was flat with the level in the previous quarter; the employment sentiment index improved to a record high since 2009; the market demand index and the domestic order index were up 1.7 percentage points and 2.0 percentage points respectively from the previous quarter; the export orders index increased for the first time since the second quarter of 2010, up 3.8 percentage points from the previous quarter. Financial institutions report a large volume of pipeline projects and enterprises have a strong demand for credit, so pressures for expansionary lending remain. Thus, aggregate credit must be managed well. At the same time, given the growing pressures of economic restructuring, weak innovative capabilities, stronger resource and environment constraints, and the arduous task of improving the people's livelihood, it is necessary to make greater efforts to achieve balanced and sustainable growth driven by endogenous factors. With the declining growth in the working-age population and the gradual shift in the economic development pattern, potential economic growth might slow down to some extent. More attention should be given to improving productive efficiency through economic restructuring and reform, enhancing independent innovative ability, improving the quality of economic growth, and creating more room for future economic growth.

With the economic growth momentum becoming more entrenched, the rapid price increases have become the most acute problem facing economic development. It should be noted that money and credit growth has continued to decline since the latter half of 2010, and the series of price management measures are still unfolding. Crop output increases, abundant inventories, and adequate supplies of industrial products will help contain further price hikes. However, against the backdrop of extended loose monetary conditions throughout the world, generally adequate liquidity, rapid fund flows into the emerging market economies, generally good economic performance, and rapid and sustained increases in the prices of commodities, inflationary pressures will build up worldwide. In addition, investments in China have expanded massively in order to deal with the international financial crisis, resulting in a large number of projects under construction and a rapid rebound of social demand. The combination of all these factors will push up inflationary expectations and increase pressures for price hikes. Meanwhile, due to the Balassa–Samuelson effect and the moderated growth of the working-age population, the increase in labor costs related to agricultural products and services might exceed their respective productivity growth, thus pushing up prices. At the same time, prices of resource products are yet to be rationalized. These factors are likely to systematically shore up the price levels. Macroeconomic policies need to prevent mutually reinforcing interactions between structural and entrenched price hikes and inflationary expectations, which will heighten inflationary pressures. The survey of urban depositors conducted by the PBC in the first quarter of 2011 shows that residents' expectations of further price hikes have weakened somewhat, which indicates that the effects of the macroeconomic policies are unfolding. However, in general, inflationary expectations remain at a high level. A large proportion of residents believe that current housing prices are too high, reaching the second highest level since the survey began in the first quarter of 2009.

II. Monetary policy in the next stage

Going forward, the PBC will make acceleration in the shift of the economic development pattern a priority, implement the prudent monetary policy, manage well the pace and intensity of macroeconomic management policies, maintain policy consistency and continuity, and make policy measures well-targeted, more flexible, and effective in line with the general arrangements of the State Council and the theme of scientific development. On the one hand, the PBC will manage well the relationship between controlling monetary aggregates and adjusting the economic structure. While satisfying reasonable demand for capital for the sake of economic development, the PBC will endeavor to eliminate monetary conditions that cause inflation and will focus on structural optimization, so as to better meet diversified investment and financing demands. On the other hand, the PBC will manage well the relationship between promoting economic growth and containing inflation. At the current juncture, the growth rate and employment rate are both within a reasonable range, so it is essential to stabilize price levels and manage well inflationary expectations, which is also the top priority of macroeconomic management. The intensity of management policies must be maintained at a necessary level, the achievements of the previous management policies should be consolidated and strengthened, and the good economic development momentum must be sustained.

First, measures will be adopted to continue to strengthen liquidity management and to keep the growth of money and credit at appropriate levels. The reserve requirement ratio is an instrument to deal with excess liquidity caused by flows of foreign exchange funds, whose intensity of use and room for further adjustment depend on a number of variable conditions; therefore, there is no absolute limit for its intensity of use and scope for adjustment. It is necessary to apply a mix of monetary policy instruments, including open market operations and the reserve requirement ratio, to properly arrange the mix and maturity structure of these instruments as well as the strength of operations, to strengthen liquidity management, to keep liquidity in the banking system at appropriate levels, to properly manage aggregate liquidity, and to maintain the reasonable growth of money and credit in line with the changing economic and financial situations and the flows of foreign exchange funds. The PBC will continue to use interest rates and other price-based management measures to adjust funding demands and will manage investment and savings behavior in accordance with the changing situations, so as to manage inflationary expectations. Efforts will also be made to monitor and adjust aggregate social financing and to keep the size and pace of financing at appropriate levels.

Second, the establishment of a macro-prudential policy framework will be promoted to supplement conventional monetary policy instruments. Management and adjustment of aggregate money, credit, and liquidity will be combined with stronger measures of macro-prudential regulation, and this combination will be properly adjusted in line with the changing macroeconomic situations and the soundness of the banking system. The PBC will continue to implement dynamic adjustment measures of differentiated reserve requirement ratios in order to guide and encourage financial institutions to perform soundly, to manage their lending, and to strengthen the resilience of financial institutions against shocks. It will enhance mitigation of systematic risks. The PBC will continue to strengthen management of risks associated with lending and off-the-balance-sheet assets of local financing platform companies and real estate financing.

Third, efforts will be made to guide financial institutions to improve the credit structure to strengthen financial support to the real economy. The PBC will guide financial institutions to manage well the pace of lending, to beef up innovation of financial products and services, and to increase support to priority areas and weak links. Financial institutions will be urged to improve support to strategic and emerging industries, energy conservation and environmental protection industries, modern service sectors, and projects of independent innovation in science and technology, strictly control lending to industries that consume excessive energy and pollute heavily and industries with excess capacity, and support development of a low-carbon economy, in accordance with the requirements of economic restructuring and the shift in the economic development pattern. More funds will be channeled to the rural areas, agricultural sector, farming households, and SMEs, and financial services will be provided to support job creation, students in need, and poverty reduction. Consumer credit services will be developed to boost domestic demand. Financial support will be continued to support balanced regional development. The differentiated mortgage credit policy will be implemented to promote the healthy development of real estate financing. The ratio of medium- and long-term loans versus short-term loans will be properly adjusted.

Fourth, the market-based interest rate reform and the RMB exchange rate regime will be advanced. Efforts will continue to develop benchmark interest rates on the money market

(Shibor) and to improve the pricing capability of financial institutions, advance the market-based interest rate reform in a well-sequenced manner through various measures such as selecting financial institutions with strong discipline and gradually liberalizing prices of substitute financial products, according to the overall arrangements of the 12th Five-Year Plan. The PBC will, in accordance with the principle for reforming the RMB exchange rate regime in a self-initiated, controllable, and gradual manner, further improve the RMB exchange rate regime based on market supply and demand with reference to a basket of currencies, allow market demand and supply to play a fundamental role in the exchange rate regime, increase the flexibility of the RMB exchange rate, keep the exchange rate basically stable at an adaptive and equilibrium level, and promote a balance in the BOP accounts. The PBC will steadily promote the use of RMB in cross-border trade and investment activities and expand channels for RMB to flow in and out of China. Measures will be taken to deepen the reform of the foreign exchange management system and to stop the inflow of hot money through illegal channels.

Fifth, the PBC will continue to promote the healthy development of financial markets and to deepen the reform of financial institutions. Financial markets will play a fundamental role in resource allocations. Direct financing will be expanded. The role of financing instruments, such as stocks, bonds, and industrial funds, will be leveraged to improve the institutional framework and infrastructure in the financial market, so as to promote financial markets to support the development of the real economy. The opening-up of the interbank bond market will be actively and prudently advanced. The reform of financial institutions will be deepened to improve the delivery and quality of financial services so that they assume their social responsibilities. The reform of the Agricultural Bank of China will be promoted, and the reform of its Agricultural and Rural Business Division will be advanced to improve services for the agricultural sector, the rural areas, and farmers. The transformation of the China Development Bank into a commercial bank will be advanced. The reform of the Import and Export Bank of China and the China Export and Credit Insurance Corporation will be accelerated. Ex-ante studies on the reform of the Agricultural Development Bank of China will be conducted.

附录一　2011年第一季度中国货币政策大事记

1月6日，经商国家发展和改革委员会、商务部，中国人民银行会同国家外汇管理局制定发布了《境外直接投资人民币结算试点管理办法》（中国人民银行公告[2011]第1号），跨境贸易人民币结算试点地区的银行和企业可开展境外直接投资人民币结算试点。

1月14日，中国人民银行决定从2011年1月20日起上调存款类金融机构人民币存款准备金率0.5个百分点。

1月25日，中国人民银行向全国人大财经委员会汇报2010年货币政策执行情况。

1月30日，发布《2010年第四季度中国货币政策执行报告》。

2月9日，中国人民银行决定上调金融机构人民币存贷款基准利率，其中，1年期存款基准利率上调0.25个百分点，由2.75%提高到3.0%；1年期贷款基准利率上调0.25个百分点，由5.81%提高到6.06%；其他期限档次存贷款基准利率及个人住房公积金贷款利率作相应调整。

2月14日，为进一步丰富外汇市场交易品种，为企业和银行提供更多的汇率避险保值工具，国家外汇管理局发布《关于人民币对外汇期权交易有关问题的通知》（汇发[2011]8号），批准中国外汇交易中心在银行间外汇市场组织开展人民币对外汇期权交易。

2月17日，中国人民银行对部分资本充足率较低、信贷增长较快的地方法人金融机构实施了差别准备金要求。

2月18日，中国人民银行决定从2011年2月24日起上调存款类金融机构人民币存款准备金率0.5个百分点。

2月22日，中国人民银行办公厅印发《关于安排增加支农再贷款，支持重点地区做好春耕抗旱金融服务工作的通知》（银办发[2011]45号），对河南、山东、河北等受旱灾影响严重的8省安排增加支农再贷款额度100亿元，积极鼓励和引导金融机构全力做好抗旱救灾金融服务工作，支持粮食稳定增产。

3月18日，中国人民银行决定从2011年3月25日起上调存款类金融机构人民币存款准备金率0.5个百分点。

3月18日，为合理引导跨境资金流动，防范违法违规资金流入，维护国家涉外经济金融安全，国家外汇管理局发布《关于进一步加强外汇业务管理有关问题的通知》（汇发[2011]11号）。

3月25日，中国人民银行货币政策委员会召开2011年第一季度例会。

3月28日，中国人民银行农村信用社改革试点专项中央银行票据发行兑付考核评审委员会第20次例会决定，对海南等4个省（区）辖内屯昌等19个县（市）农村信用社兑付专项票据，额度为19.9亿元。

Appendix 1 Highlights of China's Monetary Policy in the First Quarter of 2011

On January 6, in consultation with the National Development and Reform Commission and the Ministry of Commerce, the PBC jointly with the SAFE issued the *Administrative Measures on Pilot RMB Settlement for Outward Direct Investment* (PBC Document No.1 [2011]), allowing commercial banks and enterprises located in areas designated for the pilot cross-border RMB trade settlement scheme to conduct RMB settlement for outward direct investment business.

On January 14, the PBC announced it would raise the RMB reserve requirement ratio for deposit-taking financial institutions by 0.5 percentage point, effective from January 20, 2011.

On January 25, the PBC reported to the finance and economy committee of the National People's Congress on implementation of the monetary policy in 2010.

On January 30, the *Monetary Policy Report for Q4 2010* was released.

On February 9, the PBC decided to raise the RMB benchmark deposit and loan rates of financial institutions. The 1-year benchmark deposit rate was raised from its current level of 2.75 percent to 3.0 percent, up 0.25 percentage point. The 1-year benchmark loan rate was raised from its current level of 5.81 percent to 6.06 percent, up 0.25 percentage point. The benchmark rates on deposits and loans of other maturities and personal provident housing funds were adjusted accordingly.

On February 14, in order to further enrich products traded on the foreign exchange market and provide enterprises and banks more tools for hedging exchange-rate risks, the SAFE issued the *Notice on Issues Relating to RMB-FOREX Options Trading* (SAFE Document No. 8 [2011]), allowing the China Foreign Exchange Trade System to launch RMB-FOREX options trading on the interbank foreign exchange market.

On February 17, the PBC decided to implement a differentiated reserve requirement for some local financial institutions with legal person status that had a relatively low capital adequacy ratio and saw a rapid credit increase.

On February 18, the PBC announced it would raise the RMB reserve requirement ratio for deposit-taking financial institutions by 0.5 percentage point, effective from February 24, 2011.

On February 22, the PBC General Administration Department issued the *Notice on Increasing Credit Lines for Central Bank Lending to Agriculture and Supporting Key Areas to Make Proper Financial Arrangements for Combating Drought* (PBC General Administration Department Document No.45 [2011]), which would increase the central bank lending credit line by RMB10 billion yuan for 8 drought-affected provinces, including Henan, Shandong and Hebei, so as to support and guide financial institutions to make their utmost efforts to provide proper financial services for anti-drought work, to support a stable increase in agricultural products, and to ensure a bumper harvest.

On March 18, the PBC announced it would raise the RMB reserve requirement ratio for deposit-taking financial institutions by 0.5 percentage point, effective from March 25, 2011.

On March 18, in order to guide the cross-border funds flow, pre-empt inflows of illegal and irregular funds, and safeguard China's financial security, the SAFE issued the *Notice on Strengthening Foreign Exchange Administration* (SAFE Document No. 11 [2011]).

On March 25, the Monetary Policy Committee of the PBC convened its regular meeting for Q1 2011.

On March 28, the 20th regular meeting of the committee that reviews the redemption of special central bank notes under the pilot program initiated by the PBC for the reform of rural credit cooperatives (RCCs) decided to redeem central bank notes issued to RCCs in Tunchang county and 19 other counties and county-level cities in 4 provinces/autonomous regions, including Hainan Province, with a total quota of RMB1.99 billion yuan.

附录二　2011年第一季度主要经济体中央银行货币政策

一、美联储

美联储公开市场委员会（FOMC）在2011年1月26日和3月15日的例会上均决定维持0～0.25%的联邦基金利率目标区间，并表示将继续在2011年第二季度之前购买总额为6 000亿美元的长期国债。

在第一季度各次例会声明中，美联储还重申了继续执行“将所持债券到期获得的本金收入用于再投资”的现有政策，并将视情况变化定期评估债券购买速度和总资产购买规模，对债券购买计划进行必要的调整，以最大限度地促进充分就业和物价稳定。

2月3日和3月30日，美联储先后两次宣布通过定期存款工具（TDF）向市场分别标售50亿美元的28天定期存款。TDF是美联储2010年4月30日宣布推出的流动性回收工具。

美联储内部在是否维持宽松货币政策上产生了分歧，少数公开市场委员会委员认为美国经济复苏趋于稳固和通货膨胀率走高，主张提前退出第二轮量化宽松货币政策（QE2）或削减资产购买规模，但其他委员则表示不希望在原定结束日期前调整资产收购计划。

3月24日，美联储发布声明，美联储主席伯南克将一年四次在FOMC例会后举行新闻发布会，此举旨在进一步提高其货币政策沟通的清晰度和时效性。

二、欧洲中央银行

欧洲中央银行理事会在2011年1月13日、2月3日和3月3日的各次例会上均决定继续维持基准利率不变，主要再融资利率、存款便利利率和贷款便利利率继续保持在1.00%、0.25%和1.75%。欧洲中央银行还决定在必要的时期内继续采用固定利率的主要再融资操作（MROs）、特别期限的再融资操作及长期再融资操作（LTROs），全额满足欧元区机构的资金需求。3月3日，欧洲中央银行行长特里谢在例会结束后表示，欧洲中央银行可能将在下个月加息以应对不断加大的通货膨胀压力，但并不意味着一系列紧缩政策的开始。

三、日本银行

日本银行在2011年1月25日、2月15日和3月14日的货币政策例会上均决定将无担保隔夜拆借利率保持0～0.1%的区间。为应对3月11日特大地震海啸灾害给金融市场带来的冲击，日本银行在3月14日的货币政策会议上决定，将进一步强化宽松的货币政策，继续向市场提供充裕资金以确保金融市场稳定，并将资产购买计划规模扩大5万亿日元至40万亿日元。另外，日本银行在3月18日宣布与美联储、欧洲中央银行、英格兰银行和加拿大中央银行联合干预外汇市场，以阻止日元在震后过度升值。

四、英格兰银行

英格兰银行货币政策委员会在2011年1月13日、2月10日和3月10日的各次例会上均决定维持0.5%的官方利率不变，并维持2 000亿英镑的资产购买规模不变。但由于英国正同时面临经济增长乏力和通货膨胀压力持续加大的困境，货币政策委员会各成员对是否加息的分歧加大，在3月10日的例会上，9个委员中有6个委员主张维持利率不变，2个委员主张加息25个基点，1个委员主张加息50个基点。

Appendix 2 Monetary Policies of the Central Banks of the Major Economies in the First Quarter of 2011

I. The U.S. Federal Reserve

At its regular meetings held January 26 and March 15, the Federal Open Market Committee (FOMC) announced that the federal funds target rate would remain unchanged within a band between 0 and 0.25 percent, and it would continue to purchase USD600 billion of long-term treasury securities by the end of the second quarter of 2011.

At its regular meeting held in Q1 2011, the Federal Reserve reiterated that it would maintain its existing policy of "reinvesting principal payments from its securities holdings," regularly review the pace of its securities purchases and the overall size of the asset-purchase program in light of incoming information, and would adjust the program as needed to maximize the promotion of full employment and price stability.

On February 3 and March 30 respectively, the Fed announced to conduct an auction of USD5 billion in 28-day term deposits. The TDF is a tool established by the Federal Reserve on April 30, 2010 to drain liquidity.

There were differences among the members of the Federal Reserve as to whether to maintain the loose monetary policy stance. Some members of the Federal Open Market Committee proposed that, as the U.S. economic recovery consolidated and the inflation rate picked up, there should be an exit from the second round of quantitative easing measures (QE2) or the scale of the asset purchase program should be curtailed, but other members said they did not want to adjust the asset purchase program before the pre-determined end date.

On March 24, the Federal Reserve announced that Chairman Ben S. Bernanke would hold quarterly press briefings immediately after the Federal Open Market Committee's regular meetings. The introduction of regular press briefings is intended to further enhance the clarity and timeliness of communications about the Federal Reserve's monetary policy.

II. The European Central Bank

At its regular meetings on January 13, February 3, and March 3, the Governing Council of the European Central Bank (ECB) decided to keep the benchmark interest rates unchanged. The interest rate on the main refinancing operations, the marginal interest rate on the deposit facility, and the marginal interest rate on the lending facility were maintained at 1.00 percent, 0.25 percent, and 1.75 percent respectively. The ECB also decided to continue conducting its main refinancing operations (MROs) and the special-term refinancing operations with a maturity of one maintenance period as fixed rate tender procedures with full allotment, and longer-term refinancing operations (LTROs) for as long as necessary, so as to meet the full liquidity needs of financial institutions. Following its regular meeting on March 3, ECB President Jean-Claude Trichet indicated that the ECB would hike interest rates in the next month with a view to containing upside risks to price stability, but this would not signal the beginning of a series of tightening policies.

III. The Bank of Japan

At its various meetings on January 25, February 15, and March 14, the Bank of Japan (BOJ) decided to keep the uncollaterized overnight call rate unchanged at 0-0.1 percent. In dealing with the impacts of the devastating Pacific Ocean earthquake and the ensuing tsunami on March 11 on the financial market, at its regular meeting on March 14, the BOJ decided to further enhance monetary easing, continue to provide ample funds to meet demand in financial markets, do its utmost to ensure financial market stability and increase the amount of the Asset Purchase Program by about 5 trillion yen to a total of about 40 trillion yen. On March 18, the BOJ announced concerted intervention in the foreign exchange market with the U.S. Federal Reserve, European Central Bank, Bank of England, and Bank of Canada, so as to stop undue appreciation of the yen in the aftermath of the tragic earthquake.

IV. The Bank of England

At its regular meetings held on January 13, February 10, and March 10, the Bank of England announced that it would keep the official rate of 0.5 percent unchanged, and would maintain the asset purchase program of GBP200 billion. But since the U.K. was currently facing both the dilemma of sluggish economic growth and the persistence of inflationary pressures, differences increased among the members of the Bank's Monetary Policy Committee as to whether to hike the bank rate. At the regular meeting of the Monetary Policy Committee on March 10, six members of the Committee voted in favor of maintaining the Bank Rate at 0.5 percent; two members of the Committee preferred increasing the Bank Rate by 25 basis points; and one member of the Committee preferred increasing the Bank Rate by 50 basis points.

附录三 中国主要经济和金融指标

Appendix 3 China's Major Economic and Financial Indicators

一、经济增长与经济发展水平

1. Economic Growth

1978年以来我国经济增长与宏观经济政策

China's economic growth and macroeconomic policies since 1978

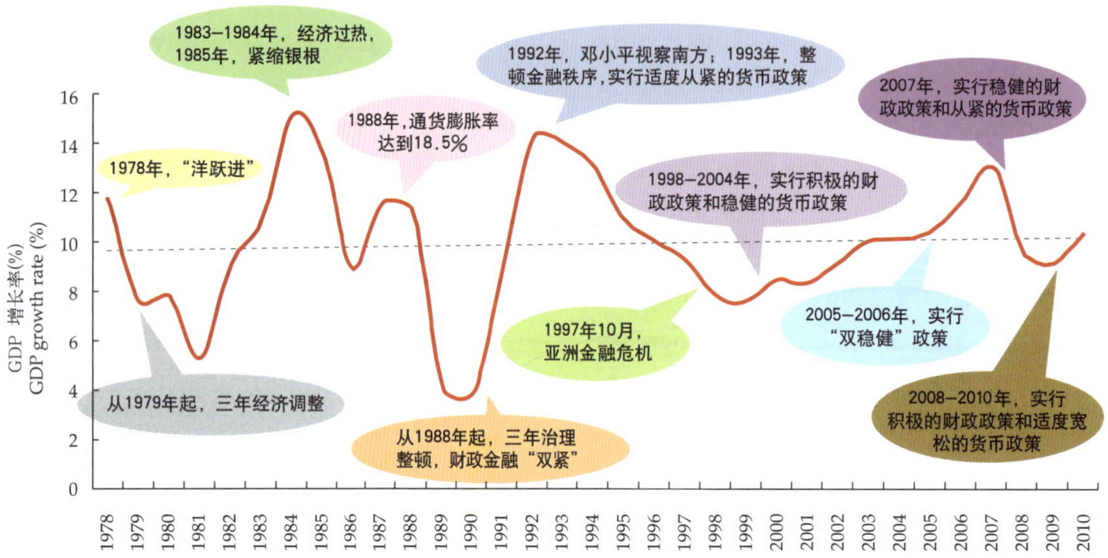

- "Great leap forward" in 1978
- 3-year economic adjustment between 1979 and 1981
- Over-heated economy between 1983 and 1984, tight monetary policy in 1985
- Inflation of 18.5% in 1988
- 3-year rectification from 1988 to 1991, "double tightening" of fiscal and monetary policy
- Deng Xiaoping's remarks on economic reform during his 1992 trip to South China, rectification of financial order and adoption of appropriately tight monetary policy in 1993
- Asian financial crisis of October 1997
- Proactive fiscal policy and sound monetary policy from 1998 to 2004
- "Double sound" fiscal and monetary policy in 2005 and 2006
- Sound fiscal policy and tight monetary policy in 2007
- Proactive financial policy and moderately loose monetary policy in 2008 to 2010

人均国内生产总值

Per capita GDP

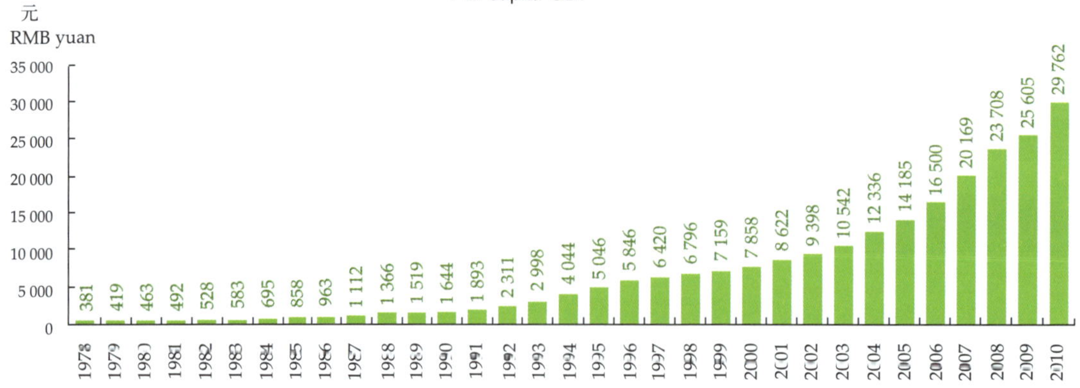

GDP总量：据世界银行测算，按汇率折算方法计算，2009年，中国GDP总量为4.91万亿美元，占世界GDP总量58.13万亿美元的8.4%，位居第三，排在美国和日本之后。根据《2009年世界发展指标》，按购买力平价方法计算，2009年中国GDP总量为8.89万亿美元，占世界GDP总量72.3万亿美元的15.3%，位居第二，排在美国之后。

人均GDP：2009年，我国人均GDP达到25 188元，按年末汇率折算达3 689美元。

人均国民收入：据世界银行测算，按汇率折算方法计算，2009年，世界人均国民收入为8 751美元，中国人均国民收入为3 620美元，位居世界213个经济体由高向低排列的第124位，属于中等收入国家中的较低收入组。按购买力平价方法计算，2009年，中国人均国民收入为6 710美元，相当于世界人均国民收入10 614美元的63.2%，位居世界213个经济体由高向低排列的第120位，依然属于中等收入国家中的较低收入组。

Gross Domestic Product (GDP): The World Bank estimated that the world total GDP and China's GDP in 2009 were USD 58.13 trillion and USD4.91 trillion respectively based on the current exchange rate. Accounting for 8.4 percent of the world total, China's GDP ranked 3rd in the world after the U.S. and Japan. The World Bank estimated that the world total GDP and China's GDP in 2009 were USD 72.3 trillion and USD8.89 trillion respectively based on a PPP basis, according to the *World Development Indicators* 2009. Accounting for 15.3 percent of the world total, China's GDP ranked 2nd in the world, after the U.S..

GDP per capita: In 2009, China's GDP per capita reached RMB25,188 yuan, or USD3,689 based on the exchange rate at the end of 2008.

Gross National Income (GNI) per capita: The World Bank estimated that in 2009 the GNI per capita for the world as a whole was USD8,751 based on the current exchange rate. The GNI per capita in China was USD3,620, ranking 124st among 213 worldwide economies, meaning that China is a lower-middle-income country. In PPP terms, the GNI per capita in China in 2009 was USD6,710, equivalent to 63.2 percent of the world figure which was USD10,614, thus ranking 120th among the 213 worldwide economies, and a ranking that still indicates China's status as a lower-middle-income country.

世界银行估算的2009年人均国民收入

National income per capita in 2009
(estimated by the World Bank)

单位：美元 Unit: USD

	世界平均 Global average	低收入国家 Low-income countries	中等收入国家 Middle-income countries			高收入国家 High-income countries
				较低收入组 Lower-middle-income countries	较高收入组 Upper-middle-income countries	
汇率折算法 On the basis of the current exchange rate	8 751	503	3 400	2 310	7 523	38 134
购买力平价法 On a PPP basis	10 614	1 199	6 340	4 741	12 480	36 473

2009年世界银行按汇率折算方法估算的GDP总量前10名排序

Top ten economies in terms of GDP based on the current exchange rate in 2009 (World Bank estimation)

排名 Rank	国家 Country		GDP(万亿美元) GDP (USD trillion)	占世界GDP总量的比重(%) As a percent of the world total (%)
1	美国	U.S.	14.25	24.5
2	日本	Japan	5.07	8.7
3	**中国**	**China**	**4.91**	**8.4**
4	德国	Germany	3.35	5.8
5	法国	France	2.65	4.6
6	英国	U.K.	2.17	3.7
7	意大利	Italy	2.11	3.6
8	巴西	Brazil	1.57	2.7
9	西班牙	Spain	1.46	2.5
10	加拿大	Canada	1.34	2.3
	世界	**World total**	**58.13**	**100**

2009年世界银行按购买力平价方法估算的GDP总量前10名排序

Top ten economies in terms of GDP based on PPP in 2009 (World Bank estimation)

排名 Rank	国家 Country		GDP(万亿美元) GDP (USD trillion)	占世界GDP总量的比重(%) As a percent of the world total (%)
1	美国	U.S.	14.25	24.5
2	**中国**	**China**	**8.89**	**15.3**
3	日本	Japan	4.14	7.1
4	印度	India	3.75	6.5
5	德国	Germany	2.98	5.1
6	俄罗斯	Russia	2.69	4.6
7	英国	U.K.	2.26	3.9
8	法国	France	2.17	3.7
9	巴西	Brazil	2.02	3.5
10	意大利	Italy	1.92	3.3
	世界	**World total**	**72.3**	**100**

国内生产总值
Gross domestic product

年/季 Year /Quarter		国内生产总值 GDP 绝对值(亿元) Absolute value (RMB 100 million yuan)	国内生产总值 GDP 增长(%) Growth(%)	第一产业 Primary industry 绝对值(亿元) Absolute value (RMB 100 million yuan)	第一产业 Primary industry 增长(%) Growth(%)	第二产业 Secondary industry 绝对值(亿元) Absolute value (RMB 100 million yuan)	第二产业 Secondary industry 增长(%) Growth(%)	第三产业 Tertiary industry 绝对值(亿元) Absolute value (RMB 100 million yuan)	第三产业 Tertiary industry 增长(%) Growth(%)
2006	I	44 420	11.4	3 093	4.5	22 076	12.6	19 251	11.3
	I–II	93 612	12.0	7 974	5.1	47 909	13.6	37 729	11.7
	I–III	144 570	11.8	15 059	4.9	72 008	13.3	57 503	11.8
	I–IV	211 923	11.6	24 040	5.0	103 162	13.0	84 721	12.1
2007	I	53 058	13.0	3 654	4.4	26 465	14.6	22 940	12.7
	I–II	112 458	13.4	9 283	4.0	57 615	15.0	45 561	13.5
	I–III	174 428	13.4	17 937	4.3	86 405	14.8	70 086	14.0
	I–IV	257 306	13.0	28 627	3.7	124 799	14.7	103 880	13.8
2008	I	63 475	10.6	4 720	2.8	31 658	11.5	27 097	10.9
	I–II	134 726	10.4	11 800	3.5	69 330	11.3	53 596	10.7
	I–III	208 025	9.9	22 062	4.5	103 975	10.6	81 989	10.5
	I–IV	314 045	9.6	33 702	5.4	149 003	9.9	131 340	10.4
2009	I	69 755	6.5	4 627	3.5	32 658	5.8	32 469	7.7
	I–II	148 081	7.4	11 831	3.8	71 703	7.1	64 547	8.3
	I–III	231 139	8.1	22 142	4.0	109 101	8.1	99 896	9.1
	I–IV	340 503	9.1	35 226	4.2	157 639	9.9	147 642	9.3
2010	I	81 887	11.9	5 139	3.8	39 244	14.5	37 504	10.2
	I–II	173 615	11.1	13 367	3.6	85 830	13.2	74 418	9.6
	I–III	270 234	10.6	25 600	4.0	129 325	12.6	115 310	9.5
	I–IV	397 983	10.3	40 497	4.3	186 481	12.2	171 005	9.5
2011	I	96 311	9.7	5 980	3.5	46 788	11.1	43 543	9.1

注：① 表中绝对数按当年价格计算，"比上年同期增长"按不变价格计算。
② 表中数据根据国家统计局最新数据修订。

Notes: 1. Absolute figures in this table are calculated at current prices, and the year-on-year growth rates are calculated at constant prices.
2. Data are revised by National Bureau of Statistics of China.

1978年以来GDP及其增长率
GDP and its annual growth rate since 1978

年 Year	GDP(万亿元) GDP(RMB trillion yuan)	GDP增长率(%) GDP growth rate(%)
1978	0.4	11.7
1979	0.4	7.6
1980	0.5	7.8
1981	0.5	5.3
1982	0.5	9.0
1983	0.6	10.9
1984	0.7	15.2
1985	0.9	13.5
1986	1.0	8.9
1987	1.2	11.6
1988	1.5	11.3
1989	1.7	4.1
1990	1.9	3.8
1991	2.2	9.2
1992	2.7	14.2
1993	3.5	14.0
1994	4.8	13.1
1995	6.1	10.9
1996	7.1	10.0
1997	7.9	9.3
1998	8.4	7.8
1999	9.0	7.6
2000	9.9	8.4
2001	11.0	8.3
2002	12.0	9.1
2003	13.6	10.0
2004	16.0	10.1
2005	18.3	10.4
2006	21.2	11.6
2007	25.7	13.0
2008	31.4	9.6
2009	34.1	9.1
2010	39.8	10.3

注：表中数据根据国家统计局最新数据修订。
Note: Data are revised by National Bureau of Statistics of China.

1978年以来GDP及其增长率
GDP and its annual growth rate since 1978

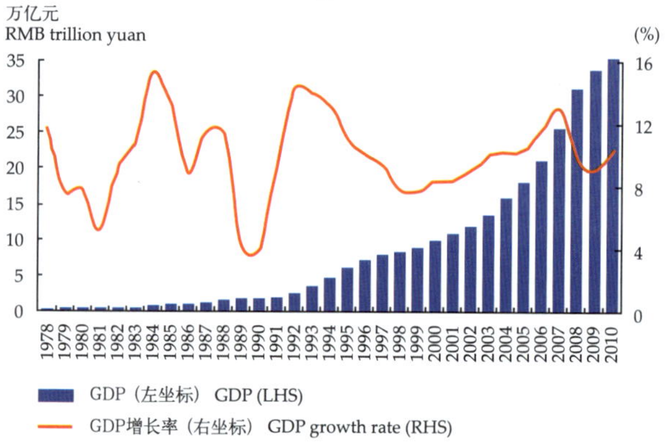

2000年以来年度GDP中三大产业比重
Shares of industries in GDP since 2000

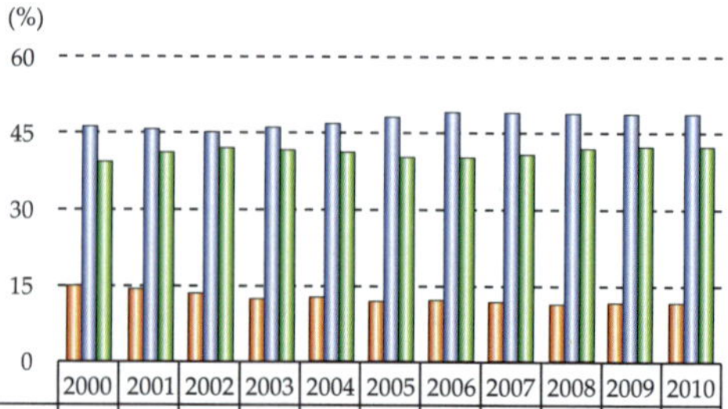

	2000	2001	2002	2003	2004	2005	2006	2007	2008	2009	2010
第一产业 Primary industry	14.8	14.1	13.5	12.6	13.1	12.2	11.3	11.1	10.7	10.3	10.2
第二产业 Secondary industry	45.9	45.2	44.8	46.0	46.2	47.7	48.7	48.5	47.4	46.3	46.9
第三产业 Tertiary industry	39.3	40.7	41.7	41.4	40.7	40.1	40.0	40.4	41.8	43.4	43.0

季度GDP三次产业所占的比重与增长率变化
Shares of industries in GDP and their growth rates on a quarterly basis

单位：% Unit: %

年/季 Year/Quarter	第一产业所占的比重 Share of primary industry	第二产业所占的比重 Share of secondary industry	第三产业所占的比重 Share of tertiary industry	第一产业同比累计增长 YOY accumulated growth of primary industry	第二产业同比累计增长 YOY accumulated growth of secondary industry	第三产业同比累计增长 YOY accumulated growth of tertiary industry
2006Q1	7.0	49.7	43.3	4.5	12.6	11.3
2006Q2	8.5	51.2	40.3	5.1	13.6	11.7
2006Q3	10.4	49.8	39.8	4.9	13.3	11.8
2006Q4	11.3	48.7	40.0	5.0	13.0	12.1
2007Q1	6.9	49.9	43.2	4.4	14.6	12.7
2007Q2	8.3	51.2	40.5	4.0	15.0	13.5
2007Q3	10.3	49.5	40.2	4.3	14.8	14.0
2007Q4	11.1	48.5	40.4	3.7	14.7	13.8
2008Q1	7.4	49.9	42.7	2.8	11.5	10.9
2008Q2	8.8	51.5	39.8	3.5	11.3	10.7
2008Q3	10.6	50.0	39.4	4.5	10.6	10.5
2008Q4	10.7	47.4	41.8	5.5	9.3	9.5
2009Q1	7.1	48.6	44.2	3.5	5.3	7.4
2009Q2	8.6	50.1	41.3	3.8	6.6	8.3
2009Q3	10.3	48.9	40.8	4.0	7.5	8.8
2009Q4	10.6	46.8	42.6	4.2	9.9	9.3
2010Q1	6.4	48.5	45.1	3.8	14.5	10.2
2010Q2	7.7	49.7	42.6	3.6	13.2	9.6
2010Q3	9.5	48.1	42.3	4.0	12.6	9.5
2010Q4	10.2	46.9	43.0	4.3	12.2	9.5
2011Q1	6.2	48.6	45.2	3.5	11.1	9.1

注：① 从2006年第一季度开始，根据《国民经济行业分类》(2002)，将"农林牧渔服务业"从第三产业调整到第一产业。
② 表中数据根据国家统计局最新数据修订。

Notes: 1. Beginning from the first quarter 2006,according to the *Classification of National Economic Sectors* (2002), services for agriculture,forestry, animal husbandry and fishery have been readjusted from tertiary industry to primary industry.
2. Data are revised by National Bureau of Statistics of China.

季度GDP三次产业所占的比重与增长率变化
Shares of industries in GDP and their growth rates on a quarterly basis

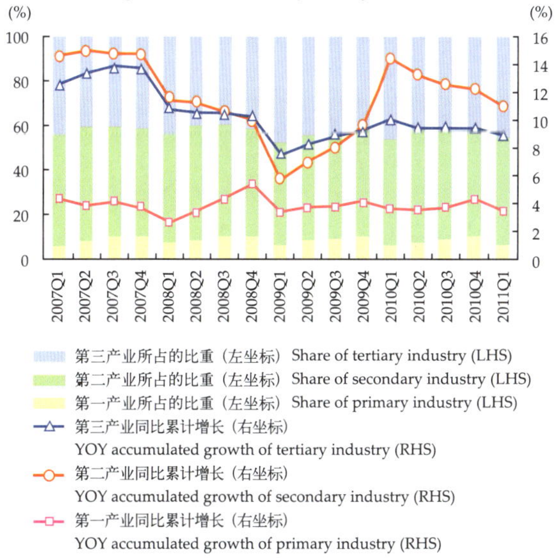

2004年以来GDP季度累计增长率
Quarterly accumulated GDP growth rates since 2004

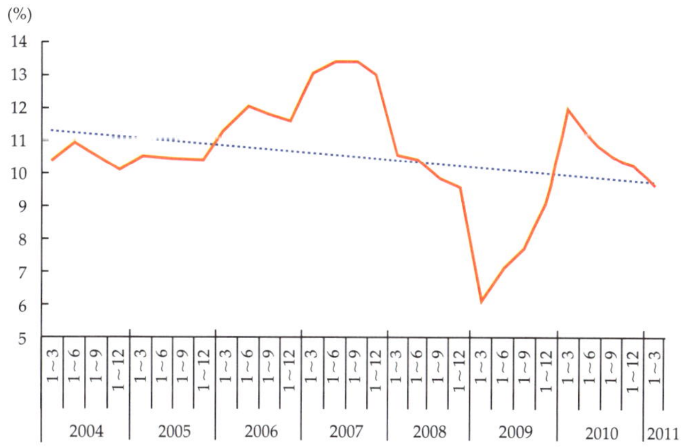

工业增加值增长速度
Growth rate of value added of industry

单位：% Unit: %

年/月 Year/Month		工业增加值 Value added	轻工业 Light industry	重工业 Heavy industry	国有及国有控股企业 State-owned and state-holding enterprises	集体企业 Collectively-owned enterprises	股份制企业 Joint-stock enterprises	外商及港澳台投资企业 Enterprises with foreign, Hongkong, Macau, and Taiwan investment
		比上年同期增长(%) Year-on-year growth rate(%)						
2005		16.4	15.2	17.0	10.7	12.4	17.8	16.6
2006		16.6	13.8	17.9	12.6	11.6	17.8	16.9
2007		18.5	16.3	19.6	13.8	11.5	20.6	17.5
2008		12.9	12.3	13.2	9.1	8.1	15.0	9.9
2009		11.0	9.7	11.5	6.9	10.2	10.3	6.2
2010	1	—	—	—	—	—	—	—
	2	12.8	7.5	15.2	13.3	7.1	13.9	12.1
	3	18.1	13.4	20.0	18.2	13.0	19.3	16.3
	4	17.8	14.1	19.4	17.6	12.0	19.1	16.8
	5	16.5	13.6	17.8	16.8	10.4	18.3	14.7
	6	13.7	12.0	14.5	13.3	5.3	14.5	13.0
	7	13.4	13.5	13.3	11.4	5.2	14.0	13.0
	8	13.9	13.1	14.2	11.7	8.1	14.7	13.4
	9	13.3	13.0	13.4	11.0	8.7	14.2	12.0
	10	13.1	12.9	13.2	10.6	7.9	14.3	11.2
	11	13.3	12.7	13.6	10.9	10.8	14.4	11.7
	12	13.5	13.0	13.7	9.8	7.9	15.0	11.4
2011	1	—	—	—	—	—	—	—
	2	14.9	13.1	15.6	10.5	11.7	16.5	12.2
	3	14.8	12.8	15.6	12.9	8.9	16.5	11.6
2010	1～2	20.7	14.5	23.7	20.7	13.4	22.2	20.3
	1～3	19.6	14.1	22.1	19.9	13.0	20.8	18.8
	1～4	19.1	14.1	21.4	19.3	12.8	20.2	18.6
	1～5	18.5	14.0	20.5	18.7	11.5	19.7	17.8
	1～6	17.6	13.6	19.4	17.7	10.2	18.8	17.0
	1～7	17.0	13.6	18.4	16.6	9.5	18.0	16.4
	1～8	16.6	13.6	17.9	15.8	9.3	17.6	16.2
	1～9	16.3	13.6	17.5	15.1	9.4	17.3	15.8
	1～10	16.1	13.6	17.1	14.8	9.2	17.1	15.3
	1～11	15.8	13.6	16.7	14.2	9.3	16.9	14.9
	1～12	15.7	13.6	16.5	13.7	9.4	16.8	14.5
2011	1～2	14.1	13.3	14.4	10.6	10.5	15.6	12.2
	1～3	14.4	13.1	14.9	11.4	10.2	15.9	11.9

注：①自2011年起，工业统计范围调整为年主营收入2 000万元及以上的工业企业。
②本表中"比上年同期增长"按可比价格计算。

Notes: 1. Since 2011, the statistical coverage of industry has been adjusted to industrial enterprises with the annual sales income from main business of 20 million yuan and above.
2. The year-on-year changes in this table are calculated at comparable prices.

工业增加值增长速度及工业产品销售率
Growth rate of industrial value added and ratio of sales to output of industrial products

单位：% Unit: %

年/月 Year/Month		当月工业增加值同比增长 YOY growth of monthly industrial value added	工业增加值月度累计同比增长 YOY growth of monthly accumulated industrial value added	当月销售率 Monthly ratio of sales to output
2010	1	—	—	—
	2	12.8	20.7	96.9
	3	18.1	19.6	97.8
	4	17.8	19.1	98.4
	5	16.5	18.5	97.6
	6	13.7	17.6	97.5
	7	13.4	17.0	98.1
	8	13.9	16.6	98.2
	9	13.3	16.3	98.0
	10	13.1	16.1	97.8
	11	13.3	15.8	97.5
	12	13.5	15.7	98.9
2011	1	—	—	—
	2	14.9	14.1	97.9
	3	14.8	14.4	97.8

工业增加值增长速度及工业产品销售率
Growth rate of industrial value added and ratio of sales to output of industrial products

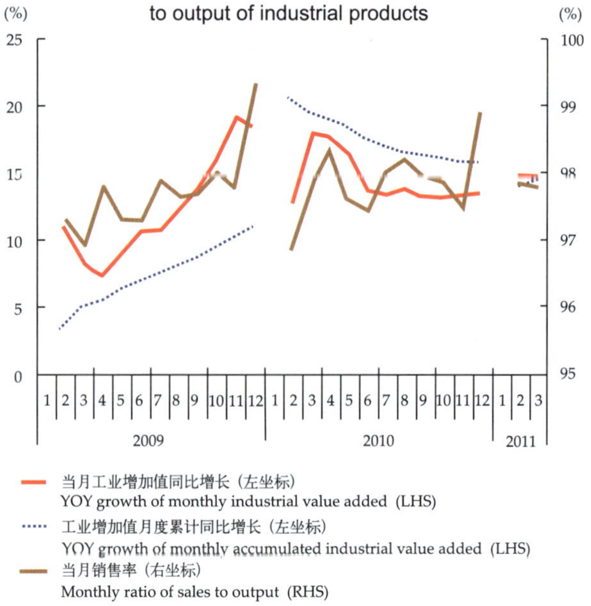

二、价格走势
2. Price Development

1.各种价格指数一览
(1) Overview of price indices

各种价格指数变动表
Changes in price indices

单位：% Unit: %

年/月 Year/Month	居民消费价格指数 CPI			农业生产资料价格指数 Agricultural production material price index		工业生产者购进价格指数 Purchasing price index for industrial producers		工业生产者出厂价格指数 Producer price index for manufactured goods		固定资产投资价格指数 Fixed-asset investment price index		进出口同比价格指数 Import-export price index (YOY)		
	月环比 MOM	当月同比 YOY	累计同比 Accu-mulated YOY	当月同比 YOY	累计同比 Accu-mulated YOY	当月同比 YOY	累计同比 Accu-mulated YOY	当月同比 YOY	累计同比 Accu-mulated YOY	当季同比 YOY	累计同比 Accu-mulated YOY	出口 Exports	进口 Imports	贸易条件 Terms of trade
2008 1	1.2	7.1	7.1	14.3	14.3	8.9	8.9	6.1	6.1	—	—	6.5	14.8	92.8
2	2.6	8.7	7.9	16.5	15.4	9.7	9.3	6.6	6.4	—	—	11.9	18.1	94.8
3	-0.7	8.3	8.0	21.7	17.5	11.0	9.8	8.0	6.9	8.6	8.6	9.0	17.6	92.7
4	0.1	8.5	8.2	23.6	19.0	11.8	10.3	8.1	7.2	—	—	10.1	21.8	90.4
5	-0.4	7.7	8.1	23.3	19.9	11.9	10.6	8.2	7.4	—	—	10.4	20.9	91.3
6	-0.2	7.1	7.9	24.4	20.7	13.5	11.1	8.8	7.6	11.3	10.0	11.1	20.1	92.5
7	0.1	6.3	7.7	24.8	21.3	15.4	11.7	10.0	8.0	—	—	8.5	21.9	89.0
8	-0.1	4.9	7.3	23.8	21.6	15.3	12.2	10.1	8.2	—	—	10.6	22.7	90.1
9	0.0	4.6	7.0	22.9	21.7	14.0	12.4	9.1	8.3	11.1	10.3	6.9	17.5	91.0
10	-0.3	4.0	6.7	20.6	21.6	11.0	12.2	6.6	8.2	—	—	8.4	10.8	97.8
11	-0.8	2.4	6.3	15.7	21.1	4.7	11.6	2.0	7.6	—	—	5.5	1.9	103.5
12	-0.2	1.2	5.9	12.4	20.3	-1.3	10.5	-1.1	6.9	4.8	8.9	5.1	-10.0	116.8
2009 1	0.9	1.0	1.0	9.7	9.7	-5.3	-5.3	-3.3	-3.3	—	—	2.3	-10.6	114.4
2	0.0	-1.6	-0.3	6.8	8.2	-7.1	-6.2	-4.5	-3.9	—	—	-2.5	-17.6	118.3
3	-0.3	-1.2	-0.6	1.3	5.8	-8.9	-7.1	-6.0	-4.6	-1.2	-1.2	-5.6	-18.5	115.8
4	-0.2	-1.5	-0.8	-1.7	3.8	-9.6	-7.7	-6.6	-5.1	—	—	-5.9	-19.2	116.5
5	-0.3	-1.4	-0.9	-3.6	2.3	-10.4	-8.2	-7.2	-5.5	—	—	-6.2	-20.4	117.8
6	-0.5	-1.7	-1.1	-5.8	0.9	-11.2	-8.7	-7.8	-5.9	-3.9	-2.6	-8.8	-16.3	109.0
7	0.0	-1.8	-1.2	-7.2	-0.4	-11.7	-9.2	-8.2	-6.2	—	—	-7.1	-16.7	111.5
8	0.5	-1.2	-1.2	-7.5	-1.3	-11.4	-9.4	-7.9	-6.4	—	—	-9.3	-20.4	113.9
9	0.4	-0.8	-1.1	-7.3	-1.3	-10.1	-9.5	-7.0	-6.5	-3.6	-2.9	-9.1	-15.3	107.3
10	-0.1	-0.5	-1.1	-6.1	-2.4	-8.4	-9.4	-5.8	-6.4	—	—	-8.7	-12.4	104.2
11	0.3	0.6	-0.9	-3.9	-2.6	-3.6	-8.9	-2.1	-6.0	—	—	-7.5	-1.3	93.7
12	1.0	1.9	-0.7	-1.9	-2.5	3.0	-7.9	1.7	-5.4	-1.0	-2.4	-3.5	8.6	88.9
2010 1	0.6	1.5	1.5	-0.4	-0.4	8.0	8.0	4.3	4.3	—	—	-5.3	13.5	83.4
2	1.2	2.7	2.1	0.3	-0.1	10.3	9.1	5.4	4.9	—	—	-5.5	15.6	81.7
3	-0.7	2.4	2.2	0.9	0.3	11.5	9.9	5.9	5.2	1.9	1.9	1.4	17.6	86.2
4	0.2	2.8	2.4	1.2	0.5	12.0	10.4	6.8	5.6	—	—	-0.7	19.4	83.2
5	-0.1	3.1	2.5	2.1	0.8	12.2	10.8	7.1	5.9	—	—	2.2	19.2	85.7
6	-0.6	2.9	2.6	2.5	1.1	10.8	10.8	6.4	6.0	3.6	2.7	3.4	17.4	88.1
7	0.4	3.3	2.7	2.9	1.3	8.5	10.5	4.8	5.8	—	—	4.0	12.8	92.2
8	0.6	3.5	2.8	3.5	1.6	7.5	10.1	4.3	5.6	—	—	6.5	10.5	96.4
9	0.6	3.6	2.9	3.9	1.9	7.1	9.8	4.3	5.5	3.5	3.0	4.9	9.5	95.8
10	0.7	4.4	3.0	5.2	2.2	8.1	9.6	5.0	5.5	—	—	4.8	10.4	94.9
11	1.1	5.1	3.2	6.5	2.6	9.7	9.6	6.1	5.5	—	—	7.6	8.9	98.8
12	0.5	4.6	3.3	6.0	2.9	9.5	9.6	5.9	5.5	5.4	3.6	4.9	10.1	95.3
2011 1	1.0	4.9	4.9	5.4	5.4	9.7	9.7	6.6	6.6	—	—	11.0	11.7	99.4
2	1.2	4.9	4.9	6.5	6.0	10.4	10.0	7.2	6.9	—	—	11.4	16.6	95.5
3	-0.2	5.4	5.0	8.6	6.9	10.5	10.2	7.3	7.1	6.5	6.5	7.5	15.5	93.1

注：国家统计局从2011年1月开始实施新的工业生产者价格统计调查制度方法。“工业品价格统计”改称为“工业生产者价格统计”，相应地将“原材料、燃料、动力购进价格指数”改称为“工业生产者购进价格指数”，将“工业品出厂价格指数”改称为“工业生产者出厂价格指数”。

Note: Since January 2011, NBS begins to conduct new statistical system and survey methods on PPI. "prices statistics on industrial goods" is renamed to "prices statistics on industrial producers". Accordingly, "purchasing prices for raw material,fuels and power" is renamed to "purchasing price for industral producers", "producer price index of industrial products" is renamed to "producer price index for manufactured goods".

居民消费价格月环比指数变动
Change in CPI (month-on-month)

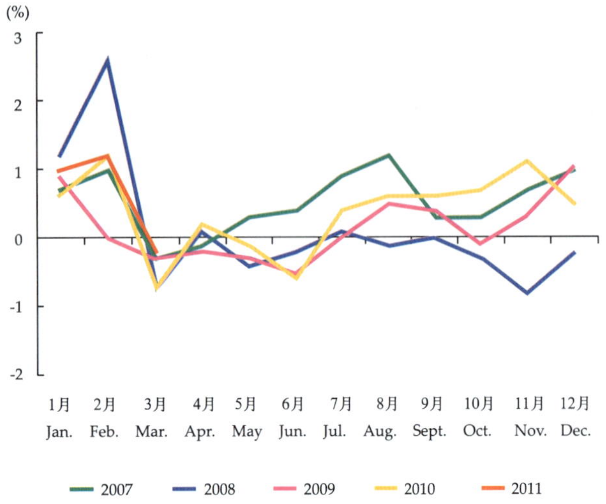

居民消费价格同比指数变动
Change in CPI (year-on-year)

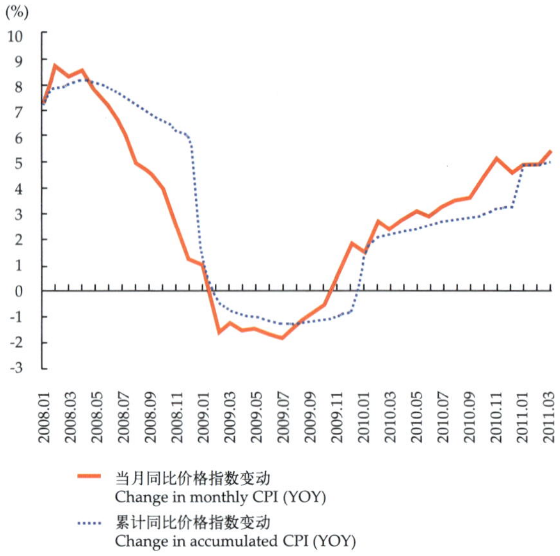

居民消费价格指数与生产价格指数的比较
Comparison between changes in CPI and PPI

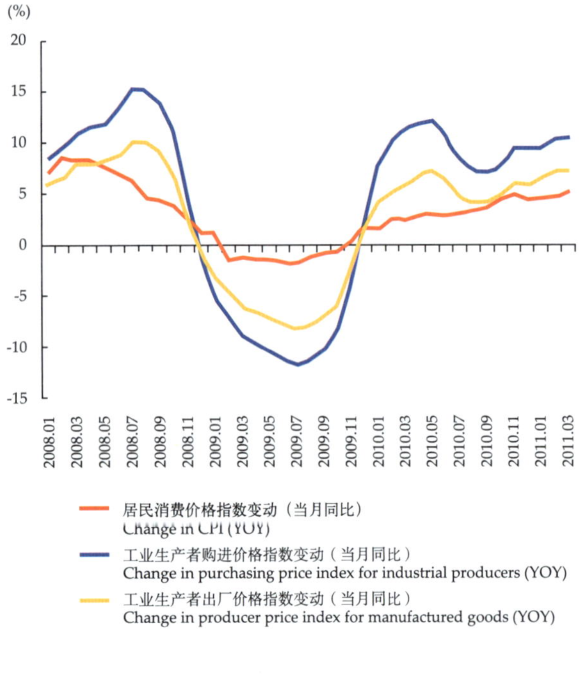

进出口价格指数和贸易条件
Import-export price index and trade terms

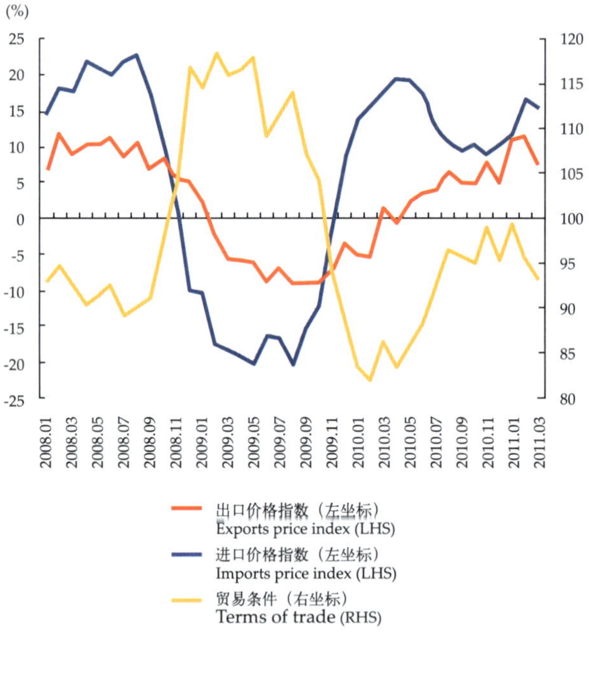

2.分类指数

(2) Breakdown of indices

居民消费价格当月同比分类指数变动
Breakdown of changes in CPI (YOY)

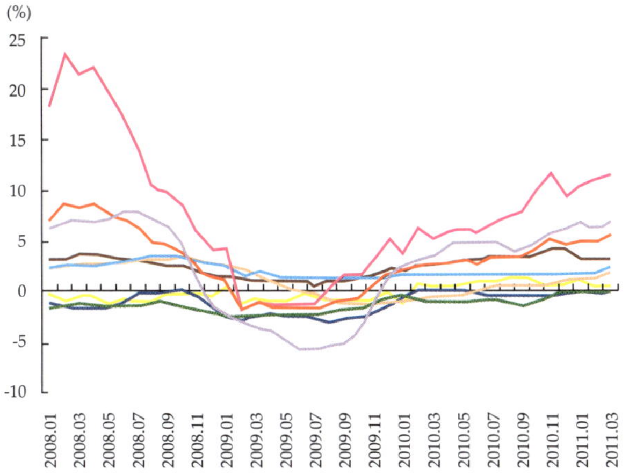

- 总指数　All items CPI
- 食品　Food
- 烟酒及用品　Cigarettes and liquor
- 衣着　Apparel
- 家庭设备用品及服务　Household facilities, articles and services
- 医疗保健及个人用品　Medical care and personal articles
- 交通和通信　Transportation and telecommunications
- 娱乐、教育、文化用品及服务 Entertainment, education, cultural articles and services
- 居住　Housing

工业品出厂价格同比指数变动 按生产资料和生活资料分类
Breakdown of changes in industrial producer price index by production materials and means of livelihood

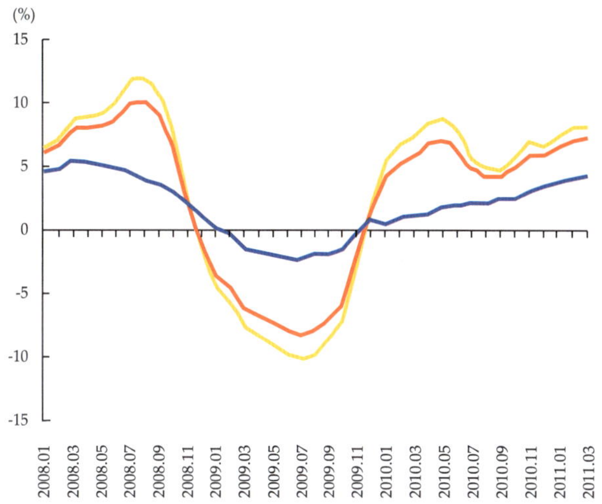

- 工业品出厂价格指数变动　Change in industrial producer price index
- 生产资料出厂价格指数变动　Change in industrial producer price index of production materials
- 生活资料出厂价格指数变动　Change in industrial producer price index of means of livelihood

生活资料出厂价格当月同比分类指数变动
Breakdown of changes in industrial producer price index of means of livelihood (YOY)

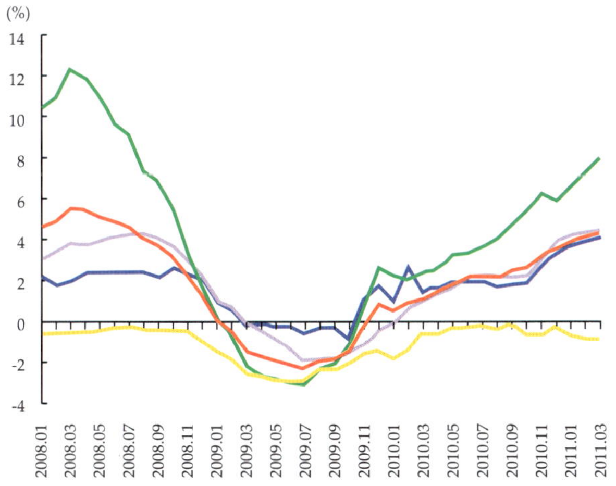

- 生活资料出厂价格指数变动 Change in industrial producer price index of means of livelihood
- 食品类　Food
- 衣着类　Apparel
- 一般日用品　Articles for daily use
- 耐用消费品　Durable consumer goods

生产资料出厂价格当月同比分类指数变动
Breakdown of changes in industrial producer price index of production materials (YOY)

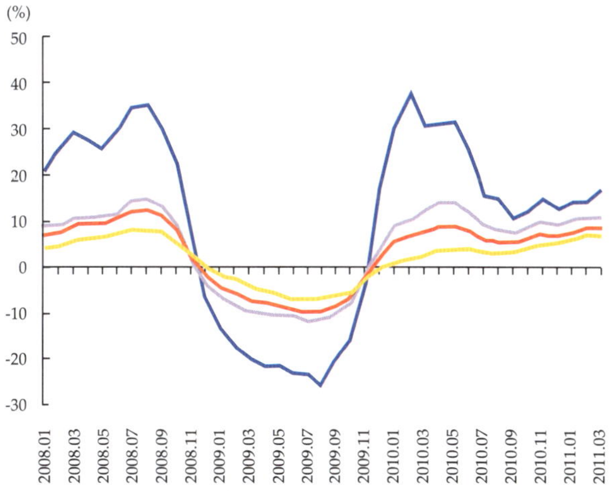

- 生产资料出厂价格指数变动 Change in industrial producer price index of production materials
- 采掘业　Excavation industry
- 原材料工业　Raw materials industry
- 加工工业　Processing industry

三、就业、失业与收入
3. Employment, Unemployment and Income

人口与就业基本情况
Population and employment

年 Year	年底总人口（亿人） Population at the end of the year (100 million people)	市镇 Urban	比重(%) Share (%)	乡村 Rural	比重(%) Share (%)	15～64岁人口数(亿人) Population between 15–64 years of age (100 million people)	就业人员(亿人) Employment (100 million people)
2002	12.8	5.0	39	7.8	61	9.0	7.4
2003	12.9	5.2	40	7.7	60	9.1	7.4
2004	13.0	5.4	42	7.6	58	9.2	7.5
2005	13.1	5.6	43	7.5	57	9.4	7.6
2006	13.1	5.7	44	7.4	56	9.5	7.6
2007	13.2	5.9	45	7.3	55	9.6	7.7
2008	13.3	6.1	46	7.2	54	9.7	7.7
2009	13.3	6.2	47	7.1	53	9.8	7.8
2010	13.4	6.7	50	6.7	50	10.0	

就业人员按城乡和产业分类
Employment in urban and rural areas and in industries

年 Year	就业人员(亿人) Employment (100 million people)	按城乡分 Urban and rural				按产业分 Industries					
		城镇 Urban	比重(%) Share (%)	乡村 Rural	比重(%) Share (%)	第一产业 Primary industry	比重(%) Share (%)	第二产业 Secondary industry	比重(%) Share (%)	第三产业 Tertiary industry	比重(%) Share (%)
2002	7.37	2.48	33.6	4.90	66.4	3.69	50.0	1.58	21.4	2.11	28.6
2003	7.44	2.56	34.4	4.88	65.6	3.65	49.1	1.61	21.6	2.18	29.3
2004	7.52	2.65	35.2	4.87	64.8	3.53	46.9	1.69	22.5	2.30	30.6
2005	7.58	2.73	36.0	4.85	64.0	3.39	44.8	1.81	23.8	2.38	31.4
2006	7.64	2.83	37.0	4.81	63.0	3.26	42.6	1.92	25.2	2.46	32.2
2007	7.70	2.94	38.1	4.76	61.9	3.14	40.8	2.06	26.8	2.49	32.4
2008	7.75	3.02	39.0	4.73	61.0	3.07	39.6	2.11	27.2	2.57	33.2
2009	7.80	3.11	39.9	4.69	60.1	2.97	38.1	2.17	27.8	2.66	34.1

城乡居民家庭人均收入
Urban and rural household income (per capita)

年/季 Year/Quarter	农村居民家庭人均现金收入 Rural household cash income (per capita)		城镇居民家庭人均可支配收入 Urban household disposable income (per capita)	
	绝对值(元) Absolute value (RMB yuan)	同比实际增长(%) Growth in real terms (YOY) (%)	绝对值(元) Absolute value (RMB yuan)	同比实际增长(%) Growth in real terms (YOY) (%)
2008 I	1 494	9.1	4 386	3.4
I-II	2 528	10.3	8 065	6.3
I-III	3 971	11.0	11 865	7.5
I-IV	5 737	—	15 781	8.4
2009 I	1 622	8.6	4 834	11.2
I-II	2 733	8.1	8 856	11.2
I-III	4 307	9.2	12 973	10.5
I-IV	6 270	—	17 175	9.8
2010 I	1 814	9.2	5 308	7.5
I-II	3 078	9.5	9 757	7.5
I-III	4 869	9.7	14 334	7.5
I IV	7 089		19 109	7.8
2011 I	2 187	14.3	5 963	7.1

城镇失业人数和失业率
Unemployed urban population and unemployment rate

年/季度末 Year/End of quarter	城镇登记失业人数(万人) Registered unemployment (10 000 people)	城镇登记失业率(%) Registered unemployment rate (%)
2008 I	825	4.0
II	825	4.0
III	830	4.0
IV	886	4.2
2009 I	915	4.3
II	906	4.3
III	915	4.3
IV	921	4.3
2010 I	919	4.2
II	911	4.2
III	905	4.1
IV	908	4.1
2011 I	909	4.1

四、国内需求
4. Domestic Demand

1.按支出法计算的国内生产总值
(1) Expenditure-based GDP

按支出法计算的国内生产总值及其构成
Expenditure-based GDP and its composition

年 Year	按支出法计算的国内生产总值(亿元) Expenditure-based GDP (RMB100 million yuan)	最终消费 Final consumption	居民消费 Household consumption	城镇居民 Urban	农村居民 Rural	政府消费 Government consumption	资本形成总额 Total capital formation	固定资本形成 Fixed capital formation	存货增加 Increased inventory	货物和服务净出口 Net exports of goods and services
	绝对值(亿元) Absolute value (RMB100 million yuan)									
2000	98 749	61 516	45 855	30 707	15 147	15 661	34 843	33 844	998	2 390
2001	109 028	66 934	49 436	33 645	15 791	17 498	39 769	37 755	2 015	2 325
2002	120 476	71 817	53 057	36 785	16 272	18 760	45 565	43 632	1 933	3 094
2003	136 635	77 686	57 650	41 344	16 306	20 036	55 963	53 491	2 472	2 986
2004	160 800	87 553	65 219	47 529	17 690	22 334	69 168	65 118	4 051	4 079
2005	187 131	99 051	72 653	53 281	19 372	26 399	77 857	74 233	3 624	10 223
2006	222 240	112 632	82 104	60 842	21 261	30 528	92 954	87 954	5 000	16 654
2007	265 834	131 510	95 610	71 488	24 122	35 900	110 943	103 949	6 995	23 381
2008	314 901	152 347	110 595	83 100	27 495	41 752	138 325	128 084	10 241	24 229
2009	345 024	165 527	121 130	92 296	28 834	44 397	164 464	156 680	7 784	15 033
2010	394 308	186 905	133 291			53 614	191 691	182 340	9 351	15 712
	构成(%) Composition (%)									
2000	100	62.3	46.4	31.1	15.3	15.9	35.3	34.3	1.0	2.4
2001	100	61.4	45.3	30.9	14.5	16.0	36.5	34.6	1.8	2.1
2002	100	59.6	44.0	30.5	13.5	15.6	37.8	36.2	1.6	2.6
2003	100	56.9	42.2	30.3	11.9	14.7	41.0	39.1	1.8	2.2
2004	100	54.4	40.6	29.6	11.0	13.9	43.0	40.5	2.5	2.5
2005	100	52.9	38.8	28.5	10.4	14.1	41.6	39.7	1.9	5.5
2006	100	50.7	36.9	27.4	9.6	13.7	41.8	39.6	2.2	7.5
2007	100	49.5	36.0	26.9	9.1	13.5	41.7	39.1	2.6	8.8
2008	100	48.4	35.1	26.4	8.7	13.3	43.9	40.7	3.3	7.7
2009	100	48.0	35.1	26.8	8.4	12.9	47.7	45.4	2.3	3.9
2010	100	47.4	33.8			13.6	48.6	46.2	2.4	4.0

注：表中数据根据国家统计局最新数据修改。
Note: Data are revised by National Bureau of Statistics of China.

按支出法计算的国内生产总值构成变化
Changes in the composition of GDP (based on expenditures)

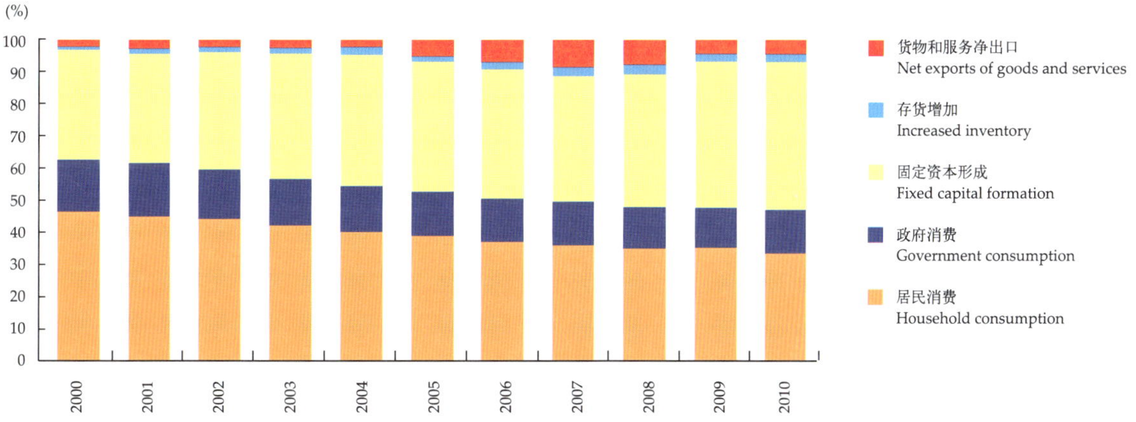

投资率和消费率
Investment ratio and consumption ratio

单位：% Unit: %

年 Year	资本形成率(投资率) Capital formation ratio (investment ratio)	最终消费率(消费率) Final consumption ratio (consumption ratio)
1978	38.2	62.1
1979	36.1	64.4
1980	34.8	65.5
1981	32.5	67.1
1982	31.9	66.5
1983	32.8	66.4
1984	34.2	65.8
1985	38.1	66.0
1986	37.5	64.9
1987	36.3	63.6
1988	37.0	63.9
1989	36.6	64.5
1990	34.9	62.5
1991	34.8	62.4
1992	36.6	62.4
1993	42.6	59.3
1994	40.5	58.2
1995	40.3	58.1
1996	38.8	59.2
1997	36.7	59.0
1998	36.2	59.6
1999	36.2	61.2
2000	35.3	62.3
2001	36.5	61.4
2002	37.9	59.6
2003	41.0	56.8
2004	43.2	54.3
2005	42.7	51.8
2006	42.6	49.9
2007	41.7	49.5
2008	43.9	48.4
2009	47.5	48.6
2010	48.6	47.4

注：表中数据根据国家统计局最新数据修订。
Note: Data are revised by National Bureau of Statistics of China.

生产法现价GDP与支出法现价GDP及其增长率比较
Comparison between production-based GDP and expenditure-based GDP at current price

年 Year	(1)生产法GDP Production-based GDP		(2)支出法GDP Expenditure-based GDP		(1)−(2)	
	绝对量(亿元) Absolute value (RMB100 million yuan)	现价增速(%) Growth rate at current price(%)	绝对量(亿元) Absolute value (RMB100 million yuan)	现价增速(%) Growth rate at current price(%)	绝对量(亿元) Absolute value (RMB100 million yuan)	现价增速(%) Growth rate at current price(%)
1978	3 645	13.8	3 606	13.9	40	-0.04
1979	4 063	11.5	4 093	13.5	-30	-2.06
1980	4 546	11.9	4 593	12.2	-47	-0.33
1981	4 892	7.6	5 009	9.1	-117	-1.45
1982	5 323	8.8	5 590	11.6	-267	-2.77
1983	5 963	12.0	6 216	11.2	-254	0.81
1984	7 208	20.9	7 363	18.4	-155	2.45
1985	9 016	25.1	9 077	23.3	-61	1.80
1986	10 275	14.0	10 509	15.8	-233	-1.80
1987	12 059	17.4	12 277	16.8	-219	0.53
1988	15 043	24.8	15 389	25.3	-346	-0.59
1989	16 992	13.0	17 311	12.5	-319	0.47
1990	18 668	9.9	19 348	11.8	-680	-1.90
1991	21 781	16.7	22 577	16.7	-796	-0.01
1992	26 923	23.6	27 565	22.1	-642	1.52
1993	35 334	31.2	36 938	34.0	-1 604	-2.76
1994	48 198	36.4	50 217	36.0	-2 020	0.46
1995	60 794	26.1	63 217	25.9	-2 423	0.24
1996	71 177	17.1	74 164	17.3	-2 987	-0.24
1997	78 973	11.0	81 659	10.1	-2 685	0.84
1998	84 402	6.9	86 532	6.0	-2 129	0.90
1999	89 677	6.3	91 125	5.3	-1 448	0.94
2000	99 215	10.6	98 749	8.4	466	2.27
2001	109 655	10.5	109 028	10.4	627	0.11
2002	120 333	9.7	120 476	10.5	-143	-0.76
2003	135 823	12.9	136 635	13.4	-812	-0.54
2004	159 878	17.7	160 800	17.7	-922	0.02
2005	184 937	15.7	187 131	16.4	-2 194	-0.70
2006	216 314	17.0	222 240	18.8	-5 926	-1.80
2007	265 810	22.9	265 834	19.6	-24	3.27
2008	314 045	18.1	314 901	18.5	-856	-0.31
2009	340 903	8.6	345 024	9.6	-4 121	-1.01
2010	397 983	16.7	394 308	14.3	3 676	2.46

注：表中数据根据国家统计局最新数据修订。
Note: Data are revised by National Bureau of Statistics of China.

投资率和消费率
Investment ratio and consumption ratio

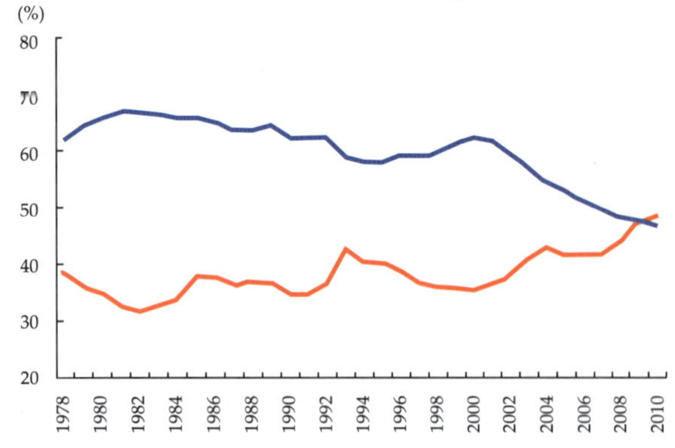

资本形成率（投资率） Capital formation ratio (investment ratio)
最终消费率（消费率） Final consumption ratio (consumption ratio)

生产法现价GDP与支出法现价GDP增速比较
Comparison of growth rate at current prices between production-based GDP and expenditure-based GDP

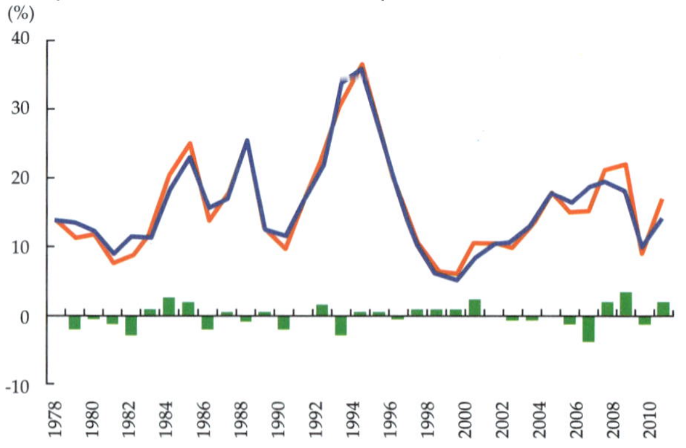

生产法现价GDP增速−支出法现价GDP增速 Gap between the two growth rates
生产法现价GDP增速 Growth rate of production-based GDP at current prices
支出法现价GDP增速 Growth rate of expenditure-based GDP at current prices

2.社会消费品零售额
(2) Retail sales of consumer goods

月度社会消费品零售额
Monthly retail sales of consumer goods

单位：亿元
Unit: RMB 100 million yuan

年/月 Year/Month	社会消费品零售总额 Retail sales of consumer goods	当月同比增长率(%) Monthly growth rate(YOY)(%)	累计同比增长率(%) Accumulated growth rate(YOY)(%)
2009.07	9 937	15.2	15.0
2009.08	10 116	15.4	15.1
2009.09	10 913	15.5	15.1
2009.10	11 718	16.2	15.3
2009.11	11 339	15.8	15.3
2009.12	12 610	17.5	15.5
2010.01	12 718	14.0	14.0
2010.02	12 334	22.1	17.9
2010.03	11 322	18.0	17.9
2010.04	11 510	18.5	18.1
2010.05	12 455	18.7	18.2
2010.06	12 330	18.3	18.2
2010.07	12 253	17.9	18.2
2010.08	12 570	18.4	18.2
2010.09	13 537	18.8	18.3
2010.10	14 285	18.6	18.3
2010.11	13 911	18.7	18.4
2010.12	15 330	19.1	18.4
2011.01	15 249	19.9	19.9
2011.02	13 769	11.6	15.8
2011.03	13 588	17.4	16.3

社会消费品零售总额与最终消费增长率的比较
Comparison of growth rate at current prices between retail sales of consumer goods and final consumption expenditure

单位：万亿元
Unit: RMB trillion yuan

年 Year	社会消费品零售总额 Retail sales of consumer goods	最终消费 Final consumption	社会消费品零售总额现价增长率(%) Growth rate at current prices of retail sales of consumer goods(%)	最终消费现价增长率(%) Growth rate at current prices of final consumption expenditure(%)
1991	0.94	1.41	13.4	16.6
1992	1.10	1.72	16.8	22.1
1993	1.43	2.19	29.8	27.3
1994	1.86	2.92	30.5	33.5
1995	2.36	3.67	26.8	25.7
1996	2.84	4.39	20.1	19.5
1997	3.13	4.81	10.2	9.6
1998	3.34	5.16	6.8	7.2
1999	3.56	5.56	6.8	7.8
2000	3.91	6.15	9.7	10.6
2001	4.31	6.69	10.1	8.7
2002	4.81	7.17	11.8	7.2
2003	5.25	7.74	9.1	8.0
2004	5.95	8.70	13.3	12.4
2005	6.72	9.78	12.9	12.4
2006	7.60	11.06	13.1	12.8
2007	8.90	12.88	16.8	16.6
2008	10.85	14.91	21.6	15.8
2009	12.53	16.61	15.5	9.0
2010	13.53	18.69	16.5	12.9

月度社会消费品零售额及其增长率
Monthly retail sales and growth rates of consumer goods

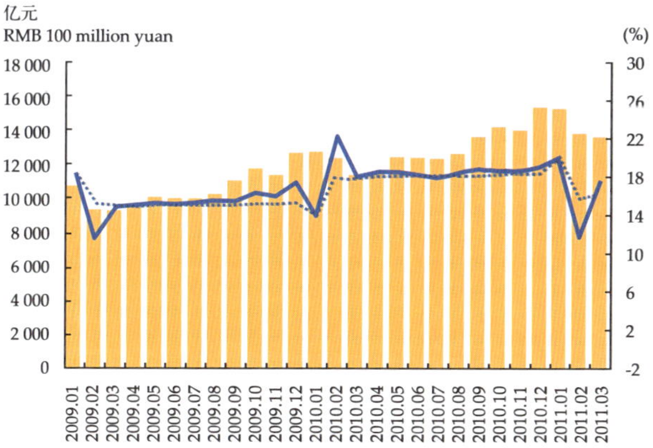

社会消费品零售总额及最终消费增长趋势
Growth trend of retail sales of consumer goods and final consumption expenditure

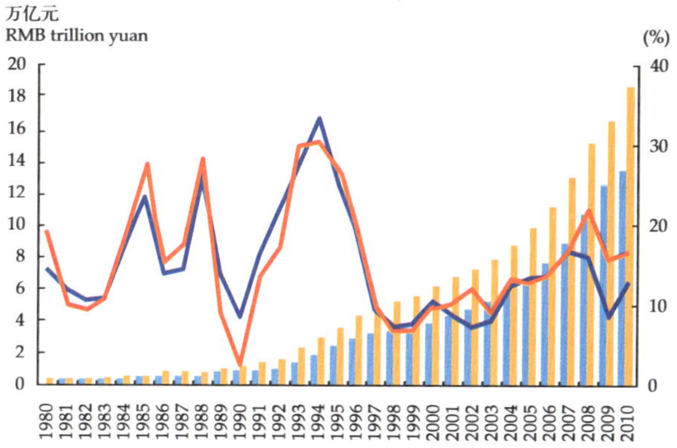

3.固定资产投资完成额

(3) Completed fixed-asset investment

固定资产投资（不含农户）完成额
Completed investment in fixed asset (excluding rural households)

单位：亿元
Unit: RMB 100 million yuan

年/月 Year/Month	投资完成额 Investment completed	增长率(%) Growth rate (%)
2011 1-2	17 444.2	24.9
2011 1-3	39 464.9	25.0

注：自2011年起，投资项目统计起点标准由原来的50万元调整为500万元，“固定资产投资（不含农户）”等于原口径的城镇固定资产投资加上农村企事业组织项目投资。
Note: Since 2011, investment indicatiors are calculated using new threshold creteria of RMB5 million yuan instead of RMB500 thousand yuan in the past. "investment in fixed assets(excluding rural households)" equils to "investment in fixed assets in urban area" under the old creteria plus "investment of rural enterprises and institutions".

固定资产投资完成额和固定资本形成总额的比较
Comparison of completed fixed-asset investment and gross capital formation

单位：万亿元
Unit: RMB trillion yuan

年 Year	全社会固定资产投资完成额 Total completed fixed-asset investment	固定资本形成总额 Gross capital formation	全社会固定资产投资现价增长率(%) Growth rate of total fixed-asset investment at current prices(%)	固定资本形成总额现价增长率(%) Growth rate of gross capital formation at current prices(%)
1991	0.56	0.61	23.9	25.7
1992	0.81	0.85	44.4	40.3
1993	1.31	1.33	61.8	56.3
1994	1.70	1.73	30.4	30.1
1995	2.00	2.09	17.5	20.6
1996	2.29	2.40	14.5	15.1
1997	2.49	2.60	8.8	8.0
1998	2.84	2.86	13.9	10.0
1999	2.99	3.05	5.1	6.9
2000	3.29	3.38	10.3	10.9
2001	3.72	3.78	13.1	11.6
2002	4.35	4.36	16.9	15.6
2003	5.56	5.35	27.7	22.6
2004	7.05	6.51	26.8	21.7
2005	8.88	7.73	26.0	18.7
2006	10.99	9.02	24.0	16.6
2007	13.72	10.54	24.8	17.0
2008	17.28	13.83	25.9	24.7
2009	22.48	16.23	30.1	17.3
2010	27.81	19.17	23.7	16.6

注：表中数据根据国家统计局最新数据修订。
Note: Data are revised by National Bureau of Statistics of China.

固定资产投资（不含农户）完成额
Completed investment in fixed assets (excluding rural households)

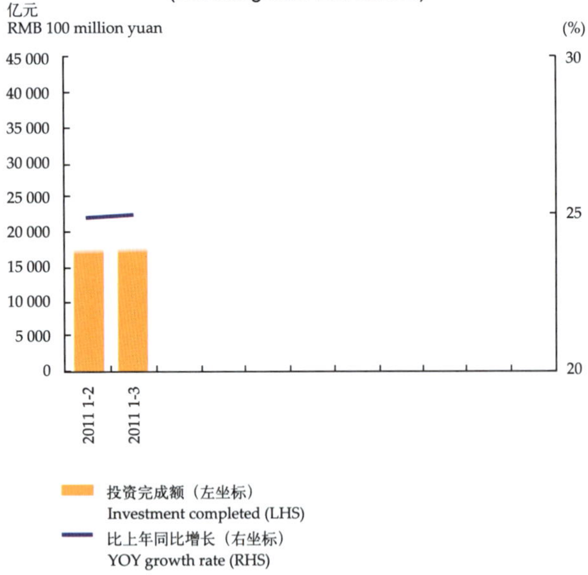

固定资产投资完成额和固定资本形成总额
Completed fixed-asset investment and gross capital formation

按建设性质分固定资产投资(不含农户)累计完成额及增长率
Completed investment in fixed assets (excluding rural households) and growth rate by nature of construction

年/月 Year/Month	绝对值(亿元) Absolute value (RMB 100 million yuan)			增长率(%) Growth rate (%)		
	新建 New projects	扩建 Expansion projects	改建 Reconstruction projects	新建 New projects	扩建 Expansion projects	改建 Reconstruction projects
	—	—	—	—	—	—
2011 1-2	8 460.4	2 248.8	1 875.0	29.8	12.6	14.4
2011 1-3	19 059.2	5 388.8	4 657.0	29.7	11.9	16.5

注：按建设性质分组的投资不含房地产投资。
Note: Investment grouped by type of construction does not include real estate investment.

按建筑性质分固定资产投资(不含农户)完成额构成变化
Completed investment in fixed assets (excluding rural households) by nature of construction

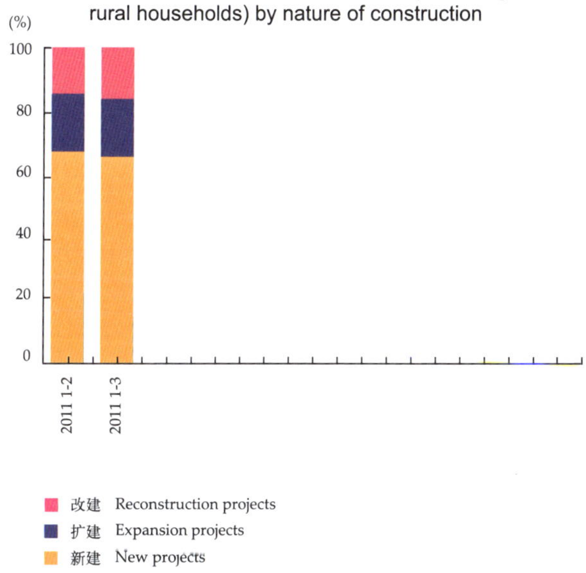

按建筑性质分固定资产投资(不含农户)完成额增长趋势
Growth of monthly accumulated completed investment in fixed assets (excluding rural households) by nature of construction

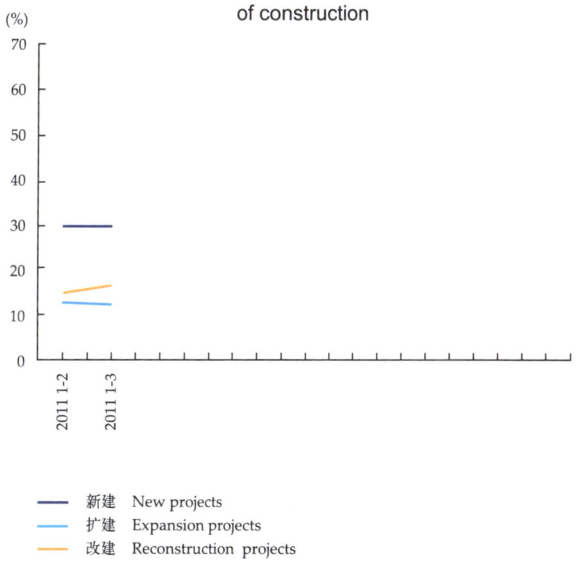

按隶属关系分固定资产投资（不含农户）累计完成额及增长率

Composition of monthly accumulated completed investment in fixed assets (excluding rural households) and growth rate by sponsor

年/月 Year/Month	绝对值(亿元) Absolute value (RMB 100 million yuan)		增长率(%) Growth rate (%)	
	中央项目 Central government projects	地方项目 Local government projects	中央项目 Central government projects	地方项目 Local government projects
	—	—	—	—
2011 1-2	1 385	16 060	6.3	26.9
2011 1-3	2 540	36 925	3.0	26.8

按隶属关系分固定资产投资（不含农户）完成额

Completed investment in fixed assets (excluding rural households) by administrative relationship

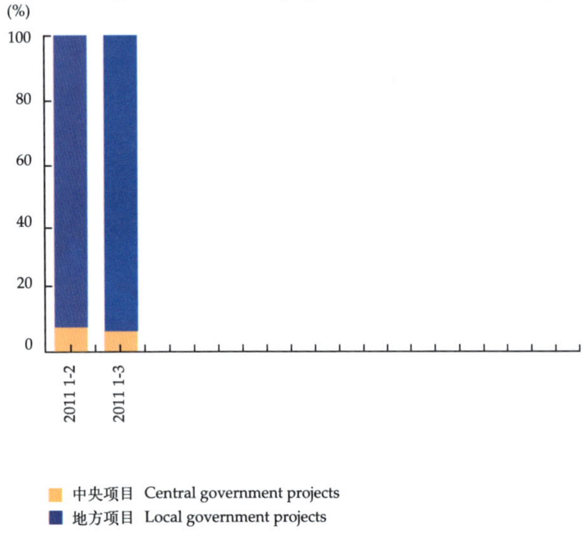

按隶属关系分固定资产投资（不含农户）完成额增长趋势

Growth of monthly accumulated completed investment in fixed assets (excluding rural households) by administrative relationship

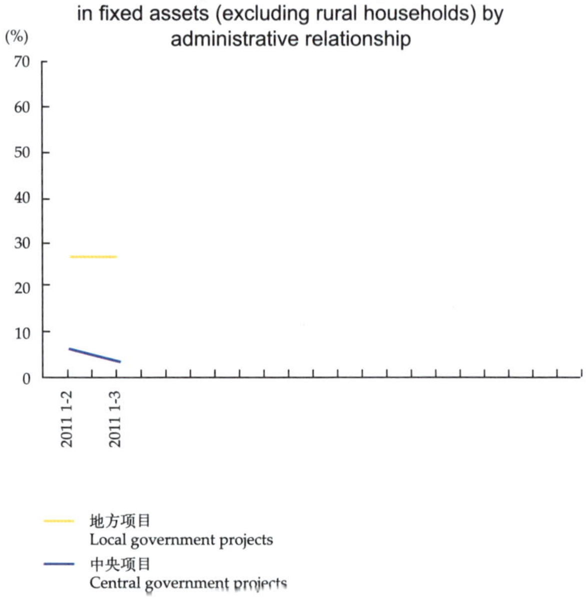

固定资产投资月度累计新开工项目数
Number of monthly accumulated urban newly started projects of fixed-asset investment

单位：万个　Unit: 10 000

	2007	2008	2009	2010	2011
1月 Jan.	—	—	—	—	—
2月 Feb.	1.01	1.45	1.85	1.85	1.72
3月 Mar.	3.11	3.85	5.29	5.88	5.33
4月 Apr.	5.17	5.97	8.64	8.52	
5月 May	7.47	8.44	12.39	11.81	
6月 Jun.	11.04	12.30	17.61	17.52	
7月 Jul.	13.21	14.45	20.57	20.48	
8月 Aug.	14.98	16.57	23.49	23.23	
9月 Sept.	17.01	19.07	26.93	25.68	
10月 Oct.	19.11	20.81	29.34	28.03	
11月 Nov.	21.11	22.88	31.70	30.19	
12月 Dec.	23.19	25.26	34.48	33.00	

注：自2011年起，固定资产投资等于原口径的城镇固定资产投资加上农村企事业组织项目投资（不含农户）。
Note: Since 2011, "investment in fixed assets" equils to "investment in fixed assets in urban area" under the old creteria plus "investment of rural enterprises and institutions(excluding rural households)".

固定资产投资月度累计施工项目数
Number of monthly accumulated urban under-construction projects of fixed-asset investment

单位：万个　Unit: 10 000

	2007	2008	2009	2010	2011
1月 Jan.	—	—	—	—	—
2月 Feb.	5.55	6.74	7.87	9.28	9.81
3月 Mar.	9.29	10.84	12.91	15.37	16.06
4月 Apr.	12.27	13.79	17.25	18.99	
5月 May	15.11	16.85	21.64	23.48	
6月 Jun.	19.32	21.40	27.53	29.93	
7月 Jul.	21.78	23.85	30.89	33.78	
8月 Aug.	23.70	26.10	33.98	36.27	
9月 Sept.	25.91	28.83	37.65	38.95	
10月 Oct.	28.25	30.68	40.22	41.52	
11月 Nov.	30.28	32.90	42.95	43.98	
12月 Dec.	32.77	35.72	46.15	47.19	

固定资产投资月度累计新开工项目数
Number of monthly accumulated newly started projects of fixed-asset investment

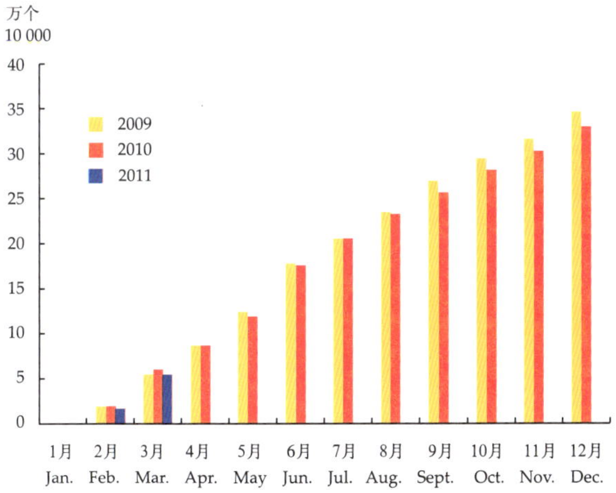

固定资产投资月度累计施工项目数
Number of monthly accumulated under-construction projects of fixed-asset investment

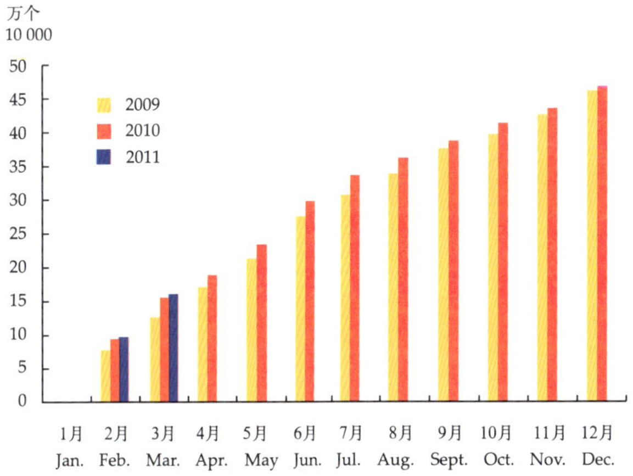

2011年第一季度分省固定资产投资(不含农户)完成额及增长率

Accumulated completed investment in fixed-asset (excluding rural households) and growth rate by province in the first quarter of 2011

单位：亿元　Unit: RMB 100 million yuan

	城镇固定资产投资累计完成额 Monthly accumulated completed urban fixed- asset investment	增长率(%) Growth rate (%)
Zhejiang 浙 江	2 368.2	68.9
Tibet 西 藏	20.2	68.3
Jiangsu 江 苏	5 469.6	60.3
Hainan 海 南	288.6	57.2
Qinghai 青 海	73.4	53.9
Guizhou 贵 州	525.4	47.5
Fujian 福 建	1 553.8	40.8
Jiangxi 江 西	1 090.7	38.5
Chongqing 重 庆	1 073.3	38.3
Gansu 甘 肃	267.3	36.5
Anhui 安 徽	2 077.2	35.7
Hunan 湖 南	1 351.7	35.5
Hubei 湖 北	1 753.2	32.1
Guangdong 广 东	2 434.2	31.8
Liaoning 辽 宁	1 290.3	31.2
Sichuan 四 川	2 653.5	29.0
Henan 河 南	1 966.7	28.2
Shandong 山 东	3 471.8	27.4
Ningxia 宁 夏	100.6	26.5
Yunnan 云 南	917.4	26.2
Shaanxi 陕 西	451.7	26.0
Tianjin 天 津	1 054.7	20.1
Inner Mongolia 内蒙古	438.0	19.0
Xinjiang 新 疆	185.0	18.2
Shanxi 山 西	950.4	17.2
Guangxi 广 西	1 118.7	15.7
Beijing 北 京	762.3	14.8
Hebei 河 北	1 774.7	5.5
Heilongjiang 黑龙江	146.8	3.4
Jilin 吉 林	210.7	-4.5
Shanghai 上 海	904.8	-5.2

2011年第一季度分省固定资产投资(不含农户)完成额及增长率

Accumulated completed investment in fixed-asset (excluding rural households) and growth rate by province in the first quarter of 2011

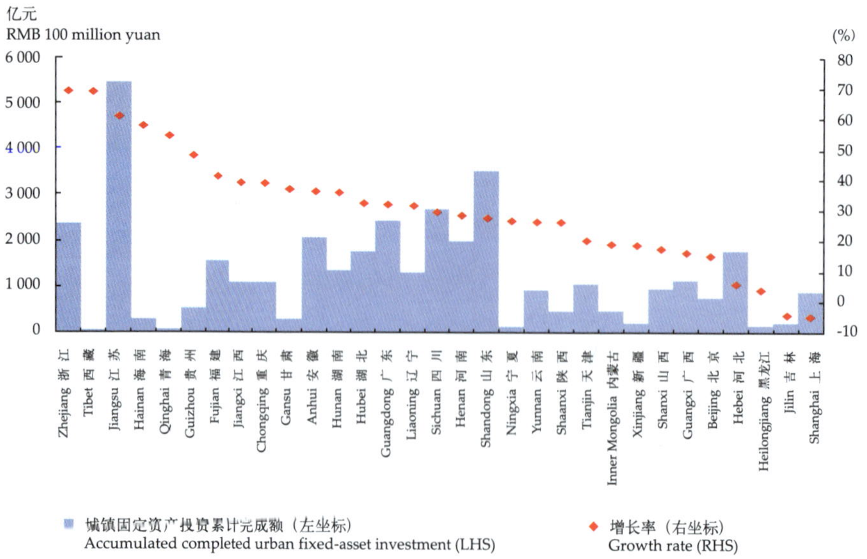

4.房地产
(4) Real estate development

房地产开发投资按工程用途分的完成额及增长率
Real estate development investment completed and growth rate by purpose of engineering

单位：亿元　Unit: RMB 100 million yuan

年/月 Year/Month	房地产开发投资完成额 Real estate development investment completed		按工程用途分 By purpose of engineering							
			住宅投资 Residential building investment		办公楼投资 Office building investment		商业用房投资 Commercial and business building investment		其他投资 Other investment	
	绝对值 Absolute value	增长率(%) Growth rate (%)	绝对值 Absolute value	增长率(%) Growth rate (%)	绝对值 Absolute value	增长率(%) Growth rate (%)	绝对值 Absolute value	增长率(%) Growth rate (%)	绝对值 Absolute value	增长率(%) Growth rate (%)
2009.07	17 392	9.5	12 426	8.2	662	24.0	2 054	28.2	2 250	-0.5
2009.08	20 741	12.5	14 845	10.9	805	28.9	2 451	31.8	2 640	3.1
2009.09	24 560	15.4	17 578	13.3	956	33.3	2 900	34.5	3 125	7.9
2009.10	27 887	16.6	19 949	14.1	1 085	33.0	3 269	35.2	3 585	12.0
2009.11	31 271	17.8	22 369	15.7	1 205	30.5	3 647	35.3	4 050	12.7
2009.12	36 232	16.1	25 619	14.2	1 378	18.1	4 172	24.4	5 063	19.4
2010.01	—	—	—	—	—	—	—	—	—	—
2010.02	3 144	31.1	2 233	32.8	149	32.2	371	30.4	391	22.5
2010.03	6 594	35.1	4 552	33.0	303	43.6	755	30.6	985	47.1
2010.04	9 932	36.2	6 854	34.0	447	54.2	1 148	32.1	1 483	45.8
2010.05	13 917	38.2	9 643	35.7	591	53.0	1 612	35.0	2 071	49.8
2010.06	19 747	38.1	13 692	34.4	846	59.7	2 271	34.5	2 938	55.5
2010.07	23 865	37.2	16 709	34.5	983	48.4	2 779	35.3	3 395	50.9
2010.08	28 355	36.7	19 876	33.9	1 134	40.8	3 291	34.3	4 054	53.6
2010.09	33 511	36.4	23 512	33.8	1 300	36.0	3 865	33.3	4 834	54.6
2010.10	38 070	36.5	26 683	33.8	1 447	33.4	4 375	33.9	5 564	55.2
2010.11	42 697	36.5	30 022	34.2	1 616	34.1	4 898	34.3	6 161	52.1
2010.12	48 267	33.2	34 038	32.9	1 807	31.2	5 599	33.9	6 824	34.6
2011.01	—	—	—	—	—	—	—	—	—	—
2011.02	4 250	35.2	3 014	34.9	193	29.6	507	36.7	537	37.4
2011.03	8 846	34.1	6 253	37.4	361	19.1	1 058	40.2	1 174	19.2

房地产开发投资按工程用途分的构成变化
Change in composition of real estate development investment by purpose of engineering

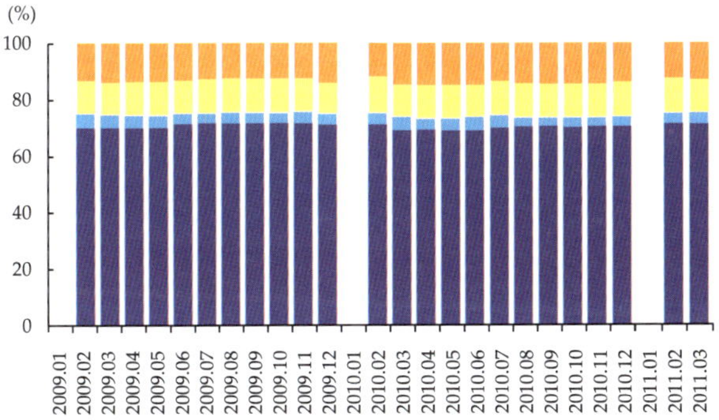

- 其他投资　Other investment
- 商业用房投资　Commercial and business building investment
- 办公楼投资　Office building investment
- 住宅投资　Residential building investment

房地产开发投资按工程用途分的增长趋势
Growth of composition of real estate development investment by purpose of engineering

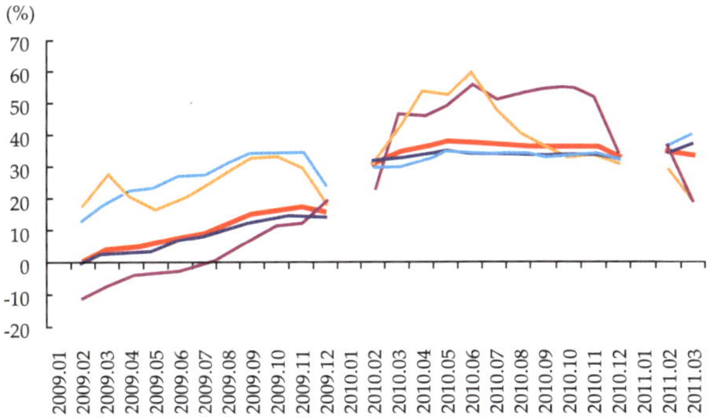

- 房地产开发投资完成额　Real estate development investment completed
- 住宅投资　Residential building investment
- 办公楼投资　Office building investment
- 商业用房投资　Commercial and business building investment
- 其他投资　Other investment

房地产开发投资按地区分的完成额及增长率
Real estate development investment completed and growth rate by region

单位：亿元 Unit: RMB 100 million yuan

年/月 Year/Month	东部地区投资 Investment in eastern area		中部地区投资 Investment in central area		西部地区投资 Investment in western area	
	绝对值 Absolute value	增长率(%) Growth rate (%)	绝对值 Absolute value	增长率(%) Growth rate (%)	绝对值 Absolute value	增长率(%) Growth rate (%)
2009.07	10 222	7.1	3 693	15.1	3 477	11.0
2009.08	12 125	10.3	4 462	18.2	4 154	13.4
2009.09	14 253	12.9	5 357	21.1	4 950	17.1
2009.10	16 123	13.5	6 118	23.3	5 645	18.9
2009.11	18 074	14.0	6 832	26.3	6 365	20.4
2009.12	21 101	15.1	7 938	26.3	7 192	20.5
2010.01	—	—	—	—	—	—
2010.02	2 020	29.4	551	31.9	572	36.4
2010.03	4 164	35.8	1 183	28.2	1 248	40.1
2010.04	6 117	37.3	1 866	30.2	1 949	39.1
2010.05	8 564	41.1	2 678	32.3	2 675	35.7
2010.06	11 860	40.3	3 989	33.2	3 898	37.0
2010.07	14 188	38.8	4 915	33.1	4 762	37.0
2010.08	16 742	38.1	5 910	32.5	5 704	37.3
2010.09	19 711	38.3	7 077	32.1	6 723	35.8
2010.10	22 293	38.3	8 113	32.6	7 664	35.8
2010.11	24 907	37.8	9 094	33.1	8 696	36.6
2010.12	28 009	32.7	10 517	32.5	9 741	35.4
2011.01	—	—	—	—	—	—
2011.02	2 641	30.7	770	39.7	840	46.8
2011.03	5 465	31.2	1 647	39.3	1 735	39.0

房地产开发投资按地区分的构成变化
Change in composition of real estate development investment by region

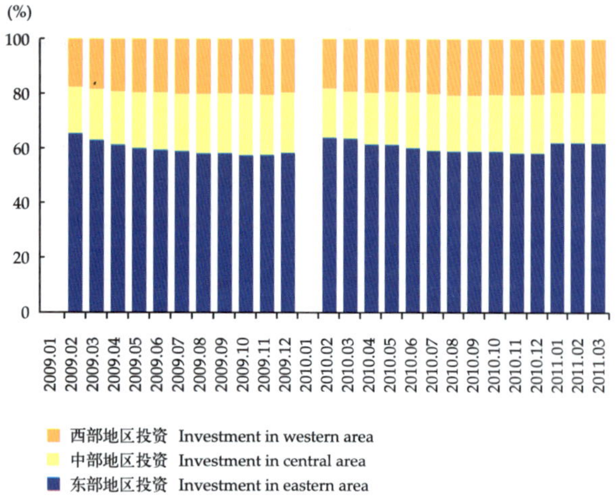

房地产开发投资按地区分的增长趋势
Growth of composition of real estate development investment by region

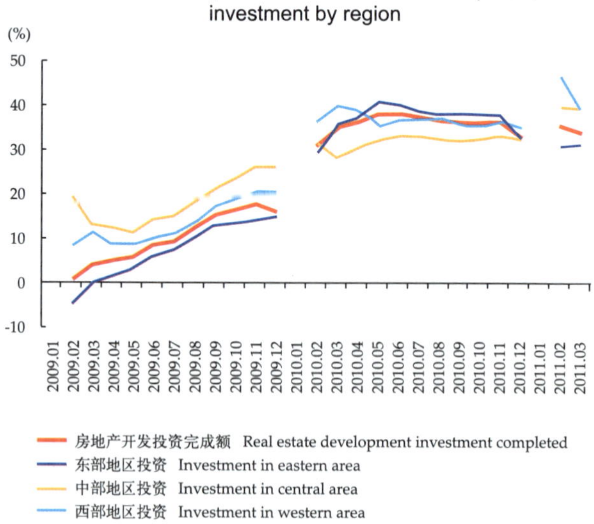

商品房建筑与销售
Construction and sales of commercial buildings

单位：亿平方米，亿元
Unit: 100 million square meters, RMB 100 million yuan

年/月 Year/Month	施工面积 Area under construction	同比增长(%) YOY growth(%)	竣工面积 Area completed	同比增长(%) YOY growth(%)	销售面积 Area sold	同比增长(%) YOY growth(%)	销售面积与竣工面积之比 Ratio of sold to completed areas	月度累计销售额 Monthly accumulated sales volume	增长率(%) Growth rate (%)
2009.10	28.8	16.4	3.8	22.7	6.6	48.4	176	31 529	79.2
2009.11	29.9	17.2	4.4	26.1	7.5	53.0	170	35 987	86.8
2009.12	32.0	12.8	7.0	5.5	9.4	42.1	133	43 995	75.5
2010.01	—	—	—	—	—	—	—	—	—
2010.02	21.0	29.3	0.6	8.2	0.7	38.2	117	4 116	70.2
2010.03	24.2	35.5	1.1	12.0	1.5	35.8	138	7 977	57.7
2010.04	26.5	31.7	1.5	13.5	2.3	32.8	156	12 425	55.4
2010.05	28.5	30.5	1.9	18.1	3.0	22.5	158	15 760	38.4
2010.06	30.8	28.7	2.4	18.2	3.9	15.4	161	19 820	25.4
2010.07	32.4	29.4	2.9	12.6	4.6	9.7	160	22 886	16.8
2010.08	33.9	29.1	3.2	10.7	5.3	6.7	163	26 418	12.6
2010.09	35.5	28.1	3.7	10.4	6.3	8.2	171	31 917	15.9
2010.10	37.0	28.3	4.2	11.4	7.2	9.1	173	36 992	17.3
2010.11	38.4	28.6	4.8	9.6	8.3	9.8	170	42 278	17.5
2010.12	40.6	26.9	7.6	8.2	10.4	11.3	137	52 479	19.3
2011.01	—	—	—	—	—	—	—	—	—
2011.02	29.1	39.0	0.7	13.9	0.8	13.8	117	5 242	27.4
2011.03	32.7	35.2	1.3	15.4	1.8	14.9	137	10 152	27.3

商品房施工面积、竣工面积与销售面积
Area of commercial housing under construction, completed, and sold

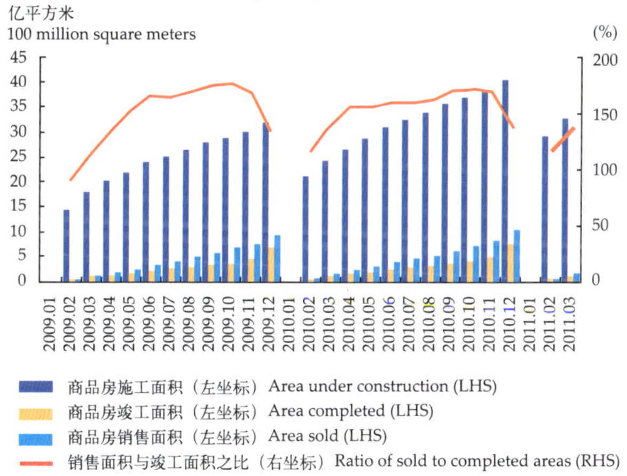

商品房施工面积、竣工面积与销售面积增长趋势
Growth of area of commercial housing under construction, completed, and sold

商品房销售额及其增长率
Sales volume of commercial housing and its growth rate

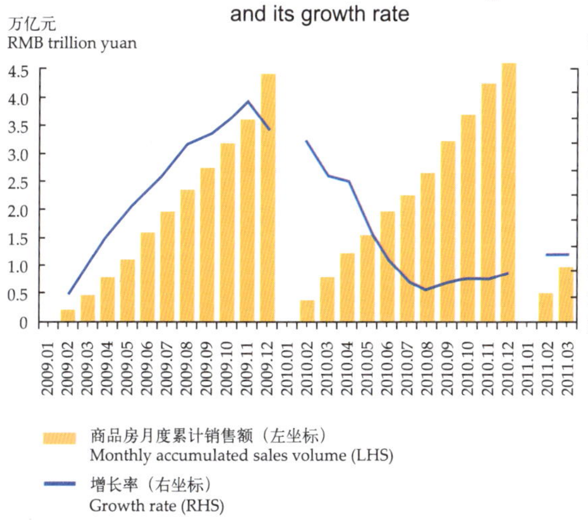

住宅在商品房施工面积、竣工面积与销售面积中所占的比重
Share of residences in commercial housing under construction, completed, and sold

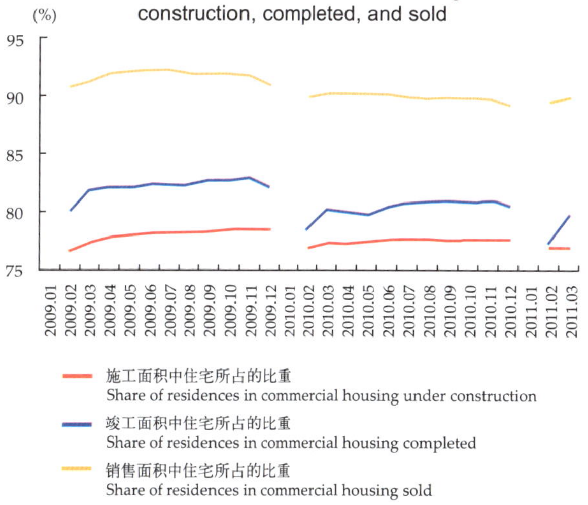

主要经济指标环比增速
M/M of primary economary indics

年/季 Year/Quarter	国内生产总值 Gross domestic product (%)	年/月 Year/Month		规模以上工业增加值 Value added of industry (%)	固定资产投资（不含农户） Completed investment in fixed assets（excluding rural households）(%)	社会消费品零售总额 Retail sales of consumer goods (%)
2011		2011	1			
			2	0.94	1.43	1.31
I	2.1		3	1.13	0.9	1.29
			4			
			5			
II			6			
			7			
			8			
III			9			
			10			
			11			
IV			12			

注：自2011年4月起，国家统计局对外公布国内生产总值、规模以上工业增加值、固定资产投资（不含农户）、社会消费品零售总额四项统计指标的经季节调整的环比数据。
Note: Strating from April 2011, National Bureau of Statistics began to pubilshed four seasonlly-adjusted MOM indices, namely: gross domestic product, value added of industry, completed investment in fixed assets（excluding rural households）, retail sales of consumer goods.

五、对外部门
5. External Sector

1.外贸
(1)Foreign trade

据世界贸易组织统计，2009年，我国货物贸易出口总值为12 020亿美元，占世界货物贸易出口总值12.46万亿美元的9.6%，比2008年上升了0.5个百分点，在全球货物贸易出口排名中位居第一位。2009年，我国货物贸易进口总值为10 060亿美元，占世界货物贸易进口总值12.65万亿美元的8.0%，比2008年提高了1个百分点，在全球货物贸易进口排名中位居第二位，位于美国之后。

According to WTO statistics, in 2009 China's export volume of goods totaled USD1,202 billion, and its share in the world total of USD12.46 trillion rose by 0.5 percentage point to 9.6 percent, ranking 1st in the world. China's import volume of goods reached USD1,006 billion, accounting for 8.0 percent of the world total of USD12.65 trillion, 1 percentage point higher than that in 2008. China ranks 2nd in the world after the U.S. in terms of goods imports.

2009年世界货物贸易出口前十位排名
Top ten economies in the world in terms of goods exported in 2009

			出口(10亿美元) Exports (USD billion)	比重(%) Share (%)
	世界	**World total**	**12 461**	**100.0**
1	**中国**	**China**	**1 202**	**9.6**
2	德国	Germany	1 121	9.0
3	美国	U.S.	1 057	8.5
4	日本	Japan	581	4.7
5	荷兰	Netherlands	499	4.0
6	法国	France	475	3.8
7	意大利	Italy	405	3.3
8	比利时	Belgium	370	3.0
9	韩国	Korea	364	2.9
10	英国	U.K.	351	2.8

2009年世界货物贸易进口前十位排名
Top ten economies in the world in terms of goods imported in 2009

			进口(10亿美元) Imports (USD billion)	比重(%) Share (%)
	世界	**World total**	**12 647**	**100.0**
1	美国	U.S.	1 604	12.7
2	**中国**	**China**	**1 006**	**8.0**
3	德国	Germany	931	7.4
4	法国	France	551	4.4
5	日本	Japan	551	4.4
6	英国	U.K.	480	3.8
7	荷兰	Netherlands	446	3.5
8	意大利	Italy	410	3.2
9	中国香港	HK SAR of China	353	2.8
10	比利时	Belgium	351	2.8

年度进出口额及其增长率
Annual imports & exports and their growth rates

单位：亿美元
Unit: USD 100 million

年 Year	进出口 Imports & Exports		出口 Exports		进口 Imports		进出口差额 Trade balance
	总额 Total value	增长率(%) Growth rate (%)	总额 Total value	增长率(%) Growth rate (%)	总额 Total value	增长率(%) Growth rate (%)	
1978	206	—	98	—	109	—	-11
1979	293	42.1	137	40.1	157	43.9	-20
1980	381	30.0	181	32.7	200	27.8	-19
1981	440	15.4	220	21.5	220	10.0	0
1982	416	-5.5	223	1.4	193	-12.4	30
1983	436	4.8	222	-0.4	214	10.9	8
1984	535	22.8	261	17.6	274	28.1	-13
1985	696	30.0	274	4.6	423	54.1	-149
1986	738	6.1	309	13.1	429	1.6	-120
1987	827	11.9	394	27.5	432	0.7	-38
1988	1 028	24.4	475	20.5	553	27.9	-78
1989	1 117	8.7	525	10.6	591	7.0	-66
1990	1 154	3.4	621	18.2	533	-9.8	87
1991	1 357	17.6	719	15.8	638	19.6	81
1992	1 655	22.0	849	18.1	806	26.3	44
1993	1 957	18.2	917	8.0	1 040	29.0	-122
1994	2 366	20.9	1 210	31.9	1 156	11.2	54
1995	2 809	18.7	1 488	23.0	1 321	14.2	167
1996	2 899	3.2	1 510	1.5	1 388	5.1	122
1997	3 252	12.2	1 828	21.0	1 424	2.5	404
1998	3 239	-0.4	1 837	0.5	1 402	-1.5	435
1999	3 606	11.3	1 949	6.1	1 657	18.2	292
2000	4 743	31.5	2 492	27.8	2 251	35.8	241
2001	5 097	7.5	2 661	6.8	2 436	8.2	225
2002	6 208	21.8	3 256	22.4	2 952	21.2	304
2003	8 510	37.1	4 382	34.6	4 128	39.8	255
2004	11 546	35.7	5 933	35.4	5 612	36.0	321
2005	14 219	23.2	7 620	28.4	6 600	17.6	1 020
2006	17 604	23.8	9 689	27.2	7 915	19.9	1 775
2007	21 766	23.6	12 205	25.9	9 561	20.8	2 643
2008	25 633	17.8	14 307	17.3	11 326	18.5	2 981
2009	22 072	-13.9	12 017	-16.0	10 056	-11.2	1 961
2010	29 726	34.7	15 781	31.3	13 945	38.6	1 836

出口总值与GDP之比
Total exports over GDP

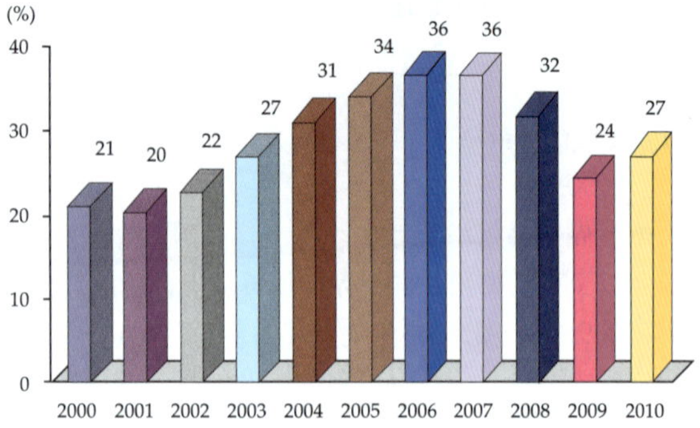

注：图中数据根据国家统计局最新数据修订。
Note: Data are revised by National Bureau of Statistics of China.

贸易差额
Trade balance

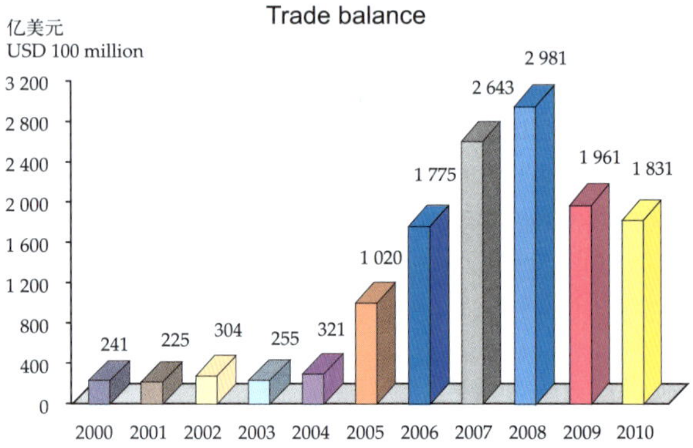

贸易总额及其增长趋势
Total trade volume and their growth

贸易总额与GDP之比
Total trade volume over GDP

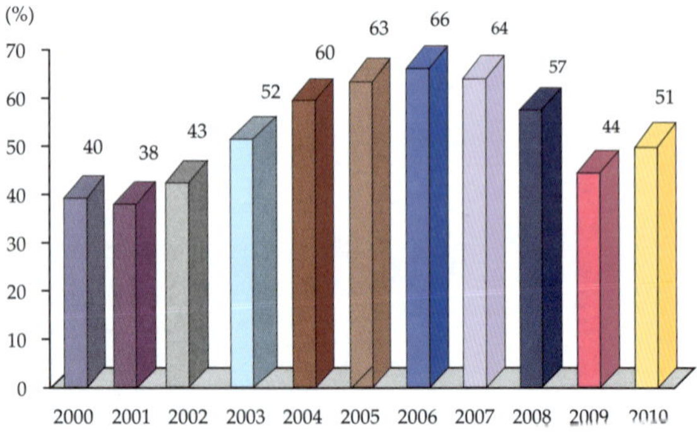

注：图中数据根据国家统计局最新数据修订。
Note: Data are revised by National Bureau of Statistics of China.

当月进出口总值及其增长率
Total monthly imports, exports, and their growth rates

单位：亿美元
Unit: USD 100 million

年/月 Year/Month	出口总值 Total exports	进口总值 Total imports	出口同比增长率(%) Growth rate of exports (YOY)(%)	进口同比增长率(%) Growth rate of imports (YOY)(%)	当月差额 Monthly trade balance
2009.07	1 054	950	-23.0	-14.7	103
2009.08	1 037	881	-23.4	-16.9	156
2009.09	1 159	1 031	-15.3	-3.5	128
2009.10	1 108	868	-13.8	-6.4	240
2009.11	1 137	946	-1.2	26.7	191
2009.12	1 307	1 123	17.7	55.9	184
2010.01	1 095	953	21.0	85.5	142
2010.02	945	869	45.7	44.7	76
2010.03	1 121	1 193	24.3	66.0	-72
2010.04	1 199	1 182	30.5	49.7	17
2010.05	1 318	1 122	48.5	48.3	195
2010.06	1 374	1 174	43.9	34.1	200
2010.07	1 455	1 168	38.1	22.7	287
2010.08	1 393	1 193	34.4	35.2	200
2010.09	1 450	1 281	25.1	24.1	169
2010.10	1 360	1 088	22.9	25.3	271
2010.11	1 533	1 304	34.9	37.7	229
2010.12	1 541	1 411	17.9	25.6	131
2011.01	1 507	1 443	37.7	51.0	65
2011.02	967	1 041	2.4	19.5	-73
2011.03	1 522	1 521	35.8	27.3	1

月度累计进出口总值及其增长率
Total accumulated monthly imports,exports, and their growth rates

单位：亿美元
Unit: USD 100 million

年/月 Year/Month	累计出口总值 Accumulated total exports	累计进口总值 Accumulated total imports	累计出口同比增长率(%) Growth rate of accumulated exports (YOY) (%)	累计进口同比增长率(%) Growth rate of accumulated imports (YOY) (%)	累计贸易差额 Accumulated trade balance
2009.07	6 270	5 205	-22.0	-23.5	1 065
2009.08	7 307	6 086	-22.2	-22.6	1 221
2009.09	8 466	7 117	-21.3	-20.3	1 349
2009.10	9 574	7 981	-20.5	-19.0	1 592
2009.11	10 710	8 930	-18.8	-15.8	1 780
2009.12	12 017	10 056	-16.0	-11.2	1 961
2010.01	1 095	953	21.0	85.5	142
2010.02	2 041	1 823	31.4	63.6	218
2010.03	3 162	3 017	28.7	64.6	145
2010.04	4 361	4 199	29.2	60.1	161
2010.05	5 677	5 324	33.2	57.5	354
2010.06	7 051	6 498	35.2	52.7	553
2010.07	8 505	7 666	35.6	47.2	839
2010.08	9 897	8 858	35.5	45.5	1 039
2010.09	11 346	10 140	34.0	42.4	1 206
2010.10	12 706	11 228	32.7	40.5	1 478
2010.11	14 238	12 534	33.0	40.3	1 704
2010.12	15 781	13 945	31.3	38.6	1 836
2011.01	1 507	1 443	37.7	51.0	65
2011.02	2 475	2 484	21.3	36.0	-9
2011.03	3 996	4 006	26.5	32.6	-10

当月进出口总值及其增长率
Total monthly imports, exports, and their growth rates

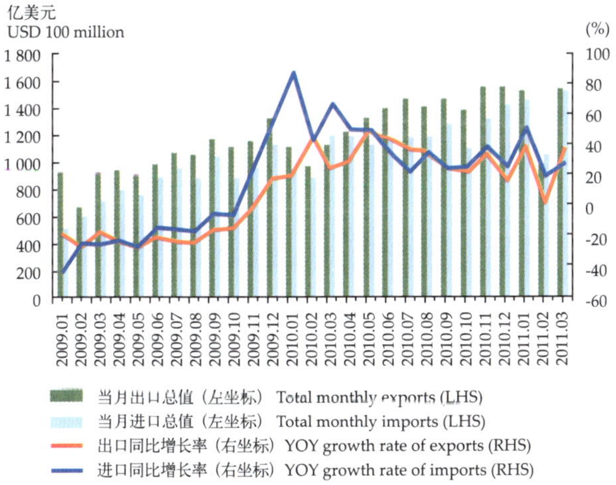

月度累计进出口总值及其增长率
Total accumulated monthly imports, exports, and their growth rates

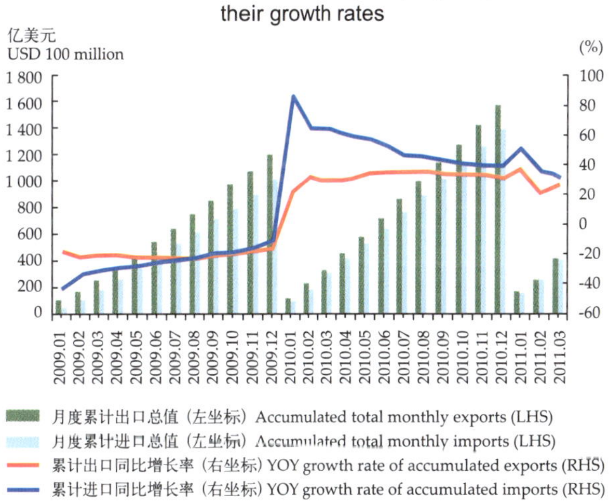

贸易差额月度变动趋势
Movement of monthly trade balance

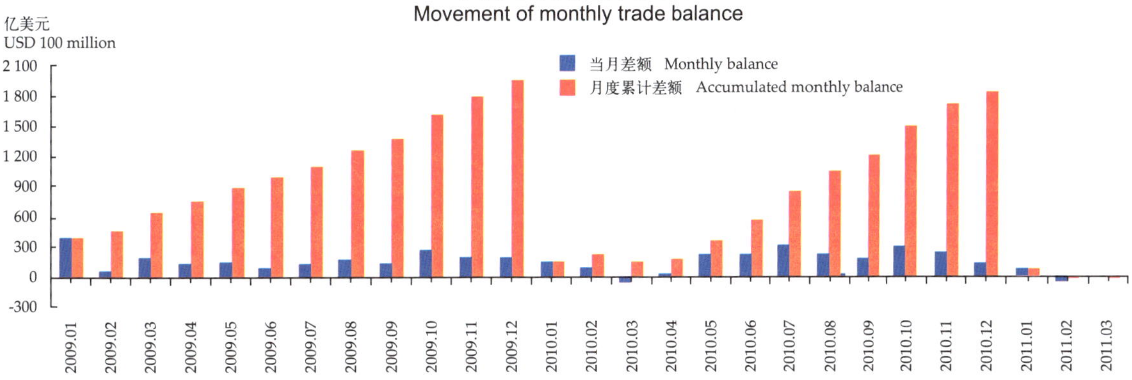

贸易差额构成
Composition of trade balance

单位：亿美元
Unit: USD 100 million

年 Year	贸易差额总计 Total trade balance	一般贸易 General trade	加工贸易 Processing trade	其他贸易 Other trade
1998	435	306	359	-230
1999	292	121	373	-202
2000	241	51	451	-261
2001	226	-16	535	-293
2002	304	71	577	-344
2003	255	-57	789	-477
2004	320	-46	1 063	-697
2005	1 020	354	1 425	-759
2006	1 775	831	1 889	-945
2007	2 643	1 098	2 491	-971
2008	2 981	899	2 968	-912
2009	1 961	-40	2 646	-646
2010	1 831	-473	3 229	-926

注："贸易差额总计"根据《海关统计》月报修正。
Note: "Total trade balance" are revised by *China Monthly Exports and Imports*.

月度累计贸易差额按企业性质分
Accumulated monthly trade balance by enterprise

单位：亿美元
Unit: USD 100 million

年/月 Year/Month	国有企业 State-owned enterprises	外资企业 Foreign-funded enterprises	其他企业 Other enterprises
2009.01	16	179	195
2009.02	-38	235	242
2009.03	-104	359	369
2009.04	-179	437	496
2009.05	-257	524	621
2009.06	-348	582	736
2009.07	-463	666	872
2009.08	-561	771	1 018
2009.09	-670	860	1 165
2009.10	-757	1 025	1 324
2009.11	-857	1 151	1 485
2009.12	-975	1 270	1 665
2010.01	-92	82	152
2010.02	-200	140	278
2010.03	-362	168	339
2010.04	-521	216	466
2010.05	-638	316	676
2010.06	-763	425	891
2010.07	-865	576	1 128
2010.08	-987	688	1 338
2010.09	-1 141	809	1 529
2010.10	-1 233	969	1 741
2010.11	-1 367	1 125	1 946
2010.12	-1 532	1 243	2 120

贸易差额构成
Composition of trade balance

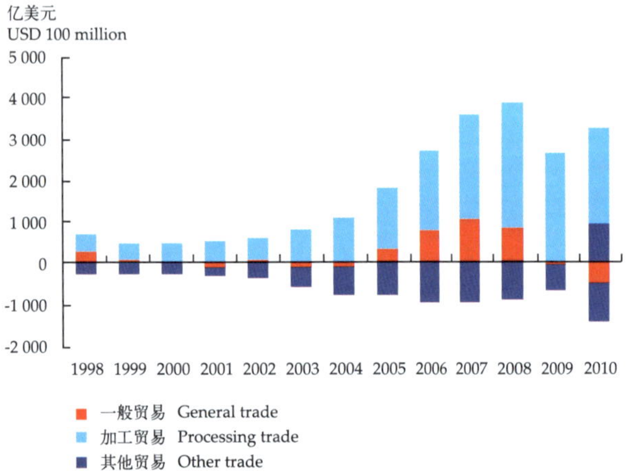

月度累计贸易差额按企业性质分
Accumulated monthly trade balance by enterprise

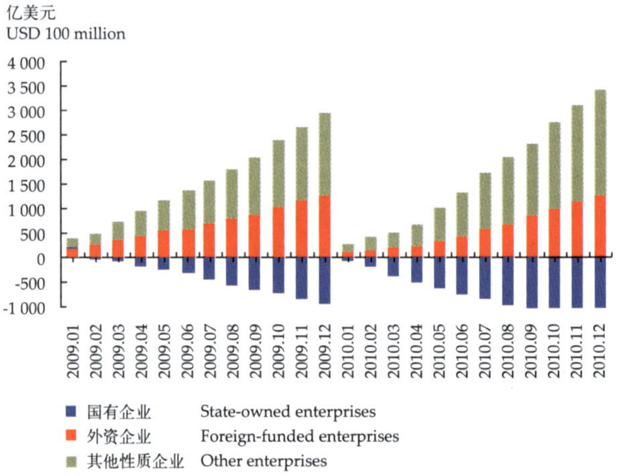

一般贸易累计进出口及其增长率
Accumulated imports and exports under general trade and their growth rates

加工贸易累计进出口及其增长率
Accumulated imports and exports under processing trade and their growth rates

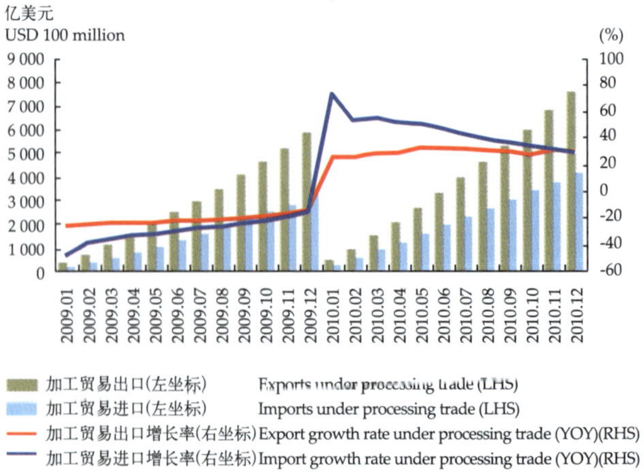

据海关统计，2011年第一季度，欧盟、美国和日本位居我国大陆地区贸易伙伴前三名。欧盟是我国大陆地区最大的出口市场，日本则是最大的进口来源地。我国大陆地区贸易逆差最大的来源地是我国台湾地区，其次为韩国和日本。我国大陆地区贸易顺差最大的来源地是我国香港特别行政区，其次为美国。

According to customs statistics, the EU, the U.S., and Japan were the three largest trading partners of Mainland China in the first quarter of 2011. The EU was the largest export market for Mainland China, and the largest import source is Japan China. The largest surplus trade in bilateral trade with Mainland China was enjoyed first by China Taiwan and then by Korea and Japan. Hong Kong SAR trade deficit with Mainland China was the largest, followed by that of the U.S..

2011年第一季度我国大陆前十位贸易伙伴
Mainland China's top ten trading partners in the first quarter of 2011

		贸易总额(亿美元) Trade volume (USD 100 million)	同比增长(%) YOY growth (%)	占比(%) Share (%)
1 欧盟	EU	1 237	21.9	16.0
2 美国	U.S.	977	8.8	12.2
3 日本	Japan	808	14.1	10.1
4 东盟	ASEAN	793	26.1	9.9
5 香港地区	HK SAR of China	614	1.9	7.7
6 韩国	Korea	564	12.7	7.0
7 中国台湾	China Taiwan	376	12.3	4.7
8 澳大利亚	Australia	265	27.9	3.3
9 印度	India	247	30.2	3.1
10 巴西	Brazil	176	7.8	2.2

2011年第一季度我国大陆前十位出口市场
Mainland China's top ten export markets in the first quarter of 2011

		出口总额(亿美元) Export volume (USD 100 million)	同比增长(%) YOY growth (%)	占比(%) Share (%)
1 欧盟	EU	766	17.2	19.2
2 美国	U.S.	661	21.4	16.5
3 香港地区	HK SAR of China	576	40.5	14.4
4 东盟	ASEAN	364	30.0	9.1
5 日本	Japan	329	28.0	8.2
6 韩国	Korea	193	32.4	4.8
7 印度	India	105	26.4	2.6
8 英国	U.K.	88	12.1	2.2
9 中国台湾	China Taiwan	81	34.3	2.0
10 俄罗斯	Russia	76	45.6	1.9

2011年第一季度我国大陆前十位进口来源地
Mainland China's top ten import sources in the first quarter of 2011

		进口总额(亿美元) Import volume (USD 100 million)	同比增长(%) YOY growth (%)	占比(%) Share (%)
1 日本	Japan	1 768	35.0	12.7
2 欧盟	EU	1 685	31.9	12.1
3 东盟	ASEAN	1 546	44.8	11.1
4 韩国	Korea	1 384	35.0	9.9
5 中国台湾	China Taiwan	1 156	34.9	8.3
6 美国	U.S.	1 021	31.8	7.3
7 澳大利亚	Australia	603	53.8	4.3
8 巴西	Brazil	380	34.4	2.7
9 沙特阿拉伯	Saudi Arabia	329	39.4	2.4
10 俄罗斯	Russia	258	22.3	1.9

2011年第一季度我国大陆前十位贸易顺差来源地
Mainland China's top ten sources of trade surplus in the first quarter of 2011

		顺差额(亿美元) Trade surplus (USD100 million)	同比增长(%) YOY growth (%)
1 香港地区	HK SAR of China	538	40.5
2 美国	U.S.	345	12.2
3 欧盟	EU	294	0.7
4 英国	U.K.	57	4.9
5 印度	India	35	36.9
6 阿联酋	UAE	33	-0.7
7 巴拿马	Panama	30	48.8
8 土耳其	Turkey	28	53.8
9 墨西哥	Mexico	26	19.9
10 孟加拉国	Bangladesh	18	53.1

2011年第一季度我国人陆前十位贸易逆差来源地
Mainland China's top ten sources of trade deficit in the first quarter of 2011

		逆差额(亿美元) Trade deficit (USD100 million)	同比增长(%) YOY growth (%)
1 中国台湾	China Taiwan	215	10.6
2 韩国	Korea	178	10.0
3 日本	Japan	150	22.7
4 澳大利亚	Australia	104	66.6
5 沙特阿拉伯	Saudi Arabia	88	64.8
6 东盟	ASEAN	66	48.1
7 瑞士	Switzerland	63	31.5
8 南非	South Africa	48	7.2
9 安哥拉	Angola	48	-1.4
10 巴西	Brazil	40	180.3

我国大陆对美国进出口及其增长趋势

Mainland China's imports from and exports to the U.S. and their growth

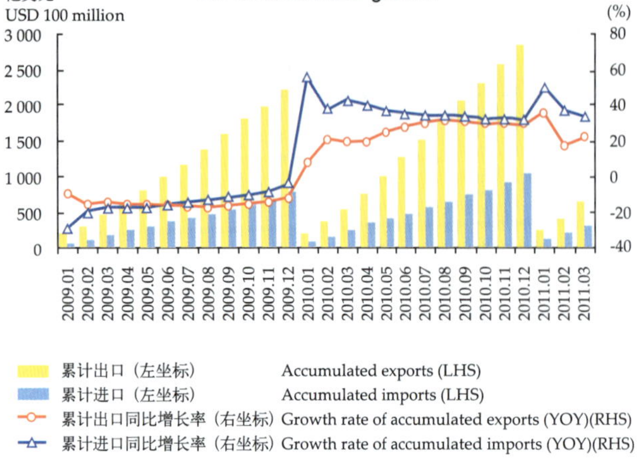

我国大陆对美国贸易总额和贸易差额

Mainland China's trade volume and trade balance with the U.S.

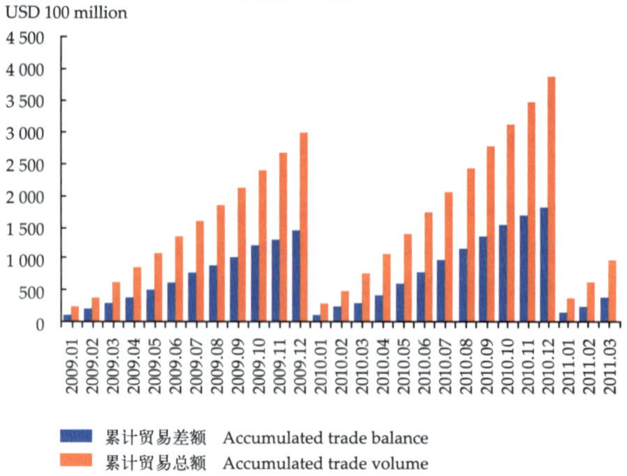

我国大陆对欧盟进出口及其增长趋势

Mainland China's imports from and exports to the EU and their growth

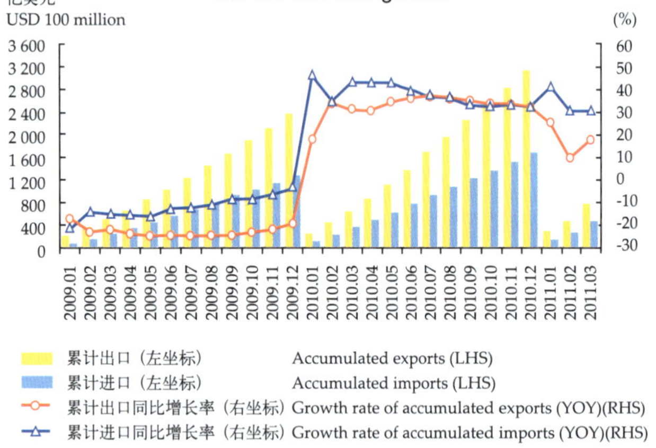

我国大陆对欧盟贸易总额和贸易差额

Mainland China's trade volume and trade balance with the EU

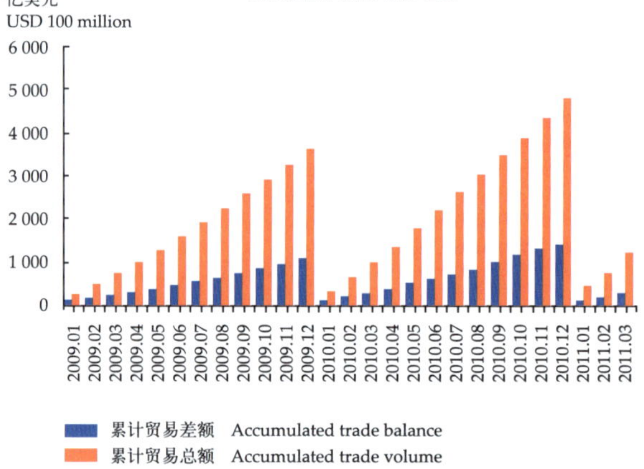

我国大陆对日本进出口及其增长趋势

Mainland China's imports from and exports to Japan and their growth

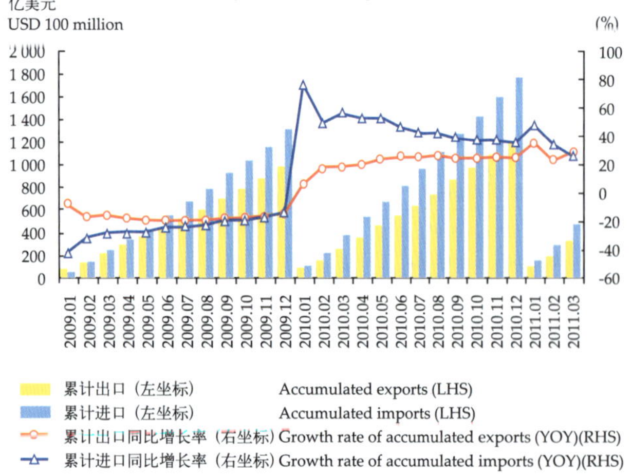

我国大陆对日本贸易总额和贸易差额

Mainland China's trade volume and trade balance with Japan

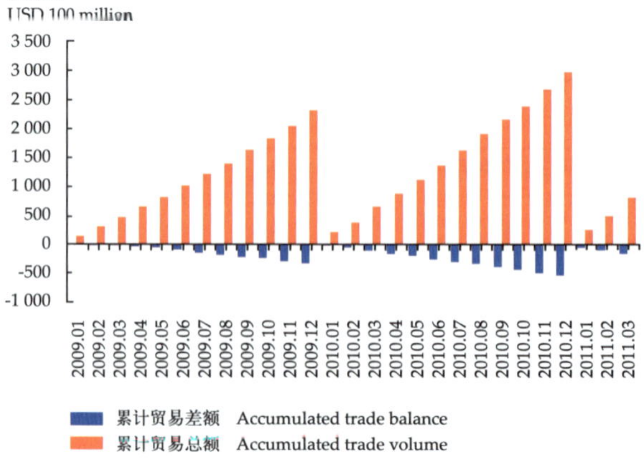

我国大陆对东盟进出口及其增长趋势
Mainland China's imports from and exports to ASEAN and their growth

我国大陆对东盟贸易总额和贸易差额
Mainland China's trade volume and trade balance with ASEAN

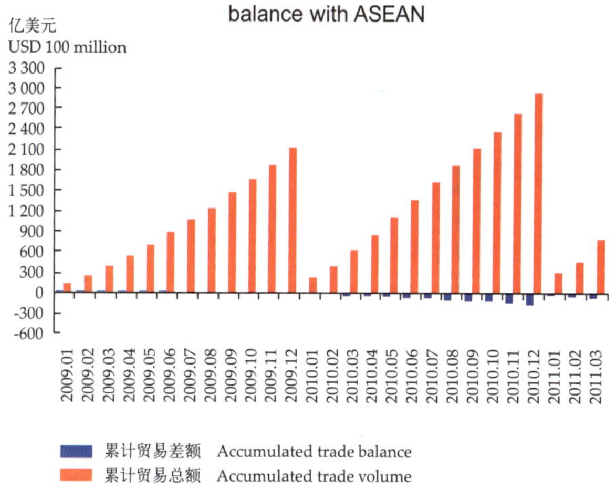

我国大陆对我国香港地区进出口及其增长趋势
Mainland China's imports from and exports to Hong Kong SAR of China and their growth

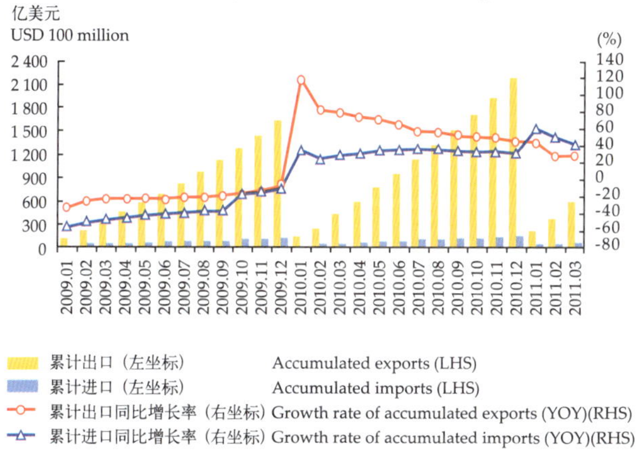

我国大陆对我国香港地区贸易总额和贸易差额
Mainland China's trade volume and trade balance with Hong Kong SAR of China

我国大陆对我国台湾地区进出口及其增长趋势
Mainland China's imports from and exports to China Taiwan and their growth

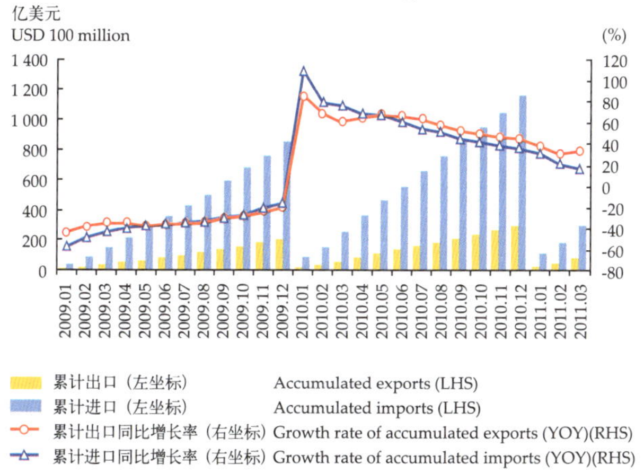

我国大陆对我国台湾地区贸易总额和贸易差额
Mainland China's trade volume and trade balance with China Taiwan

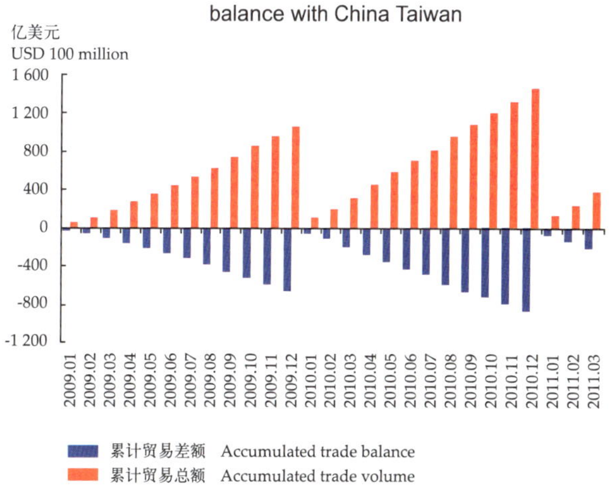

2.外资
(2) Foreign investment

据联合国贸易与发展会议2010年7月发布的《2009年世界投资报告》，中国以950亿美元流入量成为2009年全球发展中国家中第二大外国直接投资接受国，该报告指出：2009年全球外国直接投资流入量为1.1万亿美元，较上年下降37%。

另据商务部统计，2010年，新批设立外商投资企业27 406家，实际使用外资金额1 057亿美元。

According to the UNCTAD's *World Investment Report 2009* published in July 2010, China became the world's number 2 recipient of foreign direct investment (FDI) among developing countries in 2009, with capital inflows of USD95.0 billion. It is pointed out in the report that global FDI inflows decreased by 37% to USD1.1 trillion in 2009.

According to statistics of the Ministry of Commerce, in 2010, 27,406 foreign-invested enterprises were approved for incorporation in China, with actual utilized FDI reaching USD 105.7 billion.

实际利用外商直接投资及其增长趋势
Actual utilized foreign direct investments and its growth

单位：亿美元
Unit: USD 100 million

年 Year	绝对值 Absolute value	增长率(%) Growth rates (%)
1985	19.6	37.8
1986	22.4	14.7
1987	23.1	3.1
1988	31.9	38.0
1989	34.9	9.3
1990	33.9	-2.9
1991	43.7	28.7
1992	110.1	152.1
1993	275.2	150.0
1994	337.7	22.7
1995	375.2	11.1
1996	417.3	11.2
1997	452.6	8.5
1998	454.6	0.5
1999	403.2	-11.3
2000	407.2	1.0
2001	468.5	14.9
2002	527.4	12.6
2003	535.1	1.4
2004	606.3	13.3
2005	603.3	-0.5
2006	630.2	4.5
2007	747.7	13.6
2008	924.0	23.6
2009	900.3	-2.6
2010	1 057.0	17.4

实际利用外商直接投资及其增长率
Actual utilized foreign direct investments and their growth rates

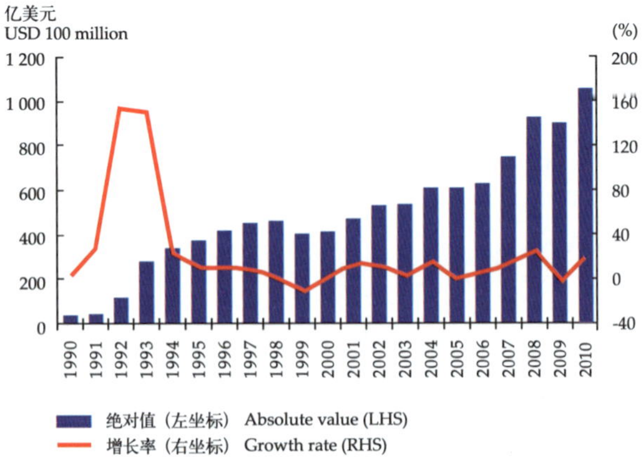

月度累计实际外商直接投资
Accumulated utilized FDI on a monthly basis

单位：亿美元
Unit: USD 100 million

年/月 Year/Month	实际外商直接投资累计金额 Accumulated utilized FDI	实际外商直接投资累计同比增长率(%) Growth rate of accumulated utilized FDI(YOY)(%)
2009.01	75	-32.7
2009.02	134	-26.2
2009.03	218	-20.6
2009.04	277	-21.0
2009.05	341	-20.4
2009.06	430	-17.9
2009.07	484	-20.4
2009.08	559	-17.5
2009.09	638	-14.3
2009.10	709	-12.6
2009.11	779	-9.9
2009.12	900	-2.6
2010.01	81	7.8
2010.02	140	4.9
2010.03	234	7.7
2010.04	308	11.3
2010.05	389	14.3
2010.06	514	19.6
2010.07	584	20.6
2010.08	660	18.1
2010.09	743	16.6
2010.10	820	15.7
2010.11	917	17.7
2010.12	1 057	17.4
2011.01	100	23.4
2011.02	178	27.1
2011.03	304	29.5

月度累计实际外商直接投资
Accumulated utilized FDI on a monthly basis

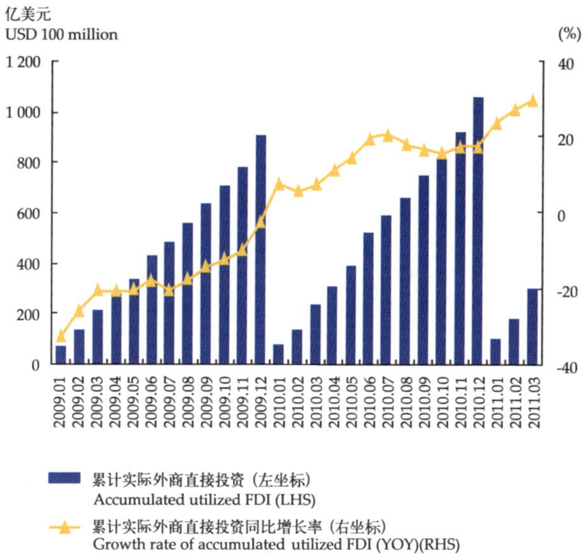

3.国际收支
(3) Balance of payments (BOP)

1995年以来中国国际收支变化趋势
Movement of China's balance of payments since 1995

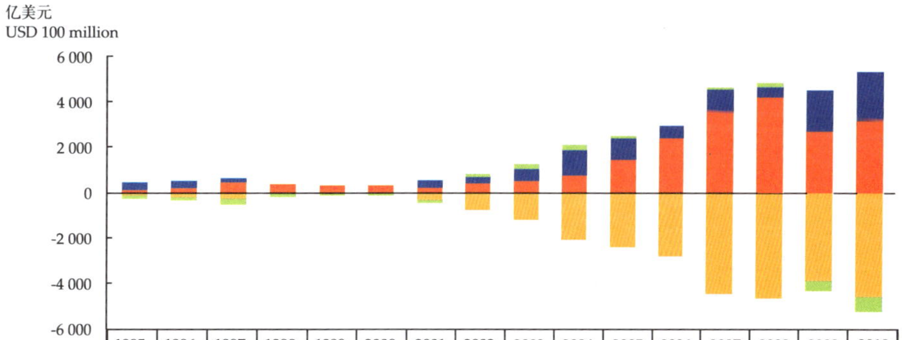

	1995	1996	1997	1998	1999	2000	2001	2002	2003	2004	2005	2006	2007	2008	2009	2010
净误差与遗漏差额 Balance of errors and omissions (net)	-178	-156	-223	-187	-178	-119	-49	78	184	270	-155	-6	116	209	-435	-597
储备资产差额 Balance of reserve assets	-225	-316	-357	-64	-85	-105	-473	-755	-1 170	-2 064	-2 506	-2 848	-4 607	-4 795	-3 984	-4 717
资本和金融项目差额 Balance of capital and financial accounts	387	400	210	-63	52	19	348	323	527	1 107	1 010	526	951	463	1 808	2 260
经常项目差额 Balance of current account	16	72	370	315	211	205	174	354	459	687	1 341	2 327	3 540	4 124	2 611	3 054

注：储备资产的增加用负值表示，储备资产的减少用正值表示。
Note: The increase in the reserve assets is expressed in a negative figure and the decrease in the reserve assets is expressed in a positive figure.

2010年国际收支平衡表简表
BOP sheet in 2010

单位：亿美元
Unit: USD 100 million

项 目	Items	差额 Balance	贷方 Credit	借方 Debit
一、经常项目	**Current account**	3 054	19 468	16 414
A．货物和服务	Goods and services	2 321	17 526	15 206
a.货物	Goods	2 542	15 814	13 272
b.服务	Services	-221	1 712	1 933
B．收益	Yields	304	1 446	1 142
C．经常转移	Current transfers	429	495	66
二、资本和金融项目	**Capital and financial accounts**	2 260	11 080	8 820
A．资本项目	Capital account	46	48	2
B．金融项目	Financial account	2 214	11 032	8 818
1.直接投资	Direct investment	1 249	2 144	894
1.1 我国在外直接投资	FDI outflow	-602	76	678
1.2 外国在华直接投资	FDI inflow	1 851	2 068	217
2.证券投资	Portfolio investment	240	636	395
2.1 资产	Assets	-76	268	345
2.2 负债	Liabilities	317	368	51
3.其他投资	Other investment	724	8 253	7 528
三、储备资产	**Reserve assets**	-4 717	0	4 717
3.1 货币黄金	Monetary gold	0	0	0
3.2 特别提款权	SDRs	-1	0	1
3.3 在国际货币基金组织的储备头寸	Reserve position in IMF	-21	0	21
3.4 外汇	Foreign exchange	-4 696	0	4 696
3.5 其他债权	Other claims	0	0	0
四、净误差与遗漏	**Errors and omissions (net)**	-597	0	597

4.外汇储备

(4) Foreign exchange reserves

外汇储备及其增长率
Foreign exchange reserves and their growth rates

单位：亿美元
Unit: USD 100 million

年/月 Year/Month	外汇储备 Foreign exchange reserves	同比增长率(%) Growth rate (YOY)(%)
2010.01	24 152	26.2
2010.02	24 246	26.8
2010.03	24 471	25.3
2010.04	24 905	24.0
2010.05	24 395	16.8
2010.06	24 543	15.1
2010.07	25 389	16.8
2010.08	25 478	15.2
2010.09	26 483	16.5
2010.10	27 609	18.6
2010.11	27 678	15.9
2010.12	28 473	18.7
2011.01	29 317	21.4
2011.02	29 914	23.4
2011.03	30 447	24.4

外汇储备及其增长率
Foreign exchange reserves and their growth rates

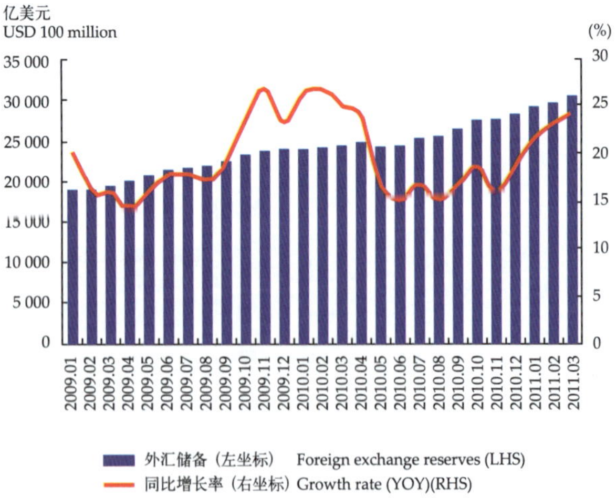

5.外债
(5) External debt

外债余额与外债债务率
Balance and ratio of external debt to foreign exchange income

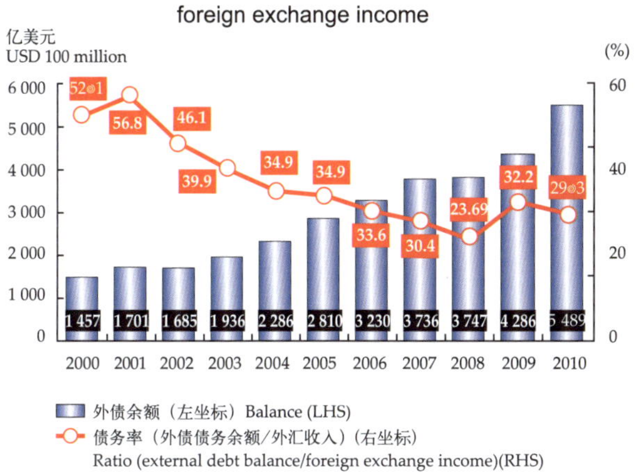

外债余额与外债负债率
Balance and ratio of external debt to GDP

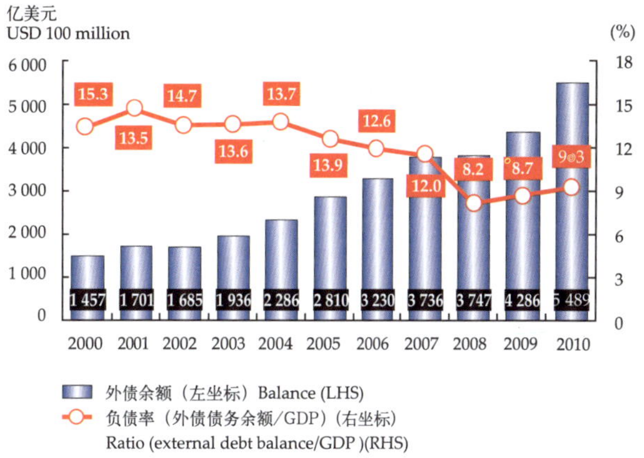

2010年年末外债数据
External debt balance at the end of 2010

单位：亿美元
Unit: USD 100 million

	登记外债 Registered external debt	国务院部委 Government ministries	中资金融机构 Chinese financial institutions	外商投资企业 Foreign investment enterprises	中资企业 Chinese enterprises	境内外资金融机构 Domestic foreign financial institutions	其他 Others	贸易信贷 Trade credit	合计 Total
外债余额 Debt balance	3 377.38	387.94	1 353.33	1 095.76	57.89	481.44	1.02	2 112.00	5 489.38
比重(%) Share (%)	100	11.49	40.07	32.44	1.71	14.25	0.03	—	—

注：2010年，我国新借入中长期外债421.75亿美元，还本271.83亿美元，付息30.07亿美元。
Note: In 2010, China borrowed medium and long-term external debts totaling USD42.175 billion, repaid principal in the amount of USD27.183 billion and interest in the amount of USD3.007 billion.

2010年年末外债债务结构
External debt structure at the end of 2010

短期外债余额占比为68.4%
Balance of short-term external debt accounted for 68.4 percent

中长期外债余额占比为31.6%
Balance of medium and long-term external debt accounted for 31.6 percent

2010年年末，我国外债余额为5 489.38亿美元，其中，中长期外债余额为1 732.43亿美元，占外债余额的31.6%；短期外债余额为3 756.95亿美元，占外债余额的68.4%。
China's outstanding balance of external debt was USD548.938 billion at the end of 2010, among which USD173.243 billion or 31.6 percent was medium and long-term external debt, and USD375.693 billion or 68.4 percent was short-term debt.

六、财政收支与债务
6. Fiscal Revenue, Expenditure and Debt

年度财政收入、财政支出及其增长趋势
Annual budgetary revenue, budgetary expenditure, and their growth

单位：亿元
Unit: RMB 100 million yuan

年 Year	财政收入 Budgetary revenue	财政支出 Budgetary expenditure	财政收入同比增长率(%) Growth rate of budgetary revenue (YOY) (%)	财政支出同比增长率(%) Growth rate of budgetary expenditure (YOY)(%)
1993	4 349	4 642	24.8	24.1
1994	5 218	5 793	20.0	24.8
1995	6 242	6 824	19.6	17.8
1996	7 408	7 938	18.7	16.3
1997	8 651	9 234	16.8	16.3
1998	9 876	10 798	14.2	16.9
1999	11 444	13 188	15.9	22.1
2000	13 395	15 887	17.0	20.5
2001	16 386	18 903	22.3	19.0
2002	18 904	22 053	15.4	16.7
2003	21 715	24 650	14.9	11.8
2004	26 396	28 487	21.6	15.6
2005	31 649	33 930	19.9	19.1
2006	38 760	40 423	22.5	19.1
2007	51 322	49 781	32.4	23.2
2008	61 330	62 593	19.5	25.4
2009	68 518	76 300	11.7	21.9
2010	83 080	89 575	21.3	17.4

注：表中数据根据财政部最新数据修订。
Note: Data are revised by Ministry of Finance People's Republic of China.

月度累计财政收支增长率与收支差额
Monthly growth rates and balance of accumulated fiscal revenue and expenditure

单位：亿元
Unit: RMB 100 million yuan

年/月 Year/Month	财政收入累计同比增长率(%) Growth rate of accumulated fiscal revenue(YOY)(%)	财政支出累计同比增长率(%) Growth rate of accumulated fiscal expenditure(YOY)(%)	累计财政收支总量差额 Balance of accumulated fiscal revenue and expenditure
2009.07	0.5	23.5	6 784
2009.08	2.6	22.7	7 284
2009.09	5.3	24.1	6 316
2009.10	7.5	23.0	8 478
2009.11	9.2	22.7	7 157
2009.12	11.7	21.9	-9 500
2010.01	41.2	-13.2	5 193
2010.02	32.9	7.7	5 198
2010.03	34.0	11.9	5 297
2010.04	34.1	11.3	7 647
2010.05	30.8	14.2	9 778
2010.06	27.6	17.0	9 538
2010.07	25.7	16.9	11 511
2010.08	23.6	19.2	10 716
2010.09	22.4	20.6	8 535
2010.10	21.5	22.3	9 907
2010.11	21.1	27.3	5 148
2010.12	21.3	17.4	-10 000
2011.01	32.8	84.9	5 089
2011.02	36.0	24.7	8 011
2011.03	33.1	26.0	8 072

注：表中数据根据财政部最新数据修订。
Note: Data are revised by Ministry of Finance People's Republic of China.

年度财政收入、财政支出及其增长趋势
Annual budgetary revenue, budgetary expenditure, and their growth

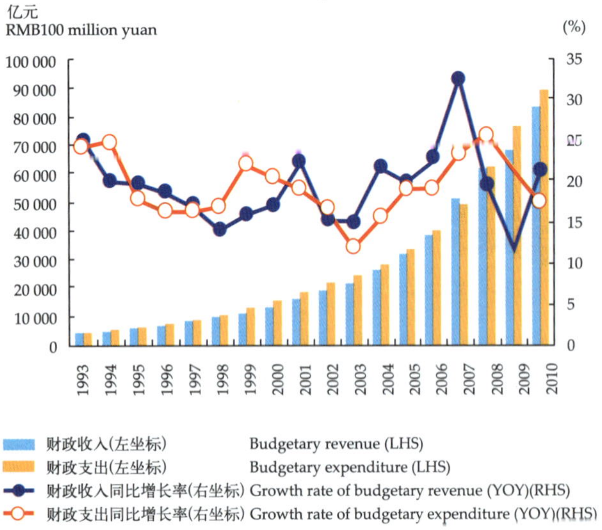

月度累计财政收支增长率与收支差额
Monthly growth rate and balance of accumulated fiscal revenue and expenditure

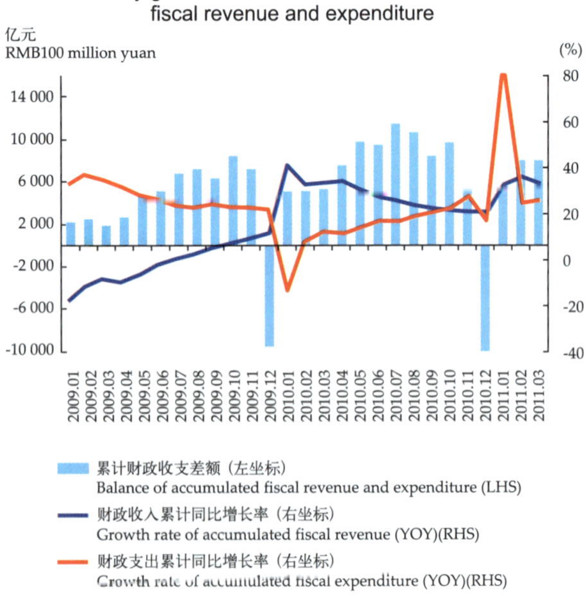

中央财政收支在全部财政收支中所占的比重
Ratio of revenues and expenditures of the central government to total fiscal revenues and expenditures

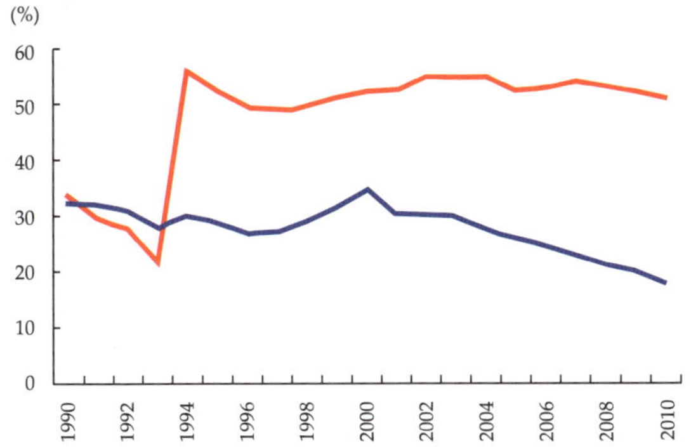

中央财政收入占全部财政收入的百分比
Revenues of central government as a percentage of total fiscal revenues
中央财政支出占全部财政支出的百分比
Expenditures of central government as a percentage of total fiscal expenditures

财政风险
Fiscal risks

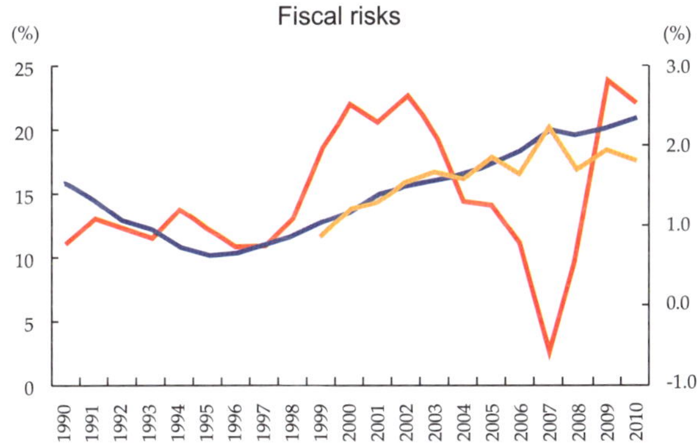

财政赤字/GDP（右坐标）
Fiscal deficit to GDP ratio (RHS)
财政收入/GDP（左坐标）
Fiscal revenue to GDP ratio (LHS)
国债余额/GDP（左坐标）
Outstanding government debt to GDP ratio (LHS)

2011年主要预算指标：

2011年，中央财政预算收入为45 860亿元，比2010年执行数（下同）增长8%。从中央预算稳定调节基金中调入1 500亿元。合计收入总量为47 360亿元。中央财政预算支出总量54 360亿元，增长12.8%。中央财政收支总量相抵，赤字7 000亿元，比上年预算数减少1 500亿元。中央财政国债余额限额77 708.35亿元。

汇总中央预算和地方预算安排，全国财政收入89 720亿元，增长8%，加上从中央预算稳定调节基金调入1 500亿元，可安排的收入总量为91 220亿元；全国财政支出100 220亿元，增长11.9%。全国财政收支差额9 000亿元。

Budgetary targets for 2011:

In 2011, revenue in the central budget will reach RMB4.586 trillion yuan, 8% over the figure for 2010 (here and below). The central budget stabilization fund will contribute RMB150 billion yuan, bringing total revenue to RMB4.736 trillion yuan. Expenditures in the central budget will reach RMB5.436 trillion yuan, an increase of 12.8%. Expenditures in the central budget will exceed revenue, resulting in a deficit of RMB700 billion yuan, an decrease of RMB150 billion yuan than previous year's budget. The limit for the outstanding balance of government bonds issued by the central government will be RMB7.770835 trillion yuan.

Total combined revenue of central and local governments is budgeted at RMB8.972 trillion yuan, an increase of 8%. Adding RMB150 billion yuan from the central budget stabilization fund, total national revenue is projected to reach RMB9.122 trillion yuan. Total national expenditures are budgeted at RMB10.022 trillion yuan, up 11.9%. Total expenditures will exceed total revenue by RMB0.9 trillion yuan.

七、货币银行
7. Money and Banking

1.货币供应量
(1) Money supply

年度M0、M1、M2及其变化趋势
Annual M0, M1, and M2 and their changes

单位：万亿元
Unit: RMB trillion yuan

年 Year	M0	M1	M2	M0同比增长率(%) Growth rate of M0 (YOY)(%)	M1同比增长率(%) Growth rate of M1 (YOY)(%)	M2同比增长率(%) Growth rate of M2 (YOY)(%)
1991	0.6	1.6	3.5	35.3	38.8	37.3
1992	0.7	2.1	4.7	24.3	26.2	34.5
1993	0.8	2.4	6.1	8.2	16.8	29.5
1994	0.9	2.9	7.6	11.6	18.9	25.3
1995	1.0	3.5	9.1	15.6	22.1	19.6
1996	1.1	3.9	10.4	10.1	11.9	14.8
1997	1.3	4.6	12.0	20.1	17.7	14.7
1998	1.5	5.3	13.5	8.9	15.9	12.3
1999	1.6	6.0	15.8	7.1	12.7	17.6
2000	1.7	7.1	18.5	10.1	18.4	16.9
2001	2.0	8.4	22.1	14.3	18.7	19.6
2002	2.1	9.6	25.4	8.7	13.6	14.7
2003	2.4	10.7	29.9	11.9	11.8	17.6
2004	2.7	12.6	34.6	12.7	17.5	17.0
2005	3.0	15.3	40.3	12.2	21.0	16.7
2006	3.4	16.6	47.5	12.7	9.1	17.8
2007	3.8	22.0	60.6	11.8	32.4	27.7
2008	3.4	16.6	47.5	12.7	9.1	17.8
2009	3.8	22.0	60.6	11.8	32.4	27.7
2010	4.5	26.7	72.6	16.7	21.2	19.7

月度M0、M1、M2及其变化趋势
Monthly M0, M1, and M2 and their changes

单位：万亿元
Unit: RMB trillion yuan

年/月 Year/Month	M0	M1	M2	M0同比增长率(%) Growth rate of M0 (YOY)(%)	M1同比增长率(%) Growth rate of M1 (YOY)(%)	M2同比增长率(%) Growth rate of M2 (YOY)(%)
2009.04	3.4	17.8	54.0	11.3	17.5	26.0
2009.05	3.4	18.2	54.8	11.2	18.7	25.7
2009.06	3.4	19.3	56.9	11.5	24.8	28.5
2009.07	3.4	19.6	57.3	11.6	26.4	28.4
2009.08	3.4	20.0	57.7	11.5	27.7	28.5
2009.09	3.7	20.2	58.5	16.0	29.5	29.0
2009.10	3.6	20.8	58.6	14.1	32.0	29.4
2009.11	3.6	21.3	59.5	15.0	34.6	29.7
2009.12	3.8	22.0	60.6	11.8	32.4	27.7
2010.01	4.1	23.0	62.5	-0.8	39.0	26.0
2010.02	4.3	22.4	63.6	22.0	35.0	25.5
2010.03	3.9	22.9	65.0	15.8	29.9	22.5
2010.04	4.0	23.4	65.7	15.8	31.3	21.5
2010.05	3.9	23.6	66.3	15.2	29.9	21.0
2010.06	3.9	24.1	67.4	15.7	24.6	18.5
2010.07	4.0	24.1	67.4	15.5	22.9	17.6
2010.08	4.0	24.4	68.8	16.0	21.9	19.2
2010.09	4.2	24.4	69.6	13.8	20.9	19.0
2010.10	4.2	25.3	70.0	16.6	22.1	19.3
2010.11	4.2	26.0	71.0	16.3	22.1	19.5
2010.12	4.5	26.7	72.6	16.7	21.2	19.7
2011.01	5.8	26.3	73.4	42.5	13.6	17.2
2011.02	4.7	25.9	73.6	10.3	14.5	15.7
2011.03	4.5	26.6	75.8	14.8	15.0	16.6

货币供应量与货币流动性
Money supply and monetary liquidity

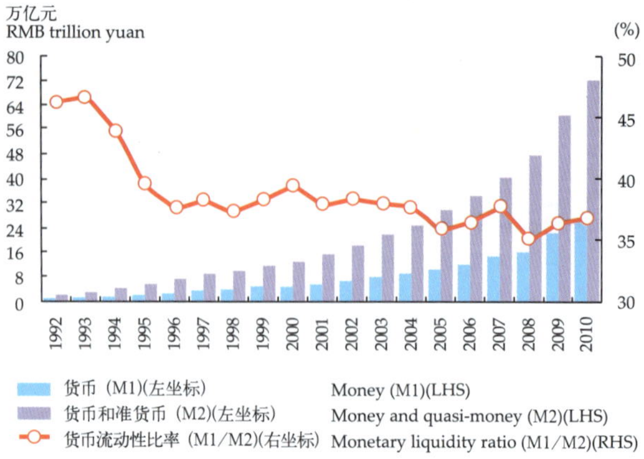

年度M0、M1、M2及其变化趋势
Annual M0, M1 and M2 and their changes

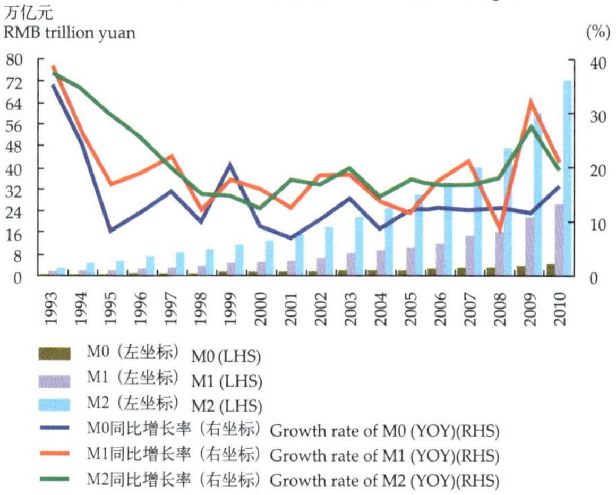

月度M0、M1、M2及其变化趋势
Monthly M0, M1 and M2 and their changes

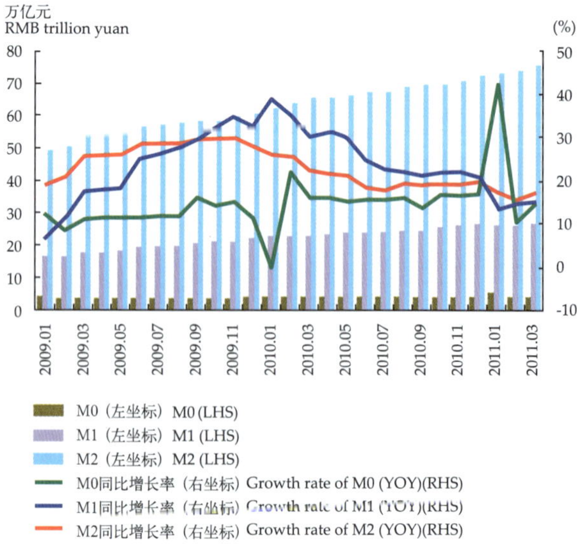

货币供应量构成
Composition of money supply

单位：亿元
Unit: RMB 100 million yuan

年/月 Year/Month	货币和准货币 Money & quasi-money M2	货币 Money M1	流通中现金 Currency in circulation M0	活期存款 Demand deposits	准货币 Quasi-money	定期存款 Time deposits	储蓄存款 Savings deposits	其他存款 Other deposits
2009.04	540 481	178 214	34 257	143 956	362 268	72 406	244 235	45 627
2009.05	548 231	182 011	33 560	148 466	366 238	73 058	246 147	47 033
2009.06	568 948	193 166	33 641	159 525	375 782	75 764	249 379	50 638
2009.07	572 998	195 877	34 244	161 633	377 120	75 495	248 817	52 809
2009.08	576 699	200 395	34 407	165 988	376 304	76 594	248 503	51 207
2009.09	585 420	201 723	36 788	164 935	383 697	83 668	255 720	44 309
2009.10	586 643	207 546	35 730	171 816	379 098	108 809	253 076	17 212
2009.11	594 605	212 493	36 344	176 149	382 112	109 075	253 658	19 379
2009.12	606 224	220 004	38 246	181 758	386 219	82 285	260 767	43 167
2010.01	625 609	229 589	40 759	188 830	396 020	116 341	262 773	16 907
2010.02	636 072	224 287	42 866	181 421	411 785	119 190	278 352	14 243
2010.03	649 947	229 398	39 081	190 317	420 550	122 944	280 350	17 255
2010.04	656 561	233 910	39 658	194 252	422 651	127 802	279 853	14 997
2010.05	663 351	236 498	38 653	197 845	426 853	130 292	280 548	16 013
2010.06	673 922	24 050	38 905	201 675	433 342	97 624	288 130	47 587
2010.07	674 052	240 664	39 543	201 121	433 388	97 736	287 150	48 501
2010.08	687 507	244 341	39 923	204 412	443 168	100 173	288 851	54 144
2010.09	696 472	243 822	41 854	201 967	452 582	107 459	299 227	45 897
2010.10	699 776	253 313	41 646	211 667	446 464	102 869	292 418	51 176
2010.11	710 274	259 399	42 253	217 146	450 874	103 647	293 929	53 297
2010.12	725 774	266 621	44 628	221 993	459 153	105 859	303 302	49 992
2011.01	733 885	261 765	58 064	203 701	472 120	143 050	318 425	10 646
2011.02	736 131	259 201	47 270	211 930	476 930	140 989	320 944	14 997
2011.03	758 131	266 255	44 845	221 409	491 874	148 781	331 310	11 785

注：自2006年起，此表中“非金融公司保证金存款”不再包含在“其他存款”项目下，而被调整到“定期存款”项目下，因此，这两个项目下，2006年及以后各期数据与历史数据不完全可比。

Note: Beginning in 2006, "non-financial corporation margin deposits"are not included in the item "Other deposits",which are included under "Time deposites".Therefore,form 2006 the data of these two items are not fully comparable with the historical statistics.

广义货币供应量M2变动
Changes in the composition of broad money M2

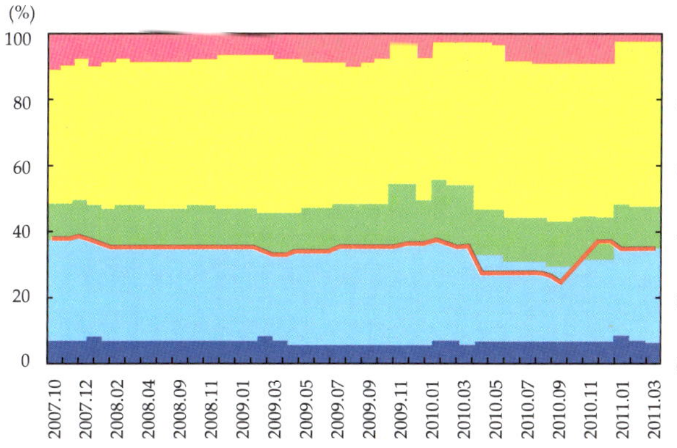

其他存款占M2的比重　Other deposits/M2
居民储蓄存款占M2的比重　Household savings deposits/M2
单位定期存款占M2的比重　Institutional time deposits/M2
单位活期存款占M2的比重　Institutional demand deposits/M2
M0占M2的比重　M0/M2
M1占M2的比重　M1/M2

2011年3月末货币供应量构成
Composition of money supply at the end of March 2011

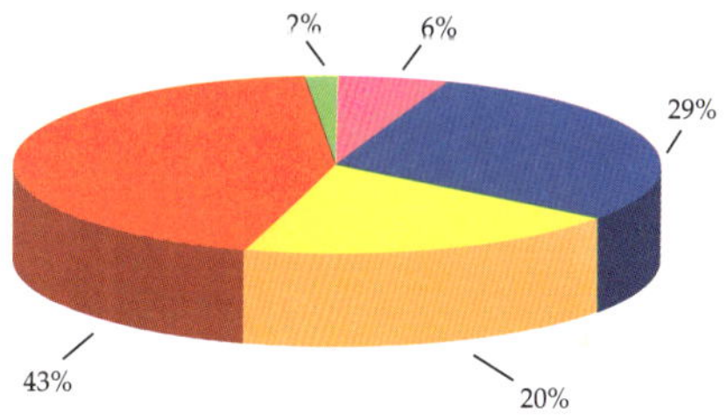

流通中现金　Currency in circulation M0
活期存款　Demand deposits
定期存款　Time deposits
储蓄存款　Savings deposits
其他存款　Other deposits

存款性公司概览 *
Depository corporations survey *

单位：万亿元
Unit: RMB trillion yuan

年/月 Year/Month	国外净资产 Net foreign assets	国内信贷 Domestic credit	对政府债权(净) Claims on government (Net)	对非金融部门债权 Claims on non-financial sectors	对其他金融部门债权 Claims on other financial sectors	其他** Others**	货币和准货币 Money & quasi-money M2
2009.04	18.37	43.39	2.96	37.91	2.53	-7.71	54.05
2009.05	18.54	44.05	2.72	38.71	2.62	-7.76	54.83
2009.06	18.58	45.76	2.67	40.46	2.63	-7.45	56.89
2009.07	18.65	46.12	2.44	40.99	2.69	-7.46	57.31
2009.08	18.73	46.50	2.38	41.56	2.55	-7.56	57.67
2009.09	19.14	47.39	2.55	42.28	2.57	-7.99	58.54
2009.10	19.32	47.56	2.25	42.73	2.58	-8.21	58.66
2009.11	19.37	48.35	2.30	43.36	2.69	-8.26	59.46
2009.12	19.85	49.59	3.23	43.70	2.66	-8.82	60.62
2010.01	19.87	50.35	2.77	44.82	2.75	-7.65	62.56
2010.02	20.00	51.24	2.92	45.66	2.67	-7.64	63.61
2010.03	20.23	52.10	2.93	46.34	2.83	-7.34	64.99
2010.04	20.40	52.69	2.62	47.31	2.77	-7.44	65.66
2010.05	20.54	53.04	2.33	48.02	2.69	-7.25	66.34
2010.06	20.73	54.07	2.37	48.58	3.11	-7.40	67.39
2010.07	21.03	54.20	2.17	49.09	2.95	-7.82	67.41
2010.08	21.29	55.06	2.22	49.71	3.12	-7.60	68.75
2010.09	21.60	55.98	2.49	50.44	3.05	-7.93	69.65
2010.10	21.98	56.39	2.24	51.08	3.07	-8.39	69.98
2010.11	22.27	57.12	2.49	51.69	2.94	-8.36	71.03
2010.12	22.60	58.73	3.46	52.17	3.11	-8.74	72.59
2011.01	22.97	59.42	3.24	53.03	3.15	-8.85	73.39
2011.02	23.15	59.92	2.96	53.62	3.34	-9.03	73.61
2011.03	23.53	61.11	3.19	54.23	3.69	-9.20	75.81

注：*自2006年起,不再编制《银行概览》，改为编制《存款性公司概览》。《存款性公司概览》由《货币当局资产负债表》和《其他存款性公司资产负债表》合并而成。《存款性公司概览》与原《银行概览》的差别是，《存款性公司概览》不包含信托投资公司和金融租赁公司。为了保持数据的连续性，2006年之前的《存款性公司概览》由原《银行概览》替代。因此，2006年及以后各期数据与历史数据不完全可比。

**其他包括外币存款、债券、实收资本和其他项，即其他=货币和准货币－（国外净资产+国内信贷）。

Notes: *Beginning in 2006, the *Balance Sheet of the Monetary Authority* and the *Balance Sheet of Other Depository Corporations* were consolidated into the *Depository Corporations Survey*, and the *Banking Survey* was no longer compiled. The main difference between the *Depository Corporations Survey* and the *Banking Survey* is that data on trust and investment companies and financial leasing companies are not included in the *Depository Corporations Survey*. In order to maintain data consistency, the original *Banking Survey* can be substituted for the *Depository Corporations Survey* before 2006. Therefore, from 2006, the monetary statistics are not fully comparable with the historical statistics.

** Others include foreign currency deposits, bonds, paid-in capital, and other items (net). Others = Money & quasi-money M2 − (Net foreign assets + Domestic credit).

国外净资产及国内信贷对广义货币的影响
The impact of net foreign assets and domestic credit on broad money M2

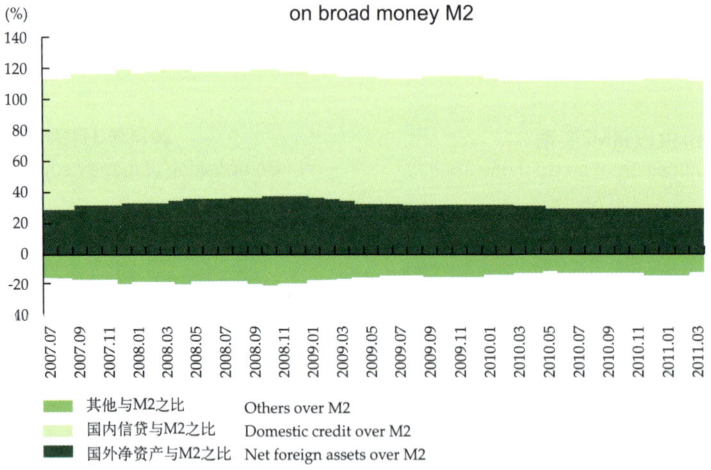

注：自2006年起，中国人民银行按照国际货币基金组织《货币与金融统计手册》对货币金融统计制度进行了修订。在机构分类上，将金融性公司划分为存款性公司和其他金融性公司，将存款性公司划分为货币当局和其他存款性公司。货币当局为中国人民银行，其他存款性公司包括政策性银行、国有商业银行、股份制商业银行、农村商业银行、城市商业银行、外资商业银行、合作金融机构、邮政储汇局、财务公司。根据金融性公司的新分类，从2006年开始编制《其他存款性公司资产负债表》，将《中央银行资产负债表》、《其他存款性公司资产负债表》合并，编制《存款性公司概览》，《存款性公司概览》同原《银行概览》相比，不包含信托投资公司和金融租赁公司。

Note: From 2006, the People's Bank of China revised the system of monetary and financial statistics in line with the IMF *Manual on Monetary and Financial Statistics*, to reclassify financial corporations as depository corporations and other financial corporations. Depository corporations are sub-divided into the monetary authority and depository corporations. The monetary authority is the People's Bank of China; other depository corporations include policy banks, state-owned commercial banks, joint-stock commercial banks, rural commercial banks, urban commercial banks, foreign-funded commercial banks, cooperative financial institutions, postal savings bureaus and finance companies. Beginning in 2006 the *Balance Sheet of Other Depository Corporations* has been compiled according to the new classifications of financial corporations. The *Depository Corporations Survey* comprises the consolidation of the *Balance Sheets of the Monetary Authority* and the *Balance Sheets of other Depository Corporations*. The main distinction between the *Depository Corporations Survey* and the *Banking Survey* is that data on trust and investment companies and financial leasing companies are not included in the *Depository Corporations Survey*.

2.存贷款
(2) Deposits and loans

金融机构人民币各项存贷款余额及其增长趋势
Outstanding amounts of total deposits & loans and their growth in financial institutions

单位：万亿元
Unit: RMB trillion yuan

年/月 Year/Month	各项存款 Total deposits	各项贷款 Total loans	各项存款同比增长率(%) Growth rate of deposits (YOY)(%)	各项贷款同比增长率(%) Growth rate of loans (YOY)(%)
2009.04	53.3	35.5	26.2	29.7
2009.05	54.6	36.2	26.7	30.6
2009.06	56.6	37.7	29.0	34.4
2009.07	57.0	38.1	28.5	33.9
2009.08	57.4	38.5	27.4	34.1
2009.09	58.4	39.0	28.4	34.2
2009.10	58.7	39.3	28.1	34.2
2009.11	59.3	39.6	28.2	33.8
2009.12	59.8	40.0	28.2	31.7
2010.01	61.3	41.4	27.3	29.3
2010.02	62.2	42.1	25.0	27.2
2010.03	63.8	42.6	22.1	21.8
2010.04	65.0	43.4	22.0	32.0
2010.05	66.1	44.0	21.0	21.5
2010.06	67.4	44.6	19.0	18.2
2010.07	67.6	45.1	18.5	18.4
2010.08	68.6	45.7	19.6	18.6
2010.09	70.1	46.3	20.0	18.5
2010.10	70.3	46.9	19.8	19.3
2010.11	70.9	47.4	19.6	19.8
2010.12	71.8	47.9	20.2	19.9
2011.01	71.2	48.3	17.3	18.5
2011.02	72.6	48.9	17.6	17.7
2011.03	75.3	49.5	19.0	17.9

金融机构人民币各项存贷款余额及其增长趋势
Outstanding amounts of total deposits & loans and their growth in financial institutions

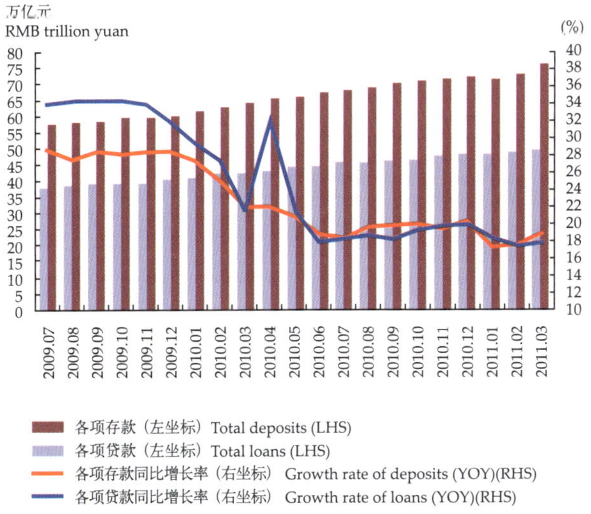

金融机构当年累计新增人民币存款
Accumulated new RMB deposits in financial institutions

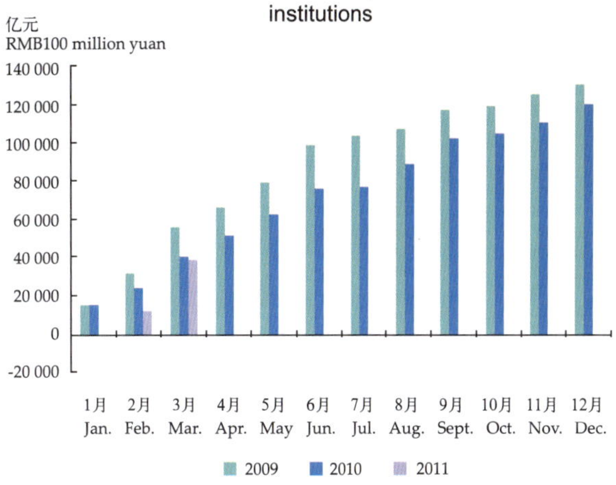

金融机构当月新增人民币存款
New RMB deposits in financial institutions by month

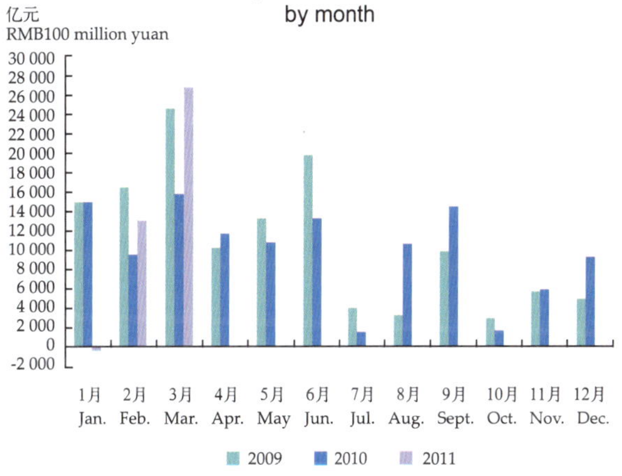

2011年3月末人民币存款余额
Outstanding amounts of RMB deposits at the end of March, 2011

单位：亿元
Unit: RMB 100 million yuan

		余额 Outstanding amount
各项存款	Total deposits	752 837
单位存款	Corporate deposits	374 256
财政性存款	Fiscal deposits	29 984
个人存款	Individual deposits	331 912
临时性存款	Temporarily deposits	1 582
委托存款	Entrusted deposits	266
其他存款	Other deposits	14 837

居民储蓄存款、非金融企业存款、财政性存款余额及其增长率

Outstanding amounts of household savings deposits,non-financial corporate deposits, fiscal deposits, and their growth rates

单位：万亿元
Unit: RMB trillion yuan

年/月 Year/Month	居民储蓄存款 Household savings deposits		非金融企业存款 Non-financial corporation deposits		财政性存款 Fiscal deposits	
	月末余额 Outstanding amounts	同比增长率(%) Growth rate (YOY)(%)	月末余额 Outstanding amounts	同比增长率(%) Growth rate (YOY)(%)	月末余额 Outstanding amounts	同比增长率(%) Growth rate (YOY)(%)
2009.04	24.42	29.6	—	—	1.87	-26.6
2009.05	24.61	29.1	—	—	2.32	-17.8
2009.06	24.94	28.3	—	—	2.49	-11.0
2009.07	24.88	26.3	—	—	2.87	-4.0
2009.08	24.85	24.1	—	—	3.00	1.7
2009.09	25.57	24.9	—	—	2.83	1.9
2009.10	25.30	21.8	—	—	3.15	5.7
2009.11	25.39	20.1	—	—	3.23	13.5
2009.12	26.08	19.7	—	—	2.24	24.2
2010.01	26.32	12.9	25.92	—	2.64	42.3
2010.02	27.91	17.5	25.51	—	2.53	33.6
2010.03	28.10	15.6	26.49	26.6	2.49	45.3
2010.04	28.07	14.9	27.32	26.8	2.84	51.8
2010.05	28.12	14.2	27.81	25.5	3.22	39.1
2010.06	28.81	15.5	28.09	19.5	3.21	28.8
2010.07	28.72	15.4	27.91	19.0	3.54	23.5
2010.08	28.88	16.2	28.41	20.2	3.64.	21.5
2010.09	29.93	17.0	28.78	20.5	3.39	19.6
2010.10	29.24	15.6	29.17	21.2	3.69	15.3
2010.11	29.39	15.8	29.75	21.6	3.48	8.8
2010.12	30.33	16.3	30.47	21.5	2.54	13.6
2011.01	31.50	20.8	26.33	12.1	2.91	10.0
2011.02	31.75	15.1	26.80	15.2	3.24	28.1
2011.03	32.73	18.0	28.17	16.6	3.00	20.1

城乡居民人民币储蓄存款余额及其增长趋势

Outstanding amounts of household RMB savings deposits and their growth

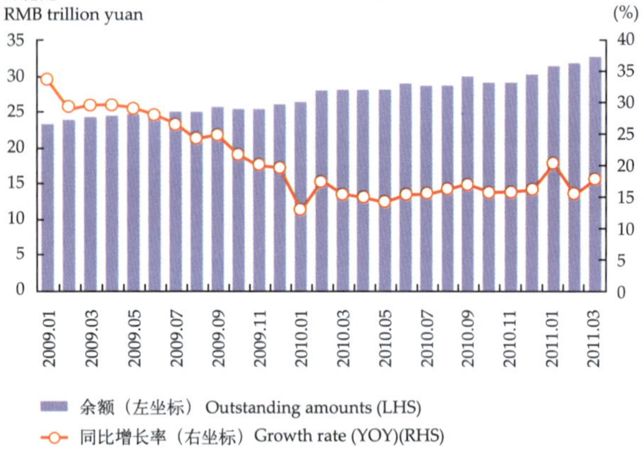

人民币企业存款余额及其增长趋势

Outstanding amounts of RMB corporate deposits and their growth

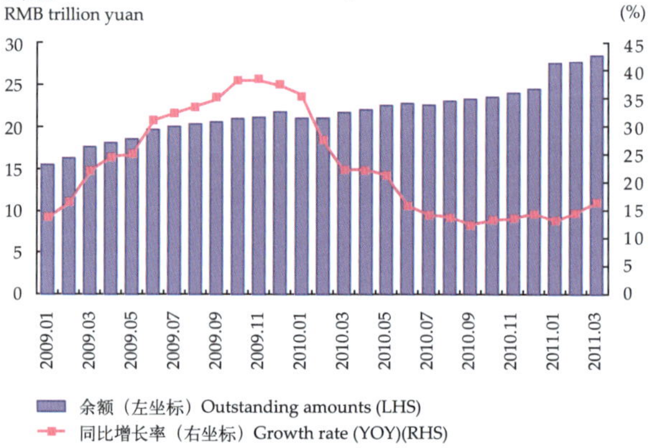

财政性存款余额及其增长趋势

Outstanding amounts of RMB fiscal deposits and their growth

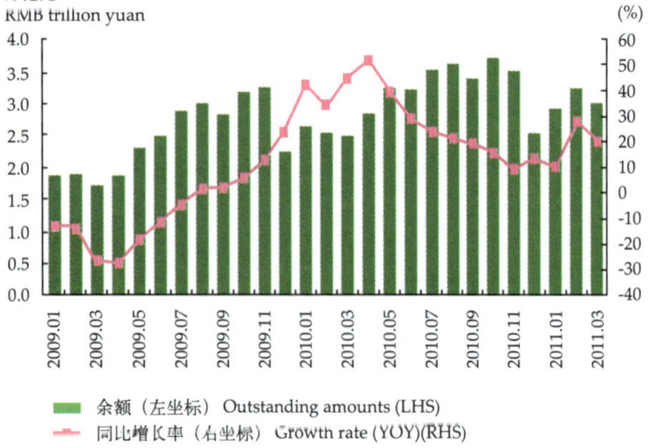

2011年3月末人民币存款余额构成

Composition of outstanding amounts of RMB deposits at the end of March, 2011

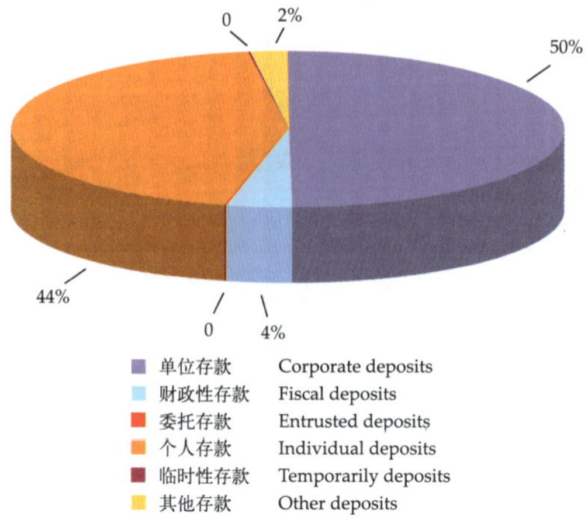

2011年3月末人民币贷款按部门分类
RMB loans issued at the end of March 2011 by sectors

单位：亿元
Unit: RMB 100 million yuan

	余额 Outstanding amounts	比年初增加 Increase over the beginning of the year
住户贷款 Loans to households	119 405	7 557
消费性贷款 Consumer loans	78 009	4 095
短期消费性贷款 Short-term consumer loans	10 111	520
中长期消费性贷款 Medium- and long-term consumer loans	67 898	3 575
经营性贷款 Business loans	41 396	3 462
短期经营性贷款 Short-term business loans	26 958	2 312
中长期经营性贷款 Medium- and long-term business loans	14 439	1 150
非金融性企业及其他部门贷款 Loans to non-financial institutions and other sectors	373 898	14 836
短期贷款及票据融资 Short-term loans and discounted commercial paper	150 276	4 631
中长期贷款 Medium- and long-term loans	220 384	9 830
其他贷款 Other loans	3 237	376

金融机构当年累计新增人民币贷款
Accumulated new RMB loans in financial institutions

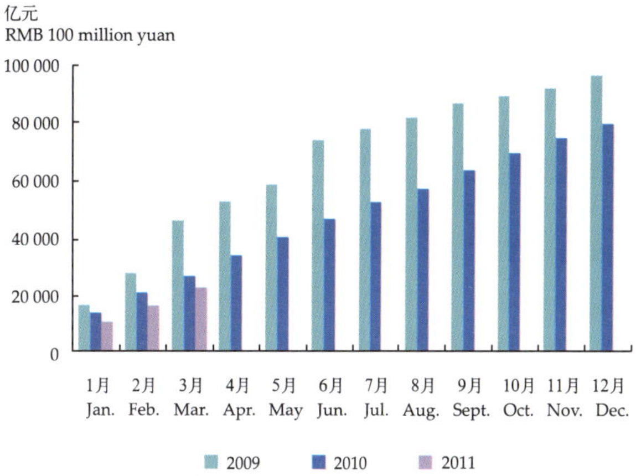

金融机构当月新增人民币贷款
New RMB loans in financial institutions by month

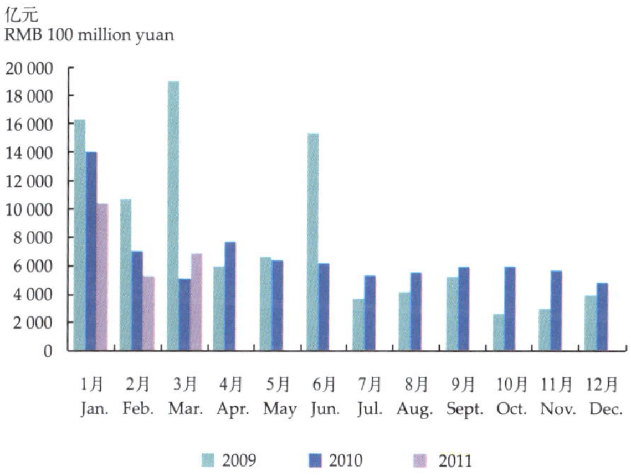

2011年第一季度金融机构新增人民币贷款构成
Composition of new RMB loans of financial institutions in the first quarter of 2011

单位：亿元
Unit: RMB 100 million yuan

		2011年第一季度 In the first quarter of 2011		2010年第一季度 In the first quarter of 2010	
		比年初增加 Increase over the beginning of the year	比重(%) Share (%)	比年初增加 Increase over the beginning of the year	比重(%) Share (%)
各项贷款	**Total loans**	22 433	100	26 040	100
短期贷款	Short-term loans	10 086	45	7 773	30
中长期贷款	Medium- and long-term loans	14 554	65	24 255	93
票据融资	Paper financing	-2 622	-12	-6 243	-24
其他贷款	Other loans	415	2	169	1

当年累计新增住户贷款
Accumulated new loans to households

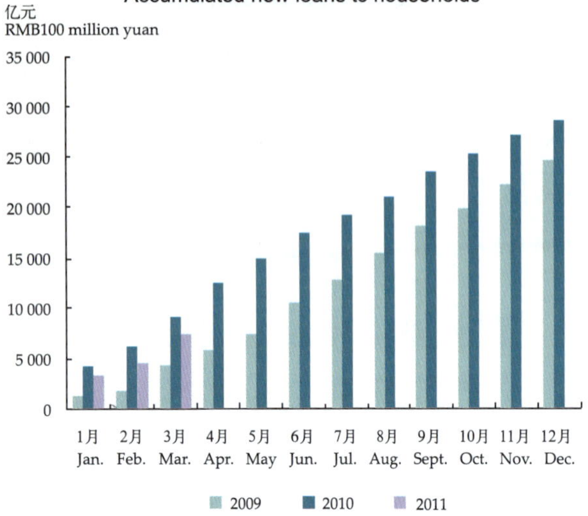

当月新增住户贷款
New loans to households by month

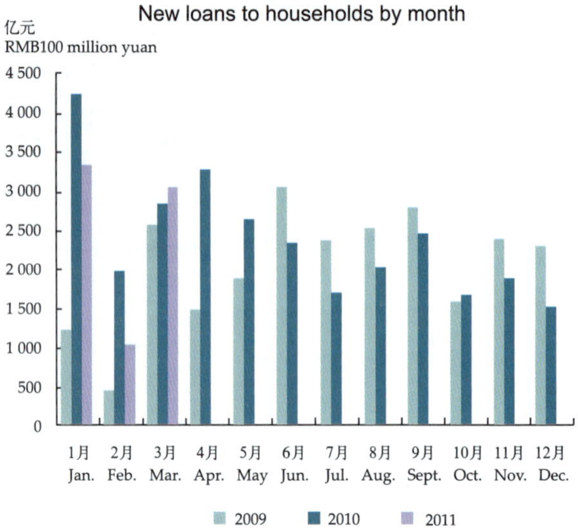

当年累计新增非金融企业及其他部门贷款
Accumulated new loans to non-financial institutions and other sectors

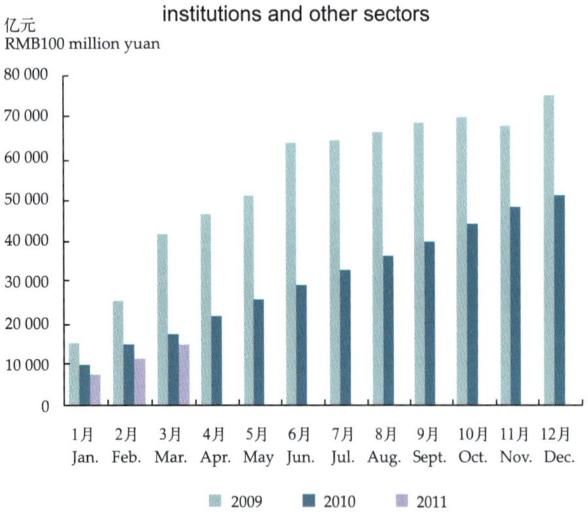

当月新增非金融企业及其他部门贷款
New loans to non-financial institutions and other sectors by month

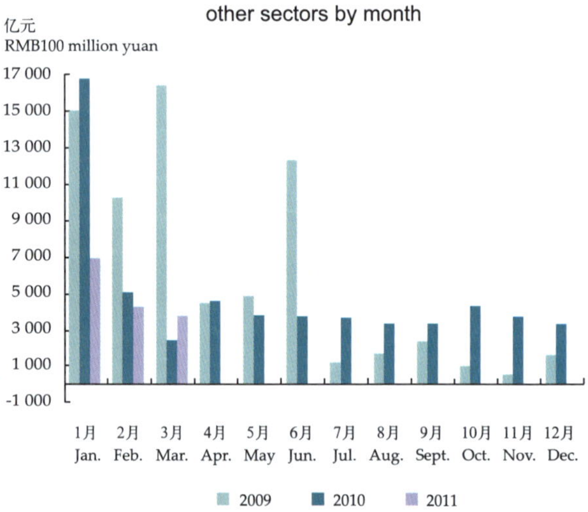

2011年3月末个人消费贷款构成
Composition of consumer loans at the end of March, 2011

单位：亿元
Unit: RMB 100 million yuan

	余额 Outstanding amounts	同比增长率(%) Growth rate (YOY)(%)	比年初增加 Increase over the beginning of the year	比上年同期 Change compared with the same period of last year
个人消费贷款 Consumer loans	78 008	26.0	4 095	-1 625
个人住房贷款 Individual housing mortgage loans	59 653	21.3	2 810	-2 014
个人汽车消费贷款 Individual auto loans	2 426	22.6	68	-47
助学贷款 Student loans	381	18.8	3	15
其他贷款 Other loans	15 548	49.0	1 214	421

2011年3月末个人消费贷款构成
Composition of consumer loans at the end of March, 2011

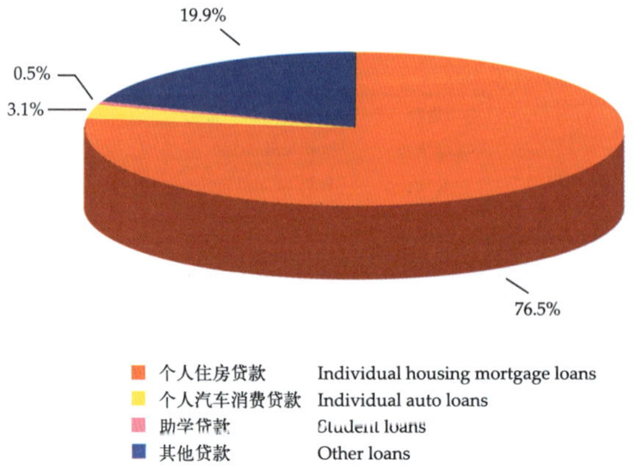

当年累计新增个人消费贷款
Accumulated new consumer loans

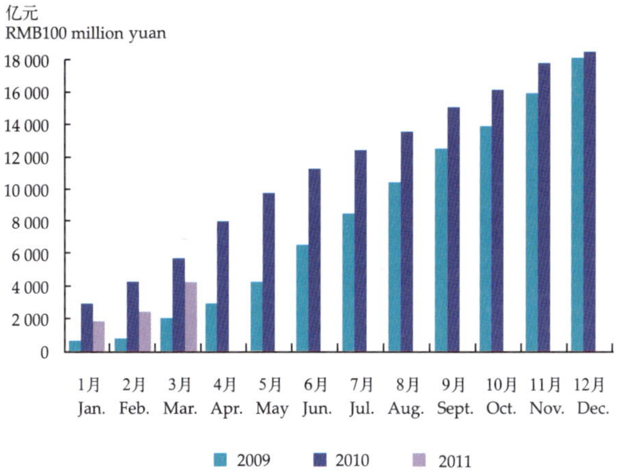

当月新增个人消费贷款
New consumer loans by month

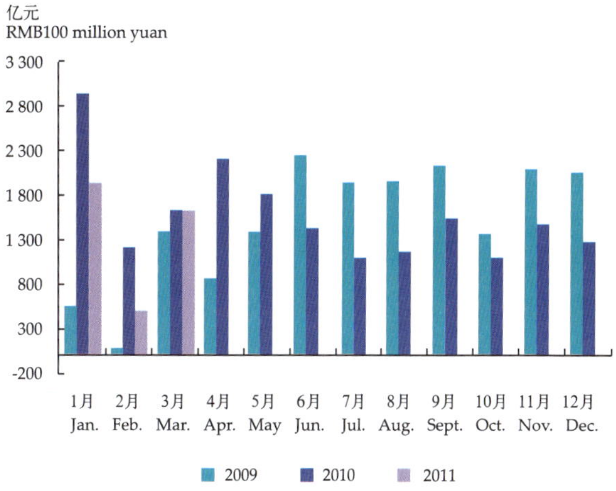

当年累计新增个人住房贷款
Accumulated new housing mortgage loans

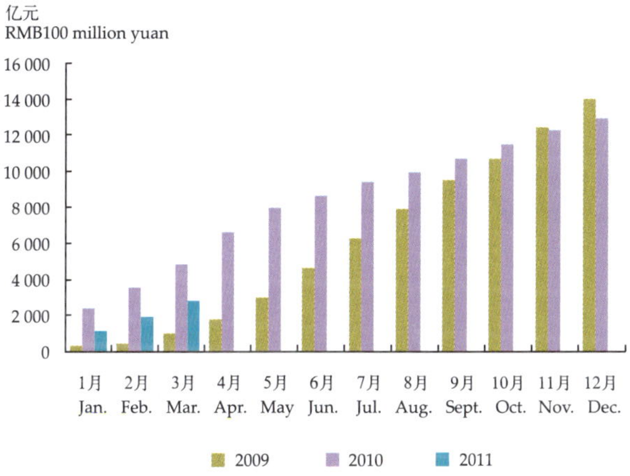

当月新增个人住房贷款
New housing mortgage loans by month

个人消费贷款余额及其增长趋势
Consumer loans and their growth

个人住房贷款余额及其增长率
Individual housing mortgage loans and their growth rates

个人汽车消费贷款余额及其增长趋势
Individual auto loans and their growth

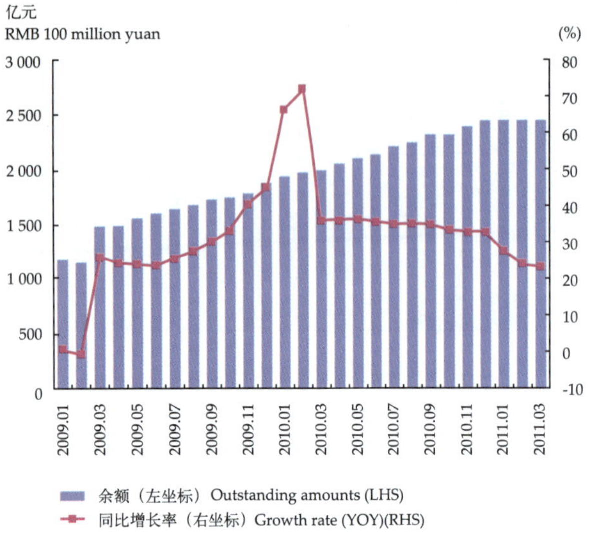

3.基础货币

(3) Monetary base

基础货币余额及其增长趋势
Monetary base and its growth

单位：万亿元
Unit: RMB trillion yuan

年/月 Year/Month	余额 Outstanding amounts	同比增长率(%) Growth rate (YOY) (%)
2009.04	12.43	16.7
2009.05	12.28	13.0
2009.06	12.39	7.4
2009.07	12.47	7.1
2009.08	12.43	5.7
2009.09	13.34	13.7
2009.10	12.88	10.2
2009.11	13.37	12.0
2009.12	14.74	14.1
2010.01	14.28	10.2
2010.02	15.26	21.7
2010.03	14.94	20.2
2010.04	14.80	18.3
2010.05	14.71	19.8
2010.06	15.42	24.5
2010.07	15.43	23.7
2010.08	15.45	24.0
2010.09	16.13	20.9
2010.10	16.61	29.0
2010.11	17.18	29.3
2010.12	18.53	28.7
2011.01	19.75	38.3
2011.02	19.15	25.9
2011.03	19.26	29.0

助学贷款余额及其增长趋势
Student loans and their growth

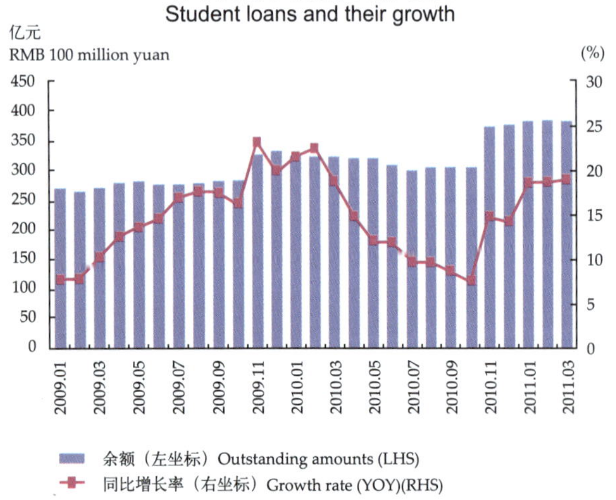

基础货币余额及其增长趋势
Monetary base and its growth

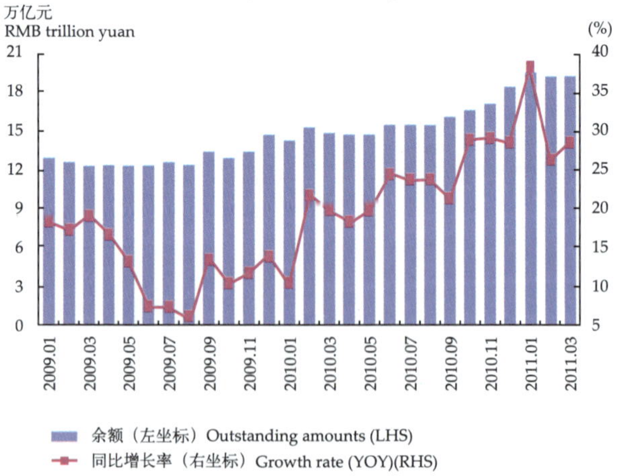

基础货币构成
Composition of monetary base

单位：亿元
Unit: RMB 100 million yuan

年/季 Year/Quarter	货币发行 Currency issue	金融性公司存款 Deposits of financial corporations	其他存款性公司存款 Deposits of other depository corporations	其他金融性公司存款 Deposits of other financial corporations
2008Q2	33 076	82 277	82 177	100
2008Q3	34 876	82 460	82 379	81
2008Q4	37 116	92 107	91 895	212
2009Q1	36 854	87 423	87 319	104
2009Q2	36 721	87 209	87 121	88
2009Q3	40 505	92 902	92 798	104
2009Q4	41 556	102 429	102 281	104
2010Q1	42 836	107 197	107 058	139
2010Q2	42 567	111 668	111 506	161
2010Q3	46 220	115 101	114 946	155
2010Q4	48 646	136 665	136 481	184
2011Q1	49 273	143 293	143 293	—

注：2011年1月起，中国人民银行采用国际货币基金组织关于储备货币的定义，不再将其他金融性公司在货币当局的存款计入储备货币。
Note: Since Jan. 2011, PBC has adopted the definition of reserve money defined by IMF, deposits of other financial corporations are no longer included in reserve money.

基础货币构成
Composition of monetary base

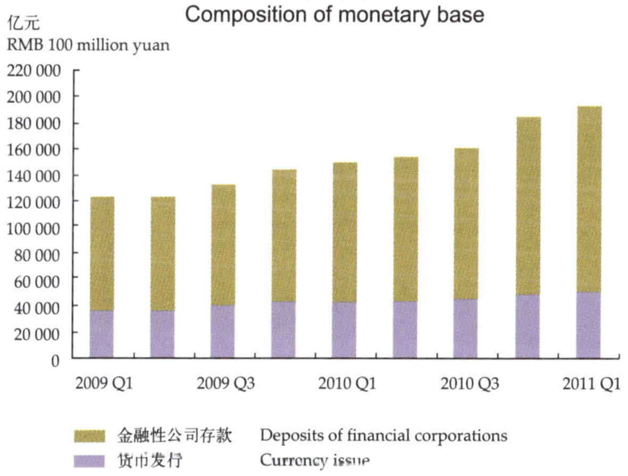

金融机构存款准备金和超额存款准备金率
Reserves and excess reserve ratio of financial institutions

金融机构法定人民币存款准备金率
Official RMB reserve requirement ratios of financial institutions

单位：%
Unit: %

日期 Date	中资全国性大型银行① Large national-operating commercial banks [1]	中小金融机构② Medium- and small-sized financial institutions [2]	农村合作银行 Rural cooperative banks	城市信用社 Urban credit cooperatives	农村信用社 Rural credit cooperatives
2003.09.21	7.0	7.0	—	6.0	6.0
2004.04.25	7.5	7.5	7.5	6.0	6.0
2006.07.05	8.0	8.0	7.5	6.5	6.0
2006.08.15	8.5	8.5	7.5	7.0	6.0
2006.11.15	9.0	9.0	8.0	7.5	6.5
2007.01.15	9.5	9.5	8.5	8.0	7.0
2007.02.25	10.0	10.0	9.0	8.5	7.5
2007.04.16	10.5	10.5	9.5	9.0	8.0
2007.05.15	11.0	11.0	10.0	9.5	8.5
2007.06.05	11.5	11.5	10.5	10.0	9.0
2007.08.15	12.0	12.0	11.0	10.5	9.5
2007.09.25	12.5	12.5	11.5	11.0	10.0
2007.10.25	13.0	13.0	12.0	11.5	10.5
2007.11.26	13.5	13.5	12.5	12.0	11.0
2007.12.25	14.5	14.5	13.5	13.0	12.0
2008.01.25	15.0	15.0	14.0	13.5	12.5
2008.03.25	15.5	15.5	14.5	14.0	13.0
2008.04.25	16.0	16.0	15.0	14.5	13.5
2008.05.20	16.5	16.5	15.5	15.0	14.0
2008.06.15	17.0	17.0	16.0	15.5	14.5
2008.06.25	17.5	17.5	16.5	16.0	15.0
2008.09.25	17.5	16.5	15.5	15.0	14.0
2008.10.15	17.0	16.0	15.0	14.5	13.5
2008.12.05	16.0	14.0	13.0	11.5	11.5
2008.12.25	15.5	13.5	11.0	11.0	11.0
2010.01.18	16.0	14.0	11.0	11.0	11.0
2010.02.25	16.5	14.5	11.0	11.0	11.0
2010.05.10	17.0	15.0	11.5	11.5	11.0
2010.11.16	17.5	15.5	12.0	12.0	11.5
2010.11.29	18.0	16.0	12.5	12.5	12.0
2010.12.20	18.5	16.5	13.0	13.0	12.5
2011.01.20	19.0	17.0	13.5	13.5	13.0
2011.02.24	19.5	17.5	14.0	14.0	13.5
2011.03.25	20.0	18.0	14.5	14.5	14.0
2011.04.21	20.5	18.5	15.0	15.0	14.5

注：①包括中国工商银行、中国农业银行、中国银行、中国建设银行、交通银行和中国邮政储蓄银行。
②包括中国农业发展银行、股份制商业银行、城市商业银行、农村商业银行、有关外资金融机构。

Notes: 1. Including the Industrial and Commercial Bank of China, the Agricultural Bank of China, the Bank of China, the China Construction Bank, the Bank of Communication, the Postal Savings Bank of China.
2. Including the Agricultural Development Bank of China, joint-stock commercial banks, city commercial banks, rural commercial banks, finance companies, financial leasing companies, and foreign-funded financial institutions.

4.利率
(4) Interest rates

中央银行基准利率
Central bank benchmark interest rates

单位：年利率%
Unit: annual interest rate%

日期 Date	法定存款准备金 Required reserves	超额存款准备金 Excess reserves	对金融机构贷款 Lending to financial institutions				再贴现 Rediscount
			1年期 1-year	6个月以内 6-month and less	3个月以内 3-month and less	20天以内 20 days and less	
1996.05.01	8.82	8.82	10.98	10.17	10.08	9.00	*
1996.08.23	8.28	7.92	10.62	—	9.72	—	*
1997.10.23	7.56	7.02	9.36	9.09	8.82	8.55	*
1998.03.25	5.22	—	7.92	7.02	6.84	6.39	6.03
1998.07.01	3.51	—	5.67	5.58	5.49	5.22	4.32
1998.12.07	3.24	—	5.13	5.04	4.86	4.59	3.96
1999.06.10	2.07	—	3.78	3.69	3.51	3.24	2.16
2001.09.11	—	—	—	—	—	—	2.97
2002.02.21	1.89	—	3.24	3.15	2.97	2.70	2.97
2003.12.20	—	1.62	—	—	—	—	—
2004.03.25	—	—	3.87	3.78	3.60	3.33	3.24
2005.03.17	—	0.99	—	—	—	—	—
2008.01.01	—	—	4.68	4.59	4.41	4.14	4.32
2008.11.27	1.62	0.72	3.60	3.51	3.33	3.06	2.97
2008.12.23	—	—	3.33	3.24	3.06	2.79	1.80
2010.12.26	—	—	3.85	3.75	3.55	3.25	2.25

注：① 1998年3月法定存款准备金和超额存款准备金两个账户合并为准备金账户。
② *按同档次中央银行贷款利率下浮5%～10%。

Notes: 1. The required reserves account and excess reserves account were merged into the reserves account in March 1998.
2. *The interest rate is 5%−10% below that of the central bank lending rate of the same tranche.

法定存款准备金利率和再贴现利率
Required reserves interest rates and rediscount interest rates

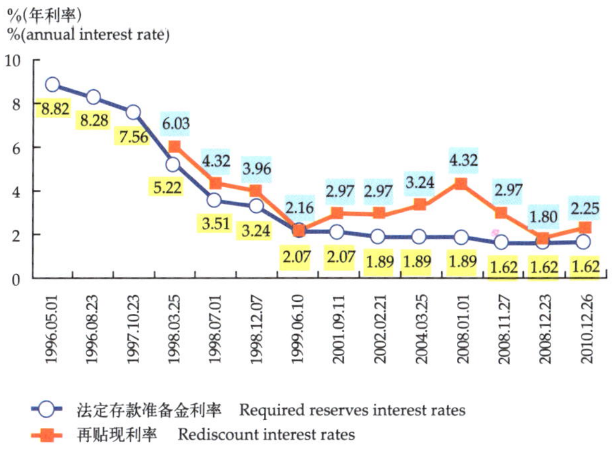

对金融机构贷款利率
Interest rates of central bank lending to financial institutions

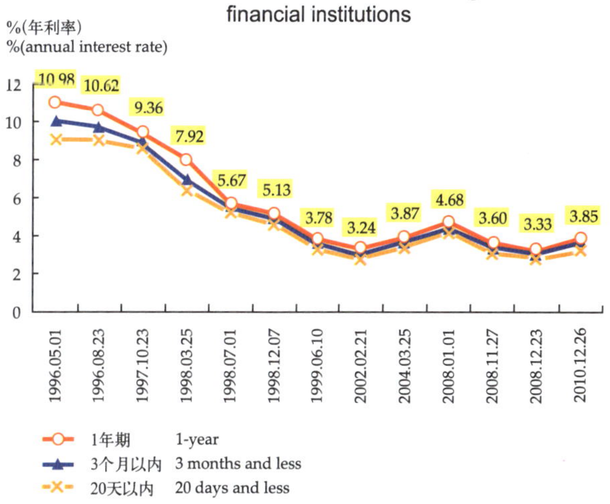

金融机构人民币存款基准利率
RMB deposit benchmark interest rates in financial institutions

单位：年利率%
Unit: annual interest rate %

日期 Date	活期 Demand deposits	定期 Time deposits					
		3个月 3-month	6个月 6-month	1年 1-year	2年 2-year	3年 3-year	5年 5-year
1990.04.15	2.88	6.30	7.74	10.08	10.98	11.88	13.68
1990.08.21	2.16	4.32	6.48	8.64	9.36	10.08	11.52
1991.04.21	1.80	3.24	5.40	7.56	7.92	8.28	9.00
1993.05.15	2.16	4.86	7.20	9.18	9.90	10.80	12.06
1993.07.11	3.15	6.66	9.00	10.98	11.70	12.24	13.86
1996.05.01	2.97	4.86	7.20	9.18	9.90	10.80	12.06
1996.08.23	1.98	3.33	5.40	7.47	7.92	8.28	9.00
1997.10.23	1.71	2.88	4.14	5.67	5.94	6.21	6.66
1998.03.25	1.71	2.88	4.14	5.22	5.58	6.21	6.66
1998.07.01	1.44	2.79	3.96	4.77	4.86	4.95	5.22
1998.12.07	1.44	2.79	3.33	3.78	3.96	4.14	4.50
1999.06.10	0.99	1.98	2.16	2.25	2.43	2.70	2.88
2002.02.21	0.72	1.71	1.89	1.98	2.25	2.52	2.79
2004.10.29	0.72	1.71	2.07	2.25	2.70	3.24	3.60
2006.08.19	0.72	1.80	2.25	2.52	3.06	3.69	4.14
2007.03.18	0.72	1.98	2.43	2.79	3.33	3.96	4.41
2007.05.19	0.72	2.07	2.61	3.06	3.69	4.41	4.95
2007.07.21	0.81	2.34	2.88	3.33	3.96	4.68	5.22
2007.08.22	0.81	2.61	3.15	3.60	4.23	4.95	5.49
2007.09.15	0.81	2.88	3.42	3.87	4.50	5.22	5.76
2007.12.21	0.72	3.33	3.78	4.14	4.68	5.40	5.85
2008.10.09	0.72	3.15	3.51	3.87	4.41	5.13	5.58
2008.10.30	0.72	2.88	3.24	3.60	4.14	4.77	5.13
2008.11.27	0.36	1.98	2.25	2.52	3.06	3.60	3.87
2008.12.23	0.36	1.71	1.98	2.25	2.79	3.33	3.60
2010.10.20	0.36	1.91	2.20	2.50	3.25	3.85	4.20
2010.12.26	0.36	2.25	2.50	2.75	3.55	4.15	4.55
2011.02.09	0.40	2.60	2.80	3.00	3.90	4.50	5.00
2011.04.06	0.50	2.85	3.05	3.25	4.15	4.75	5.25

人民币存款基准利率
RMB deposit benchmark interest rates

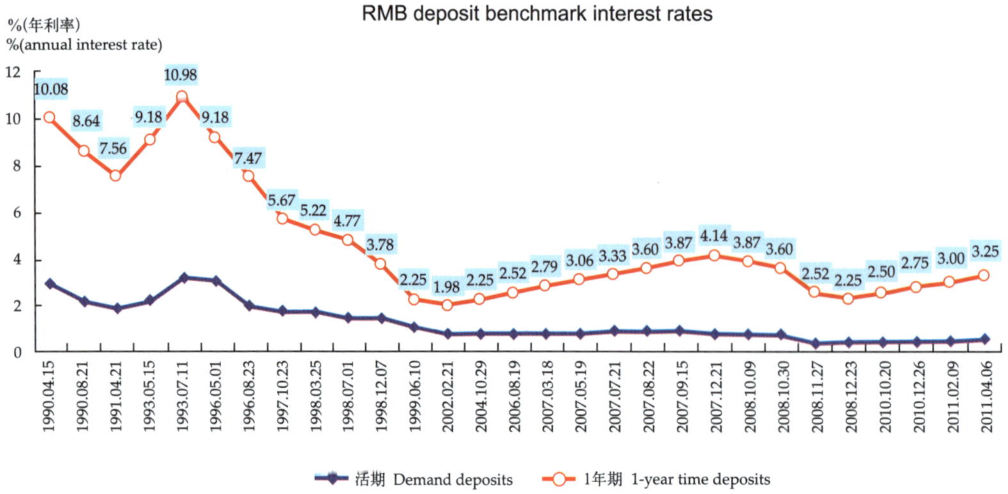

金融机构人民币贷款基准利率
RMB Lending benchmark interest rates in financial institutions

单位：年利率%
Unit: annual interest rate %

日期 Date	短期贷款 Short-term loans		中长期贷款 Medium- and long-term loans		
	6个月以内(含6个月) 6-month and less (including 6-month)	6个月至1年(含1年) 6-month to 1-year (including 1-year)	1～3年(含3年) 1 to 3-year (including 3-year)	3～5年(含5年) 3 to 5-year (including 5-year)	5年以上 More than 5-year
1991.04.21	8.10	8.64	9.00	9.54	9.72
1993.05.15	8.82	9.36	10.80	12.06	12.24
1993.07.11	9.00	10.98	12.24	13.86	14.04
1995.01.01	9.00	10.98	12.96	14.58	14.76
1995.07.01	10.08	12.06	13.50	15.12	15.30
1996.05.01	9.72	10.98	13.14	14.94	15.12
1996.08.23	9.18	10.08	10.98	11.70	12.42
1997.10.23	7.65	8.64	9.36	9.90	10.53
1998.03.25	7.02	7.92	9.00	9.72	10.35
1998.07.01	6.57	6.93	7.11	7.65	8.01
1998.12.07	6.12	6.39	6.66	7.20	7.56
1999.06.10	5.58	5.85	5.94	6.03	6.21
2002.02.21	5.04	5.31	5.49	5.58	5.76
2004.10.29	5.22	5.58	5.76	5.85	6.12
2006.04.28	5.40	5.85	6.03	6.12	6.39
2006.08.19	5.58	6.12	6.30	6.48	6.84
2007.03.18	5.67	6.39	6.57	6.75	7.11
2007.05.19	5.85	6.57	6.75	6.93	7.20
2007.07.21	6.03	6.84	7.02	7.20	7.38
2007.08.22	6.21	7.02	7.20	7.38	7.56
2007.09.15	6.48	7.29	7.47	7.65	7.83
2007.12.21	6.57	7.47	7.56	7.74	7.83
2008.09.16	6.21	7.20	7.29	7.56	7.74
2008.10.09	6.12	6.93	7.02	7.29	7.47
2008.10.30	6.03	6.66	6.75	7.02	7.20
2008.11.27	5.04	5.58	5.67	5.94	6.12
2008.12.23	4.86	5.31	5.40	5.76	5.94
2010.10.20	5.10	5.56	5.60	5.96	6.14
2010.12.26	5.35	5.81	5.85	6.22	6.40
2011.02.09	5.60	6.06	6.10	6.45	6.60
2011.04.06	5.85	6.31	6.40	6.65	6.80

人民币贷款基准利率
RMB Lending benchmark interest rates

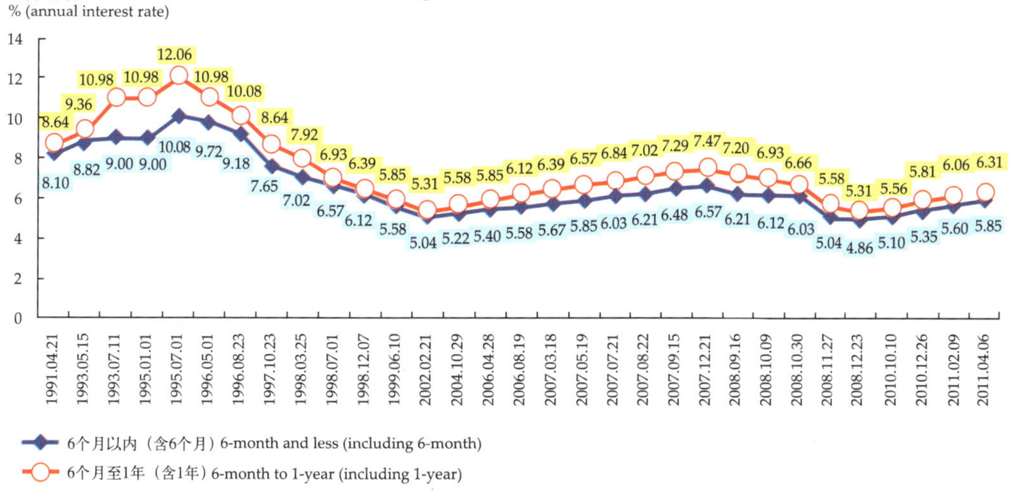

金融机构人民币贷款各利率区间占比表
Share of loans with floating rates in various ranges

单位：% Unit: %

日期 Date	下浮 Floating downward	基准 At benchmark	上浮 Floating upward					
	[0.9, 1.0)	1.0	小计 Subtotal	(1.0, 1.1]	(1.1, 1.3]	(1.3, 1.5]	(1.5, 2.0]	2.0以上Above 2.0
2009.01	23.52	34.27	42.21	14.62	12.79	4.97	6.98	2.86
2009.02	28.82	33.56	37.62	12.29	10.36	4.82	6.98	3.18
2009.03	28.38	35.18	36.43	12.21	10.46	4.37	6.64	2.75
2009.04	26.72	33.48	39.80	12.18	11.07	5.46	7.97	3.12
2009.05	27.34	32.40	40.26	13.03	11.46	5.18	7.49	3.10
2009.06	30.47	33.70	35.83	12.66	10.24	4.70	5.82	2.41
2009.07	32.76	32.18	35.06	11.89	9.16	4.52	6.55	2.94
2009.08	30.91	30.79	38.31	13.34	10.68	5.03	6.45	2.81
2009.09	31.82	30.61	37.57	12.55	10.81	5.07	6.41	2.73
2009.10	30.27	30.90	38.83	12.40	10.85	5.25	7.16	3.17
2009.11	30.19	30.53	39.28	11.96	11.14	5.37	7.44	3.38
2009.12	33.19	30.26	36.55	11.37	10.01	5.13	6.64	3.40
2010.01	35.38	31.18	33.44	11.92	8.74	4.42	5.71	2.65
2010.02	32.65	31.95	35.41	12.77	9.21	4.31	6.09	3.03
2010.03	30.05	28.91	41.04	13.12	10.91	5.45	7.11	4.45
2010.04	26.22	31.18	42.60	13.83	11.66	5.89	7.47	3.75
2010.05	26.56	29.55	43.89	14.92	11.88	5.77	7.62	3.70
2010.06	27.72	30.89	41.39	14.44	11.63	5.34	6.80	3.18
2010.07	27.03	29.72	43.25	15.38	11.76	5.42	7.05	3.64
2010.08	25.75	29.31	44.94	14.79	12.57	5.42	7.93	4.23
2010.09	25.54	30.19	44.27	14.61	12.57	5.36	7.76	3.97
2010.10	26.69	29.80	43.51	14.80	12.14	5.27	7.44	3.86
2010.11	27.49	30.60	41.91	13.96	12.31	5.00	7.34	3.30
2010.12	27.80	29.16	43.04	13.80	11.89	5.66	8.18	3.51
2011.01	21.35	29.45	49.20	15.97	15.01	6.08	8.67	3.48
2011.02	19.94	31.80	48.26	17.91	14.55	5.61	7.29	2.90
2011.03	13.96	30.22	55.82	18.25	17.76	6.96	9.24	3.60

2011年第一季度金融机构人民币贷款各利率区间占比表
Share of loans with rates floating at various ranges in the first quarter of 2011

单位：% Unit: %

	下浮 Floating downward	基准 At benchmark	上浮 Floating upward					
	[0.9, 1.0)	1.0	小计 Subtotal	(1.0, 1.1]	(1.1, 1.3]	(1.3, 1.5]	(1.5, 2.0]	2.0以上 Above 2.0
四大国有商业银行 Four state-owned commercial banks	26.92	39.99	33.09	19.9	11.52	1.42	0.23	0.02
股份制商业银行 Joint-stock commercial banks	10.95	33.36	55.69	27.19	23.09	2.43	0.43	2.56
外资商业银行 Foreign commercial banks	32.22	21.3	46.48	20.34	19.06	4.36	2.42	0.30
城市商业银行 City commercial banks	9.02	19.33	71.66	18.16	28.54	12.55	9.86	2.55
城乡信用社 Urban and rural credit cooperatives	3.65	6.93	89.42	6.57	16.24	18.81	35.20	12.61
政策性银行 Policy banks	39.26	56.45	4.29	3.54	0.74	0.01	0.00	0.00
合计 Total	18.31	30.27	51.42	17.25	15.92	6.30	8.56	3.39

大额美元存款与美元贷款平均利率表
Average interest rates of large-value dollar deposits and loans

单位：% Unit: %

日期 Date	大额存款 Large-value deposits						贷款 Loans				
	活期 Demand	3个月以内 Within 3 months	3(含)～6个月 3-6 months (including 3 months)	6(含)～12个月 6-12 months (including 6 months)	1年 1 year	1年以上 Above 1 year	3个月以内 Within 3 months	3(含)～6个月 3-6 months (including 3 months)	6(含)～12个月 6-12 months (including 6 months)	1年 1 year	1年以上 Above 1 year
2009.04	0.10	0.36	1.13	1.39	1.58	3.73	1.98	2.26	2.37	2.14	3.59
2009.05	0.11	0.36	0.90	1.17	1.49	5.00	1.59	1.86	1.79	1.49	2.63
2009.06	0.11	0.32	0.76	1.05	1.68	1.12	1.49	1.48	1.52	1.44	3.53
2009.07	0.10	0.32	0.65	1.08	1.52	1.98	1.51	1.47	1.51	1.36	2.61
2009.08	0.10	0.35	0.67	0.93	1.89	1.66	1.41	1.37	1.42	1.53	2.71
2009.09	0.13	0.37	0.61	0.74	1.82	2.33	1.33	1.37	1.51	1.59	2.59
2009.10	0.13	0.43	0.57	0.95	1.60	0.50	1.96	1.41	1.52	1.54	3.04
2009.11	0.12	0.51	0.79	1.35	1.59	1.63	1.42	1.48	1.68	1.76	2.56
2009.12	0.17	0.46	0.75	1.35	1.21	2.84	1.59	1.66	1.91	1.87	2.59
2010.01	0.12	0.62	0.88	1.07	1.88	2.96	1.55	1.91	2.07	2.09	3.04
2010.02	0.15	0.70	0.85	1.50	1.65	1.75	1.68	1.88	1.90	2.16	2.79
2010.03	0.15	0.76	0.81	1.34	2.32	0.82	1.69	1.82	2.03	2.32	2.87
2010.04	0.15	0.92	0.87	1.69	1.99	3.83	1.94	2.12	2.14	2.53	2.50
2010.05	0.16	1.41	1.65	1.72	3.09	2.82	2.39	2.88	2.63	2.96	3.02
2010.06	0.21	1.76	1.44	2.32	1.60	3.94	2.39	2.81	2.88	3.10	3.33
2010.07	0.22	1.99	2.20	2.66	3.02	2.89	2.48	2.99	3.18	3.22	3.07
2010.08	0.31	2.04	2.18	2.65	3.42	2.19	2.37	2.72	3.03	2.78	2.12
2010.09	0.26	1.93	1.85	2.12	3.48	2.16	2.30	2.46	2.94	2.93	3.82
2010.10	0.20	1.85	2.47	1.96	1.18	1.80	2.35	2.58	2.85	2.81	3.02
2010.11	0.21	1.86	1.81	2.49	3.37	3.95	2.38	2.68	3.06	2.98	3.15
2010.12	0.33	1.84	2.19	2.27	1.91	1.80	2.57	2.85	3.13	3.16	2.74
2011.01	0.24	1.99	2.01	1.87	3.47	4.45	2.76	2.92	3.04	2.91	3.35
2011.02	0.27	2.14	2.68	2.55	3.34	3.91	2.94	3.16	3.12	3.16	3.16
2011.03	0.32	2.31	2.67	3.01	2.91	4.47	3.04	3.26	3.76	3.25	3.15

八、金融市场
8. Financial Market

1.货币市场
(1) Money market

银行间市场交易量
Transaction volume in the inter-bank market

单位：万亿元
Unit: RMB trillion yuan

年 Year	债券回购 Repurchasing	同业拆借 Inter-bank borrowing	现券买卖 Outright transactions
2000	1.6	0.7	0.1
2001	4.0	0.8	0.1
2002	10.2	1.2	0.4
2003	11.7	2.4	3.1
2004	9.4	1.5	2.5
2005	15.9	1.3	6.0
2006	26.6	2.2	10.2
2007	44.8	10.6	15.6
2008	58.1	15.0	37.1
2009	70.3	19.4	47.3
2010	87.6	27.9	64.0

银行间市场月加权平均利率
Monthly weighted average interest rates in the inter-bank market

单位：% Unit: %

年/月 Year/Month	同业拆借市场 Inter-bank borrowing market	质押式债券回购 Bond-pledged repurchasing
2009.07	1.32	1.35
2009.08	1.21	1.23
2009.09	1.27	1.28
2009.10	1.30	1.30
2009.11	1.25	1.24
2009.12	1.25	1.26
2010.01	1.16	1.19
2010.02	1.52	1.55
2010.03	1.40	1.40
2010.04	1.34	1.36
2010.05	1.67	1.71
2010.06	2.31	2.38
2010.07	1.67	1.68
2010.08	1.62	1.66
2010.09	1.90	1.98
2010.10	1.67	1.69
2010.11	1.76	1.81
2010.12	2.92	3.12
2011.01	3.70	4.29
2011.02	2.73	3.02
2011.03	1.93	1.98

银行间市场交易量
Transaction volume in the inter-bank market

单位：万亿元
Unit: RMB trillion yuan

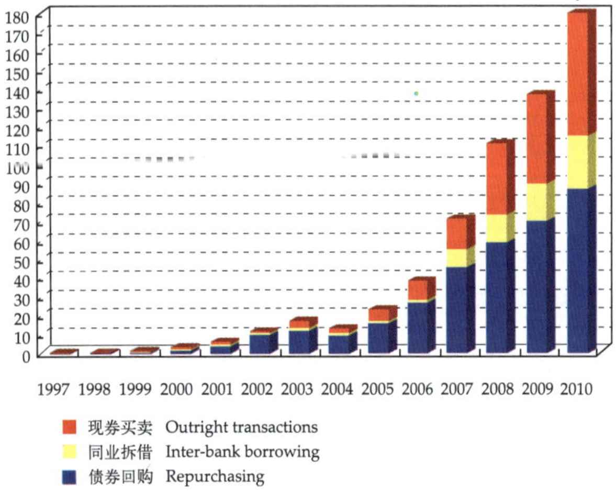

银行间市场月加权平均利率
Monthly weighted average interest rates in the inter-bank market

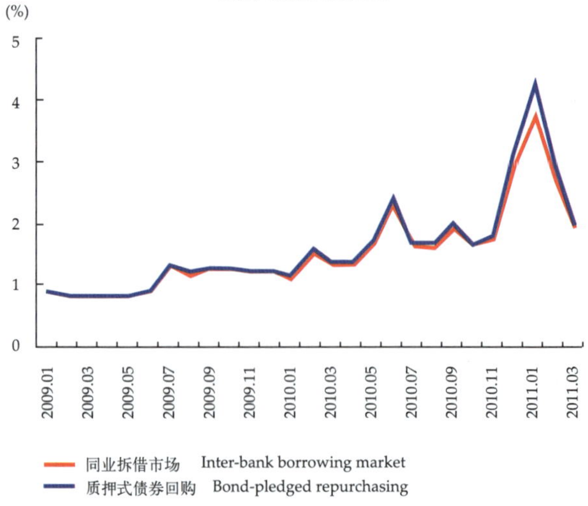

2011年第一季度各品种Shibor走势图
Movements of the Shibor in the first quarter of 2011

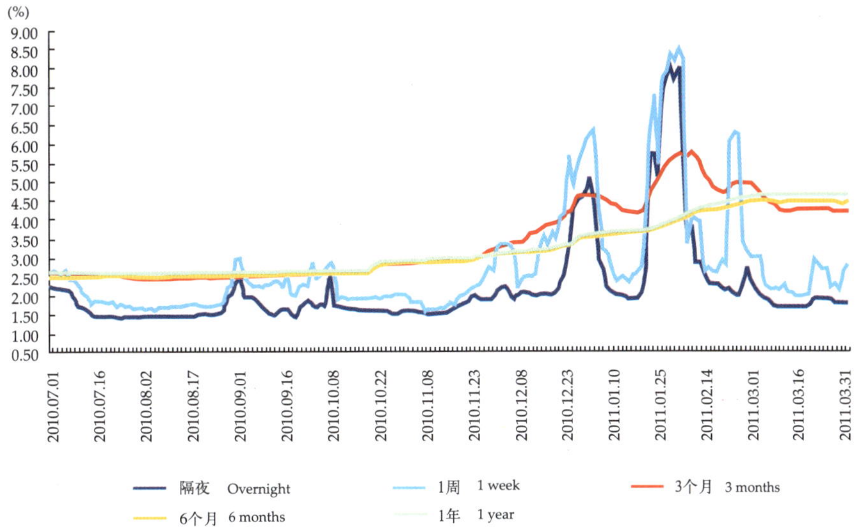

全国银行间同业拆借各期限当月交易量及月加权平均利率
Monthly transaction volume and monthly weighted average interest rates of inter-bank borrowing with different maturities

单位：亿元，%
Unit: RMB 100 million yuan, %

年/月 Year/Month	隔夜 Overnight		7天 7 days		8～14天 8 to 14 days		15～20天 15 to 20 days		21～30天 21 to 30 days		31～60天 31 to 60 days		3个月 3 months		4个月 4 months		6个月 6 months		9个月 9 months		1年 1 year	
	交易量 Volume	利率 Rate	交易量 Volume	利率 Rate	交易量 Volume	利率 Rate	交易量 Volume	利率 Rate	交易量 Volume	利率 Rate	交易量 Volume	利率 Rate	交易量 Volume	利率 Rate	交易量 Volume	利率 Rate	交易量 Volume	利率 Rate	交易量 Volume	利率 Rate	交易量 Volume	利率 Rate
2009.03	14 435.0	0.81	1 613.8	0.99	458.7	0.96	2.4	1.21	152.7	1.04	29.2	1.12	21.8	1.54	0.9	1.31	17.1	1.52	—	—	1.0	1.65
2009.04	9 461.8	0.82	1 928.6	1.00	492.6	0.96	12.0	0.97	134.4	1.06	22.0	1.13	33.0	1.65	3.7	1.62	10.8	1.71	1.1	1.63	—	—
2009.05	12 880.4	0.81	2 072.5	1.00	598.5	0.96	21.6	0.99	100.5	1.08	11.2	1.06	31.8	1.38	1.1	1.29	15.0	1.53	—	—	0.3	2.16
2009.06	15 721.6	0.87	2 912.5	1.06	377.3	1.06	23.0	0.99	114.7	1.10	29.0	1.33	45.0	1.38	1.2	1.38	2.0	2.20	2.0	2.26	1.0	1.9
2009.07	17 227.8	1.26	2 542.1	1.62	611.2	1.52	35.0	1.34	137.2	1.50	22.7	1.70	26.9	1.86	3.6	1.70	15.5	1.79	—	—	2.0	2.61
2009.08	14 310.2	1.16	1 450.9	1.49	587.8	1.57	60.5	1.27	49.2	1.72	1.0	1.76	43.1	1.80	—	—	2.0	2.94	1.5	3.20	2.0	2.80
2009.09	17 078.5	1.20	2 542.0	1.57	822.6	1.65	112.00	1.60	116.70	1.67	7.6	1.88	30.4	1.97	6.3	1.82	17.1	2.21	6.66	2.01	4.0	2.2
2009.10	12 186.9	1.25	1 113.8	1.57	220.7	1.59	7.30	1.88	105.60	1.70	109.2	1.80	98.5	1.84	1.0	1.81	6.1	2.17	—	—	11.0	2.3
2009.11	17 881.7	1.20	996.9	1.46	556.2	1.48	235.7	1.56	641.6	1.72	223.0	1.76	168.8	1.82	5.8	2.03	—	—	0.2	2.48	—	—
2009.12	17 920.6	1.19	2 160.1	1.50	658.6	1.60	362.9	1.61	370.9	1.73	53.7	1.73	155.9	1.86	30.3	1.92	2.8	2.46	—	—	—	—
2010.01	15 839.5	1.12	1 224.1	1.52	119.3	1.62	31.4	1.62	137.6	1.74	16.4	1.85	73.5	2.94	10.0	1.95	7.0	2.01	4.0	2.07	4.4	2.52
2010.02	13 140.8	1.45	1 396.5	1.80	733.5	2.06	74.0	1.82	114.0	1.91	64.3	1.92	94.9	2.01	10.9	2.05	12.1	2.11	—	—	—	—
2010.03	17 101.6	1.35	1 396.3	1.67	428.5	1.70	2.2	2.20	163.8	1.82	124.4	1.78	117.4	2.05	8.1	2.08	15.2	2.25	—	—	4.7	2.39
2010.04	19 859.7	1.31	1 426.0	1.66	203.9	1.66	15.0	1.90	42.4	1.82	24.7	1.87	147.6	2.00	2.5	2.30	4.2	2.42	—	—	—	—
2010.05	16 873.7	1.63	1 959.9	1.95	159.8	1.79	24.4	2.05	83.0	2.00	27.8	2.01	170.6	2.06	8.1	2.37	9.4	2.62	—	—	—	—
2010.06	14 896.8	2.20	2 331.1	2.68	371.6	3.03	136.5	3.40	122.4	3.45	15.3	3.51	47.3	3.50	35.8	3.51	9.0	3.52	0.1	2.50	—	—
2010.07	22 225.7	1.60	2 233.4	2.11	421.7	2.06	16.4	2.65	180.6	2.55	16.4	2.92	113.7	2.65	11.5	2.76	31.0	2.71	24.1	2.66	0.1	2.24
2010.08	30 720.3	1.58	3 015.2	1.92	637.1	1.82	29.3	2.08	166.8	2.11	13.4	2.10	80.7	2.49	—	—	44.0	2.61	—	—	0.1	3.22
2010.09	26 899.3	1.79	2 535.0	2.48	1128.4	2.84	146.1	3.20	266.3	3.10	16.0	2.67	92.5	2.65	11.0	3.00	11.7	2.44	—	—	—	—
2010.10	20 287.3	1.62	1 762.1	2.06	258.9	2.26	35.0	2.38	79.9	2.61	19.5	2.62	173.7	2.81	16.6	2.84	14.5	2.95	—	—	—	—
2010.11	23 669.3	1.71	2 510.7	2.06	244.5	2.22	8.3	3.27	47.4	2.89	38.4	2.72	86.5	3.22	8.0	2.93	25.2	3.32	2.0	3.55	—	—
2010.12	23 348.1	2.69	2 478.9	4.54	353.4	4.48	131.7	3.85	208.9	4.24	89.6	4.92	142.2	4.48	75.0	3.43	2.3	4.80	—	—	0.4	3.28
2011.01	14 322.0	3.40	1 606.0	4.94	358.6	7.03	106.7	6.80	256.6	5.45	39.6	6.57	205.4	4.84	2.0	5.40	51.2	4.21	—	4.00	—	—
2011.02	13 061.6	2.45	2 099.4	3.70	549.9	4.53	12.4	4.98	47.4	4.98	27.0	5.30	133.0	4.84	21.4	4.80	43.4	4.71	0.3	4.73	0.2	4.48
2011.03	23 610.9	1.81	2 514.3	2.42	316.8	2.79	172.5	2.83	116.6	3.84	26.9	4.42	121.9	4.08	58.8	3.90	117.8	4.29	4.5	3.91	3.7	4.24

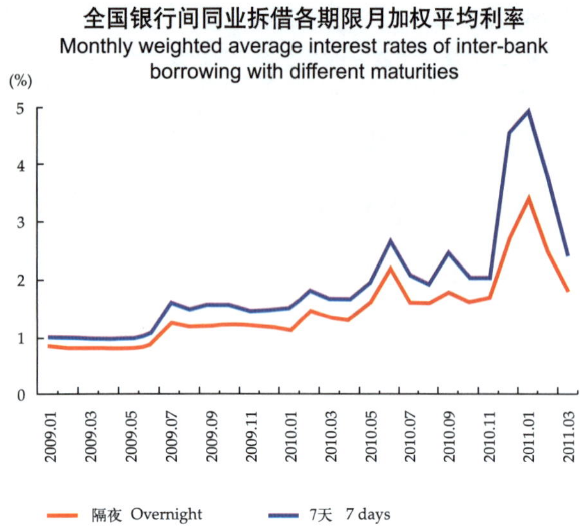

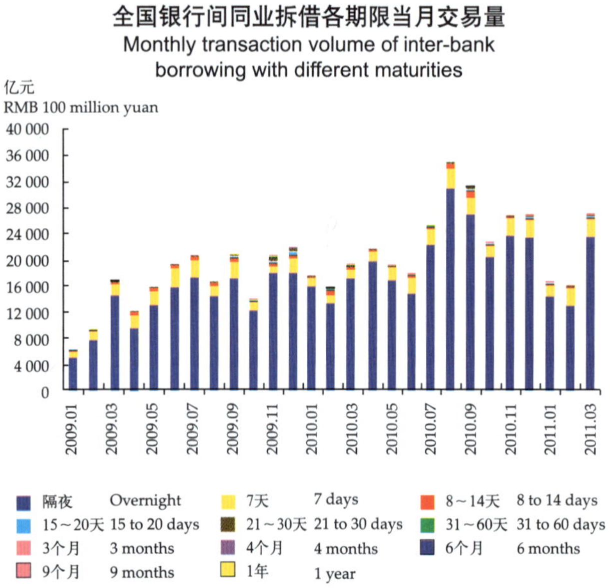

2. 债券市场

(2) Bond market

债券回购交易成交金额
Turnover of repurchasing

单位：亿元
Unit: RMB 100 million yuan

年/月 Year/Month	银行间债券市场 Inter-bank bond market	交易所 Stock exchanges
2009.04	55 061	2 195
2009.05	57 608	2 023
2009.06	74 831	2 955
2009.07	60 963	4 317
2009.08	53 418	3 495
2009.09	63 284	4 157
2009.10	40 792	2 808
2009.11	54 770	3 526
2009.12	73 319	4 137
2010.01	60 269	3 731
2010.02	46 254	2 756
2010.03	64 465	5 014
2010.04	68 354	4 664
2010.05	71 315	4 737
2010.06	73 152	5 483
2010.07	83 438	6 099
2010.08	100 903	6 472
2010.09	82 021	5 965
2010.10	66 401	4 508
2010.11	91 139	6 803
2010.12	78 825	9 644
2011.01	70 416	9 897
2011.02	53 737	7 850
2011.03	90 528	11 660

债券现券交易成交金额
Turnover of outright transactions

单位：亿元
Unit: RMB 100 million yuan

年/月 Year/Month	银行间债券市场 Inter-bank bond market	交易所 Stock exchanges
2009.04	39 951	200
2009.05	32 347	149
2009.06	43 135	177
2009.07	48 607	202
2009.08	48 490	167
2009.09	51 023	218
2009.10	25 736	100
2009.11	33 356	135
2009.12	48 490	156
2010.01	34 682	150
2010.02	25 680	155
2010.03	47 734	223
2010.04	46 794	146
2010.05	49 623	168
2010.06	40 184	128
2010.07	63 638	120
2010.08	73 780	111
2010.09	64 958	118
2010.10	57 660	115
2010.11	69 298	139
2010.12	66 390	88
2011.01	38 604	70
2011.02	26 656	54
2011.03	60 923	147

债券回购交易成交金额
Turnover of repurchasing

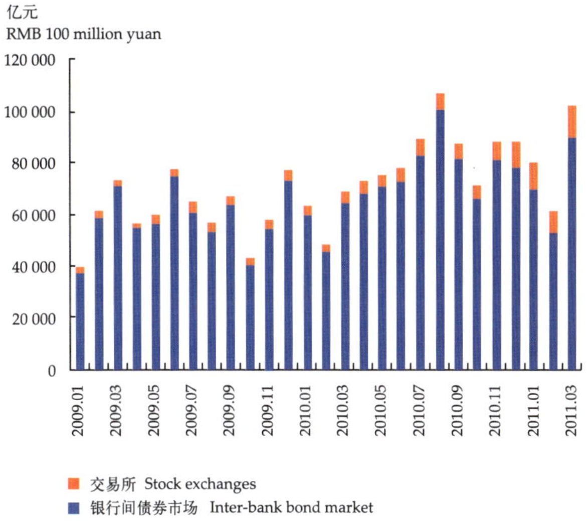

债券现券交易成交金额
Turnover of outright transactions

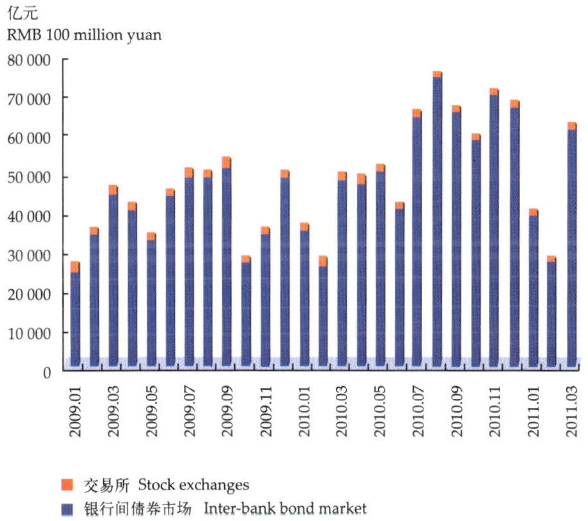

国债发行、兑付、期末余额
Issue and redemption values and end-period balance of government bonds

单位：亿元
Unit: RMB 100 million yuan

年/月 Year/Month	发行额 Issue value	兑付额 Redemption value	期末余额 End-period balance
2009.04	2 489.2	1 556.9	50 574.1
2009.05	2 240.5	122.1	52 692.5
2009.06	2 828.7	1 040.6	54 480.6
2009.07	2 153.6	953.4	55 680.8
2009.08	1 711.9	761.9	56 630.9
2009.09	1 995.6	1 292.3	57 334.1
2009.10	1 113.5	1 132.4	56 967.3
2009.11	1 620.1	389.0	58 198.4
2009.12	843.7	1 092.1	57 950.0
2010.01	260.0	552.3	57 657.7
2010.02	260.0	651.2	57 266.6
2010.03	1 780.0	816.9	58 229.7
2010.04	1 982.9	1 655.7	58 556.9
2010.05	1 862.8	893.2	59 526.6
2010.06	2 150.1	452.1	61 224.6
2010.07	2 193.7	803.3	62 720.1
2010.08	2 591.6	856.9	64 454.7
2010.09	1 826.0	1 042.9	65 237.8
2010.10	1 243.4	1 196.2	66 285.0
2010.11	2 251.0	876.1	66 660.0
2010.12	1 376.8	351.9	67 684.9
2011.01	900.0	1 118.1	67 466.8
2011.02	580.0	374.7	67 672.1
2011.03	1 780.0	1 676.7	67 775.4

国债发行与兑付
Issue and redemption values of government bonds

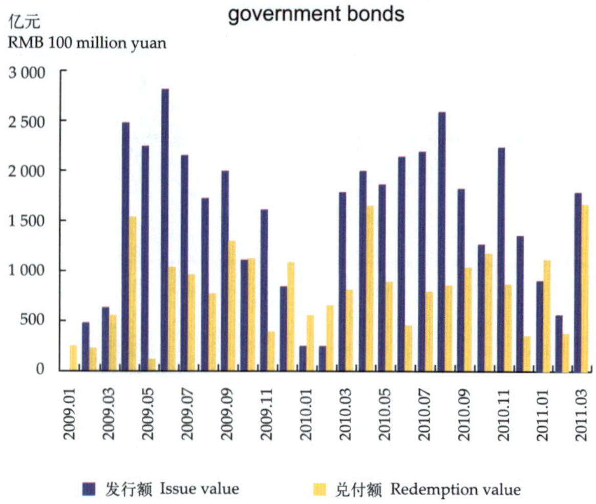

国债期末余额
Outstanding amounts of government bonds at end-period

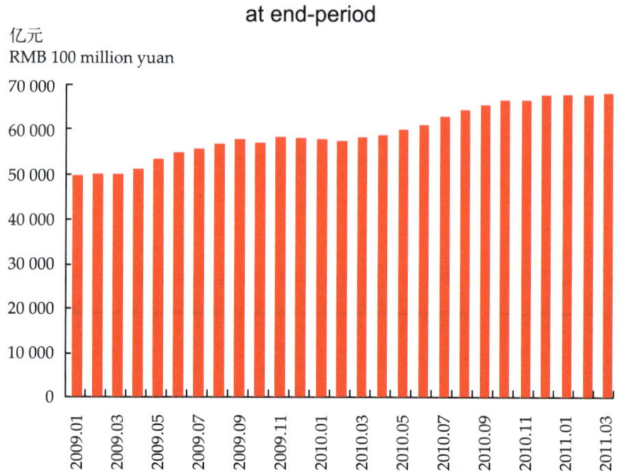

3.股票市场
(3) Stock market

股票成交、发行筹资额
Turnover of stock trading and funds raised in the stock market

单位：亿元
Unit: RMB 100 million yuan

年/月 Year/Month		成交金额 Turnover of stock trading		股票发行筹资额 Stock issues			股票配股筹资额 Issuance of share rights		企业可转债 Convertible corporate bonds	筹资合计 Total
		上海证券交易所A股 A-shares on the Shanghai stock exchange	深圳证券交易所A股 A-shares on the Shenzhen stock exchange	A股 A-shares	外资股(亿美元) Foreign-investment shares (USD100 million)		A股 A-shares	外资股(亿美元) Foreign-investment shares (USD100 million)		
					B股 B-shares	H股 H-shares		B股 B-shares		
2006		57 245	31 972	2 417.9	—	394.9	4.3	—	40.0	5 592.9
2007		301 960	152 811	7 292.8	—	125.4	227.8	—	52.3	8 521.5
2008		179 762	86 129	3 045.0	—	45.7	99.3	—	55.6	3 637.6
2009		345 443	188 446	4 749.3	—	152.5	106.0	—	46.6	5 963.1
2010		303 216	138 701	7 432.5	—	353.9	1 438.3	—	717.3	12 035.7
2009	1	9 737	5 136	86.7	—	—	—	—	—	86.7
	2	26 285	13 967	91.6	—	3.0	—	—	—	112.3
	3	24 997	12 432	86.4	—	—	—	—	—	76.9
	4	30 024	15 557	230.8	—	—	—	—	—	230.8
	5	24 141	12 805	213.7	—	—	—	—	—	214
	6	30 770	15 212	188.5	—	2.3	—	—	—	213
	7	47 202	23 434	853.7	—	11.2	—	—	—	937
	8	33 262	17 072	465.5	—	1.1	11.2	—	—	484.0
	9	28 262	15 791	324.2	—	36.5	4.4	—	21.2	600.2
	10	19 955	12 307	459.7	—	—	7.5	—	25.5	504.6
	11	38 955	24 680	705.1	—	40.2	52.8	—	—	1 032.5
	12	31 853	20 055	1 043.5	—	58.3	30.1	—	—	1 471.9
2010	1	29 001	12 330	504.4	—	3.4	—	—	—	540.2
	2	14 256	6 768	633.7	—	—	19.6	—	—	591.1
	3	25 220	11 466	362.2	—	7.3	180.5	—	—	533.5
	4	28 689	13 495	432.2	—	—	—	—	—	425.8
	5	18 588	8 121	429.7	—	0.4	—	—	7.2	429.7
	6	12 914	6 032	359.0	—	—	349.9	—	406.5	1 115.4
	7	17 468	8 138	918.5	—	142.7	28.9	—	0.0	1 954.2
	8	24 665	12 104	695.9	—	0.1	0.0	—	20.0	751.4
	9	23 449	11 087	552.8	—	4.9	16.5	—	256.3	929.2
	10	36 784	16 204	848.2	—	14.7	6.1	—	0.0	1 027.6
	11	45 733	20 610	752.9	—	2.6	825.6	—	11.3	1 589.8
	12	26 450	12 347	943.2	—	177.8	11.1	—	16.0	2 147.7
2011	1	20 198	7 770	630.9	—	—	99.7	—	7.2	730.6
	2	21 593	8 928	263.6	—	—	6.8	—	34.0	270.3
	3	36 920	14 965	576.6	—	—	6.1	—	254.0	582.7

月末加权平均市盈率
Weighted average price-earnings ratio at month-end

年/月 Year/Month	上海证券交易所A股 A-shares on the Shanghai stock exchange	上海证券交易所B股 B-shares on the Shanghai stock exchange	深圳证券交易所A股 A-shares on the Shenzhen stock exchange	深圳证券交易所B股 B-shares on the Shenzhen stock exchange
2009.04	20.2	17.2	30.9	12.7
2009.05	22.5	15.1	32.8	14.7
2009.06	25.4	16.4	35.9	17.4
2009.07	29.5	18.8	41.9	19.2
2009.08	23.0	16.0	33.5	16.4
2009.09	24.1	16.6	35.4	17.6
2009.10	26.0	17.9	40.4	18.9
2009.11	27.9	21.2	45.7	21.4
2009.12	28.8	21.6	46.9	21.8
2010.01	26.2	20.7	43.9	20.7
2010.02	26.9	21.7	45.2	20.9
2010.03	27.5	22.1	40.6	18.1
2010.04	25.4	18.0	36.3	16.7
2010.05	19.9	16.2	34.3	15.3
2010.06	18.5	16.4	31.5	15.7
2010.07	19.9	18.6	36.0	18.3
2010.08	19.9	20.0	39.7	19.1
2010.09	20.0	20.4	40.1	21.3
2010.10	22.6	22.8	45.1	23.6
2010.11	21.5	23.4	45.5	22.7
2010.12	21.6	23.9	45.3	23.1
2011.01	21.6	24.1	41.6	23.3
2011.02	22.6	24.6	44.3	23.1
2011.03	22.8	24.9	35.9	14.8

成交金额
Turnover of stock trading

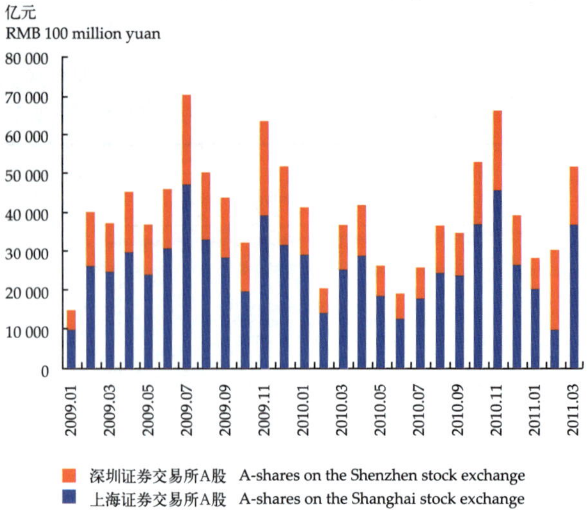

月末加权平均市盈率
Weighted average price-earnings ratio at month-end

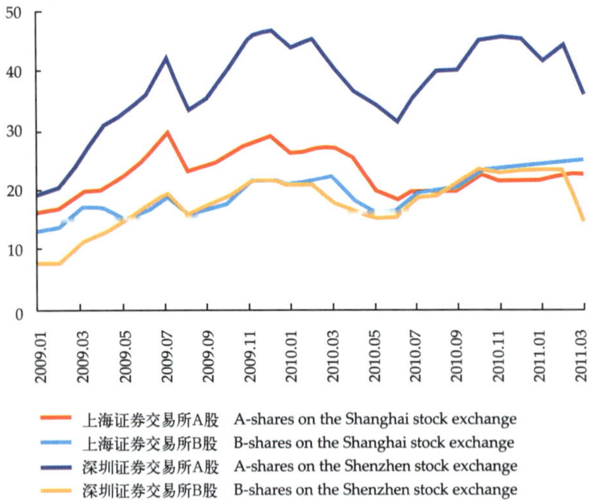

月末收盘指数
Closing index at month-end

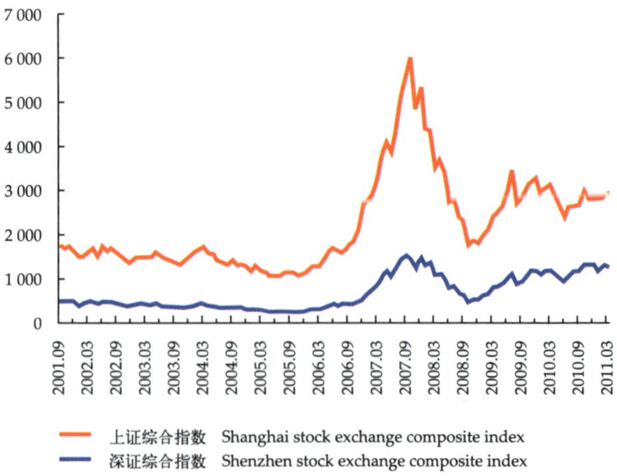

4.票据市场
(4) Commercial paper market

票据市场交易额与期末余额
Transactions and outstanding balance of commercial paper market

单位：亿元
Unit: RMB 100 million yuan

年/月 Year/Month	商业汇票 Drafts	贴现 Discount bills	再贴现 Rediscount bills
发生额 Transactions during the period			
2009.10	7 066	15 069	23
2009.11	8 287	16 029	43
2009.12	9 009	19 623	81
2010.01	9 238	21 500	52
2010.02	6 993	14 977	66
2010.03	11 416	25 057	84
2010.04	9 443	18 922	91
2010.05	9 388	19 553	116
2010.06	8 434	19 526	177
2010.07	10 493	24 704	115
2010.08	10 444	18 079	122
2010.09	10 370	17 707	193
2010.10	10 254	20 754	123
2010.11	11 815	25 407	190
2010.12	11 227	22 503	343
2011.01	12 757	21 998	220
2011.02	7 481	17 075	111
2011.03	16 177	30 366	220
期末余额 Outstanding balance at the end of the period			
2009.10	42 563	24 137	95
2009.11	41 307	23 186	123
2009.12	41 267	21 881	181
2010.01	42 192	20 892	197
2010.02	43 263	19 263	230
2010.03	44 470	17 402	263
2010.04	46 584	17 736	298
2010.05	48 093	17 679	357
2010.06	46 890	14 866	386
2010.07	48 689	16 900	498
2010.08	52 299	16 693	542
2010.09	50 345	15 767	599
2010.10	53 902	15 767	583
2010.11	54 342	15 611	605
2010.12	56 075	14 810	791
2011.01	56 948	14 167	833
2011.02	55 755	13 421	782
2011.03	59 417	12 387	766

商业汇票交易情况
Draft transactions

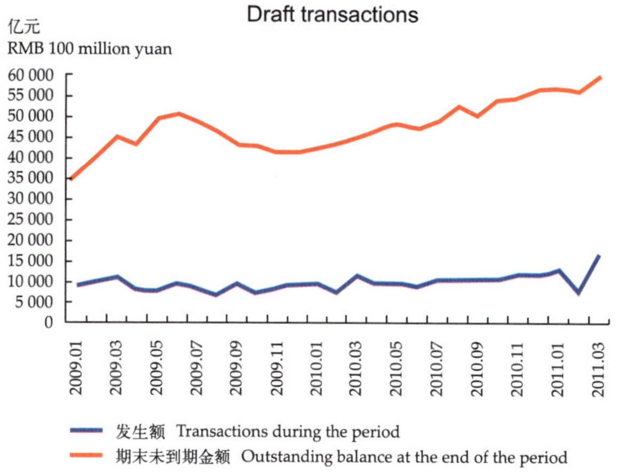

贴现情况
Discount bills

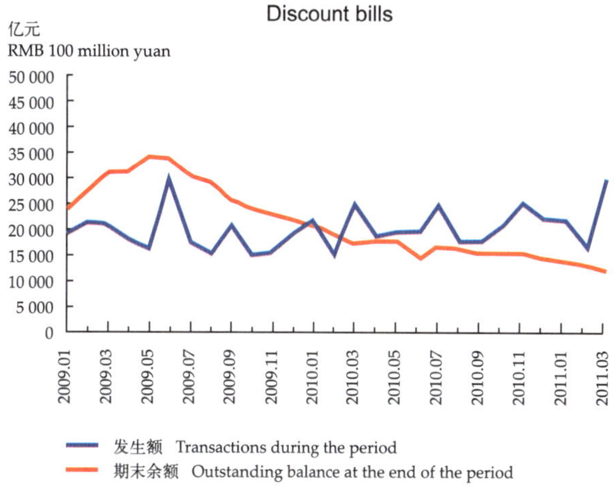

再贴现情况
Rediscount bills

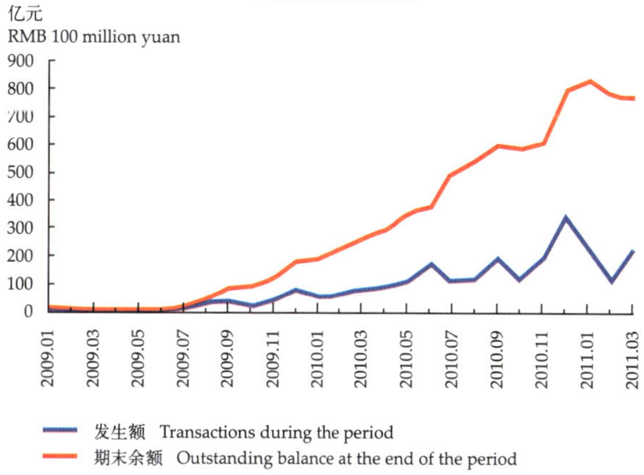

5.外汇市场
(5) Foreign exchange market

世界主要货币兑人民币月平均汇率
Monthly average exchange rate of the RMB against major foreign currencies

年/月 Year/Month	人民币元/美元 RMB yuan/USD	人民币元/欧元 RMB yuan/EUR	人民币元/100日元 RMB yuan/100JPY	人民币元/港元 RMB yuan/HKD
2009.04	6.8312	8.9957	6.9072	0.8814
2009.05	6.8245	9.2922	7.0681	0.8805
2009.06	6.8332	9.5789	7.0765	0.8816
2009.07	6.8320	9.6145	7.2311	0.8815
2009.08	6.8322	9.7467	7.1994	0.8815
2009.09	6.8289	9.9354	7.4638	0.8811
2009.10	6.8275	10.1561	7.5275	0.8810
2009.11	6.8274	10.1860	7.6512	0.8809
2009.12	6.8279	9.9708	7.6101	0.8807
2010.01	6.8273	9.7584	7.4812	0.8795
2010.02	6.8270	9.3656	7.5662	0.8790
2010.03	6.8264	9.2700	7.5429	0.8795
2010.04	6.8262	9.1696	7.3100	0.8794
2010.05	6.8274	8.5604	7.4245	0.8768
2010.06	6.8165	8.3220	7.5087	0.8753
2010.07	6.7775	8.6438	7.7306	0.8714
2010.08	6.7901	8.7624	7.9418	0.8739
2010.09	6.7462	8.7692	7.9954	0.8686
2010.10	6.6732	9.2909	8.1884	0.8600
2010.11	6.6558	9.1078	8.0725	0.8583
2010.12	6.6515	8.7837	7.9809	0.8556
2011.01	6.6027	8.8127	7.9868	0.8487
2011.02	6.5831	8.9838	7.9494	0.8450
2011.03	6.5662	9.1921	8.0326	0.8426

世界主要货币兑人民币期末汇率
Exchange rate of the RMB against major foreign currencies at the end of the period

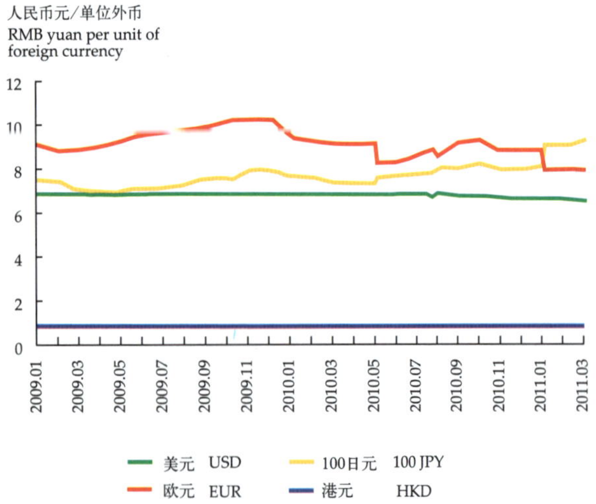

人民币元/美元中间价
Central parity of the RMB against the USD
2005年7月21日至2011年3月31日
From July 21, 2005 to March 31, 2011

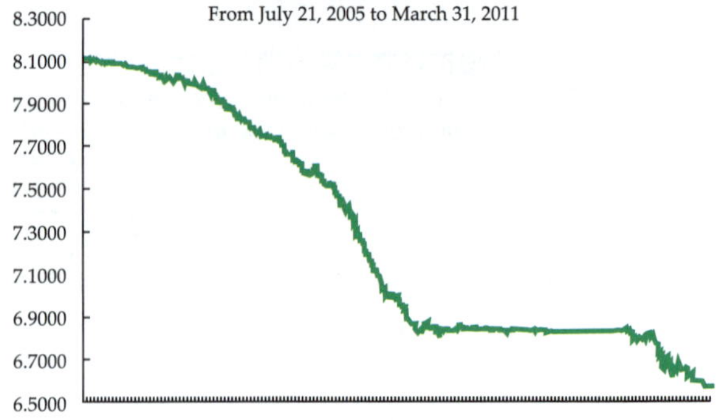

人民币元/欧元中间价
Central parity of the RMB against the EUR
2005年7月21日至2011年3月31日
From July 21, 2005 to March 31, 2011

人民币元/日元中间价
Central parity of the RMB against the JPY
2005年7月21日至2011年3月31日
From July 21, 2005 to March 31, 2011

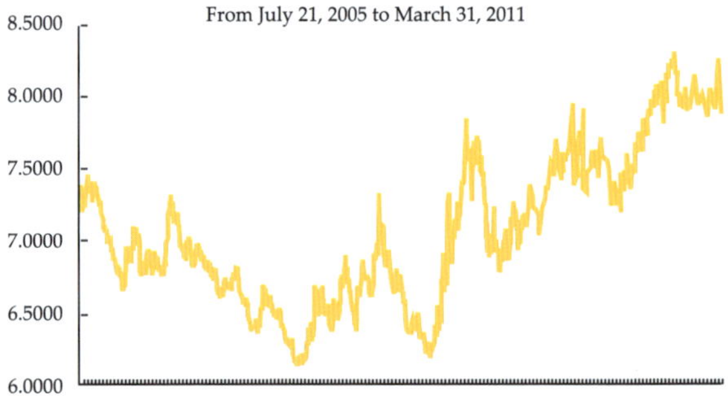

人民币元/港元中间价
Central parity of the RMB against the HKD
2005年7月21日至2011年3月31日
From July 21, 2005 to March 31, 2011

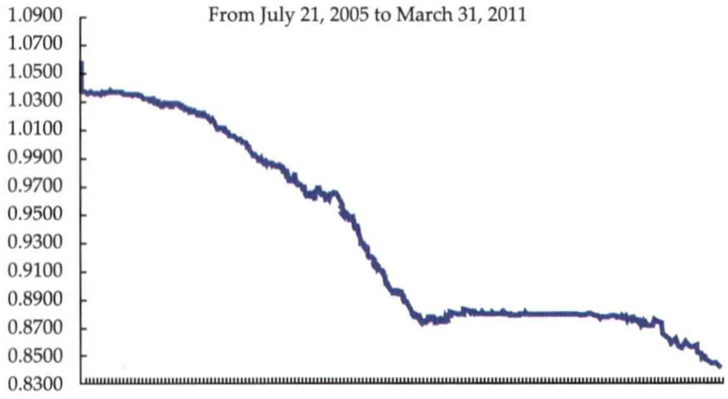

2011年1月4日以来人民币汇率中间价
Central parity of the RMB against major foreign currencies since January 4, 2011

日期 Date	人民币元/美元 RMB yuan/USD	人民币元/欧元 RMB yuan/EUR	人民币元/100日元 RMB yuan/100JPY	人民币元/港元 RMB yuan/HKD
2011.01.04	6.6215	8.8301	8.0977	0.8521
2011.01.05	6.6295	8.8123	8.0852	0.8533
2011.01.06	6.6322	8.7283	7.9642	0.8534
2011.01.07	6.6341	8.6276	7.9617	0.8534
2011.01.10	6.6349	8.5567	7.9977	0.8535
2011.01.11	6.6216	8.5674	7.9889	0.8515
2011.01.12	6.6128	8.5851	7.9390	0.8504
2011.01.13	6.5997	8.6684	7.9438	0.8491
2011.01.14	6.5896	8.7866	7.9618	0.8475
2011.01.17	6.5897	8.8061	7.9442	0.8476
2011.01.18	6.5891	8.7362	7.9646	0.8473
2011.01.19	6.5885	8.8253	7.9696	0.8471
2011.01.20	6.5883	8.8603	8.0155	0.8470
2011.01.21	6.5886	8.8765	7.9424	0.8464
2011.01.24	6.5883	8.9558	7.9670	0.8457
2011.01.25	6.5881	8.9872	7.9735	0.8451
2011.01.26	6.5878	9.0065	8.0100	0.8456
2011.01.27	6.5876	9.0316	8.0239	0.8464
2011.01.28	6.5930	9.0505	7.9621	0.8465
2011.01.31	6.5891	8.9552	8.0223	0.8456
2011.02.01	6.5860	9.0350	8.0214	0.8448
2011.02.09	6.5850	8.9757	8.0036	0.8459
2011.02.10	6.5849	9.0292	7.9841	0.8457
2011.02.11	6.5952	8.9794	7.9198	0.8467
2011.02.14	6.5985	8.9208	7.9247	0.8466
2011.02.15	6.5929	8.9017	7.9127	0.8459
2011.02.16	6.5855	8.8954	7.8661	0.8450
2011.02.17	6.5800	8.9294	7.8685	0.8449
2011.02.18	6.5781	8.9544	7.8936	0.8447
2011.02.21	6.5705	8.9947	7.9034	0.8441
2011.02.22	6.5772	8.9657	7.9349	0.8448
2011.02.23	6.5828	9.0112	7.9421	0.8448
2011.02.24	6.5795	9.0646	7.9940	0.8441
2011.02.25	6.5757	9.0794	8.0255	0.8436
2011.02.28	6.5752	9.0205	8.0460	0.8436
2011.03.01	6.5706	9.0819	8.0222	0.8437
2011.03.02	6.5736	9.0535	8.0278	0.8437
2011.03.03	6.5695	9.1073	8.0292	0.8432
2011.03.04	6.5671	9.1660	7.9741	0.8432
2011.03.07	6.5651	9.1816	7.9707	0.8430
2011.03.08	6.5687	9.1742	7.9838	0.8435
2011.03.09	6.5748	9.1294	7.9334	0.8440
2011.03.10	6.5713	9.1423	7.9368	0.8438
2011.03.11	6.5750	9.0824	7.9289	0.8441
2011.03.14	6.5701	9.1512	8.0128	0.8434
2011.03.15	6.5679	9.1836	8.0238	0.8430
2011.03.16	6.5718	9.1834	8.1018	0.8431
2011.03.17	6.5690	9.1283	8.2743	0.8419
2011.03.18	6.5668	9.2007	8.0972	0.8417
2011.03.21	6.5632	9.2958	8.1077	0.8415
2011.03.22	6.5592	9.3298	8.1003	0.8412
2011.03.23	6.5601	9.2934	8.0934	0.8415
2011.03.24	6.5625	9.2538	8.1059	0.8420
2011.03.25	6.5580	9.2979	8.0968	0.8413
2011.03.28	6.5618	9.2128	8.0419	0.8418
2011.03.29	6.5625	9.2446	8.0447	0.8415
2011.03.30	6.5586	9.2555	7.9537	0.8415
2011.03.31	6.5564	9.2681	7.8883	0.8423

九、中央银行公开市场业务
9. Central Bank Open Market Operations

中央银行公开市场业务交易
Central bank open market operations

日期 Date		操作工具 Mode of transaction	招标方式 Mode of bidding	期限品种(天) Maturity (Day)	招标数量(亿元) Bidding amount (RMB 100 million yuan)	实际发行量/买入面额(亿元) Actual issue/ purchasing face value (RMB 100 million yuan)	发行价格(元)/买入金额(亿元) Issue price (RMB yuan)/ purchasing amount (RMB 100 million yuan)	中标利率/参考收益率(%) Interest rate of successful bidding/ reference yield (%)
2011.01.04	周二 Tuesday	中央银行票据 Central bank bills	价格招标 Price bidding	1年 1-year	10	10	97.45	2.6167
2011.01.06	周四 Thursday	中央银行票据 Central bank bills	价格招标 Price bidding	91天 91-day	10	10	99.46	2.1777
2011.01.11	周二 Tuesday	正回购 Reverse repurchase	利率招标 Interest rate bidding	14天 14-day	600	600	0	2.05
		中央银行票据 Central bank bills	价格招标 Price bidding	1年 1-year	10	10	97.35	2.7221
2011.01.13	周四 Thursday	正回购 Reverse repurchase	利率招标 Interest rate bidding	91天 91-day	80	80	0	2.26
		正回购 Reverse repurchase	利率招标 Interest rate bidding	7天 7-day	200	200	0	1.9
		中央银行票据 Central bank bills	价格招标 Price bidding	91天 91-day	30	30	99.44	2.2588
2011.02.10	周四 Thursday	中央银行票据 Central bank bills	价格招标 Price bidding	91天 91-day	10	10	99.35	2.6242
2011.02.15	周二 Tuesday	中央银行票据 Central bank bills	价格招标 Price bidding	1年 1-year	10	10	97.09	2.9972
		正回购 Reverse repurchase	利率招标 Interest rate bidding	28天 28-day	200	200	0	2.35
2011.02.17	周四 Thursday	中央银行票据 Central bank bills	价格招标 Price bidding	91天 91-day	100	100	99.35	2.6242
		正回购 Reverse repurchase	利率招标 Interest rate bidding	91天 91-day	200	200	0	2.63
2011.02.22	周二 Tuesday	中央银行票据 Central bank bills	价格招标 Price bidding	1年 1-year	10	10	97.09	2.9972
2011.02.24	周四 Thursday	中央银行票据 Central bank bills	价格招标 Price bidding	91天 91-day	10	10	99.35	2.6242
		正回购 Reverse repurchase	利率招标 Interest rate bidding	91天 91-day	200	200	0	2.63
2011.03.01	周二 Tuesday	中央银行票据 Central bank bills	价格招标 Price bidding	1年 1-year	10	10	97.09	2.9972
2011.03.03	周四 Thursday	中央银行票据 Central bank bills	价格招标 Price bidding	91天 91-day	10	10	99.35	2.6314
		正回购 Reverse repurchase	利率招标 Interest rate bidding	91天 91-day	400	400	0	2.63

中央银行公开市场业务交易
Central bank open market operations

续表

日期 Date		操作工具 Mode of transaction	招标方式 Mode of bidding	期限品种(天) Maturity (Day)	招标数量(亿元) Bidding amount (RMB 100 million yuan)	实际发行量/买入面额(亿元) Actual issue/ purchasing face value (RMB 100 million yuan)	发行价格(元)/买入金额(亿元) Issue price (RMB yuan)/ purchasing amount (RMB 100 million yuan)	中标利率/参考收益率(%) Interest rate of successful bidding/ reference yield (%)
2011.03.08	周二 Tuesday	中央银行票据 Central bank bills	价格招标 Price bidding	1年 1-year	10	10	97.09	2.9972
		正回购 Reverse repurchase	利率招标 Interest rate bidding	28天 28-day	1 100	1 100	0	2.5
2011.03.10	周四 Thursday	中央银行票据 Central bank bills	价格招标 Price bidding	91天 91-day	320	320	99.31	2.7944
		正回购 Reverse repurchase	利率招标 Interest rate bidding	91天 91-day	720	720	0	2.8
2011.03.15	周二 Tuesday	中央银行票据 Central bank bills	价格招标 Price bidding	1年 1-year	100	100	96.9	3.1992
		正回购 Reverse repurchase	利率招标 Interest rate bidding	28天 28-day	1 100	1 100	0	2.5
2011.03.17	周四 Thursday	正回购 Reverse repurchase	利率招标 Interest rate bidding	91天 91-day	600	600	0	2.8
2011.03.22	周二 Tuesday	中央银行票据 Central bank bills	价格招标 Price bidding	1年 1-year	500	500	96.9	3.1992
		正回购 Reverse repurchase	利率招标 Interest rate bidding	28天 28-day	850	850	0	2.5
2011.03.24	周四 Thursday	中央银行票据 Central bank bills	价格招标 Price bidding	91天 91-day	470	470	99.31	2.7944
		正回购 Reverse repurchase	利率招标 Interest rate bidding	91天 91-day	300	300	0	2.8
2011.03.29	周二 Tuesday	中央银行票据 Central bank bills	价格招标 Price bidding	1年 1-year	990	990	96.9	3.1992
		正回购 Reverse repurchase	利率招标 Interest rate bidding	28天 28-day	1 000	1 000	0	2.5
2011.03.31	周四 Thursday	中央银行票据 Central bank bills	价格招标 Price bidding	91天 91-day	260	260	99.31	2.7944
		正回购 Reverse repurchase	利率招标 Interest rate bidding	91天 91-day	600	600	0	2.8

附录四 世界主要经济体经济和金融指标

Appendix 4 Economic and Financial Indicators of Major Economics

一、经济增长率

1. Economic Growth Rate

世界经济增长率

World economic growth rate

单位：% Unit: %

		2008	2009	2010	2011年1月预计 Projection in Januray, 2011		2011年4月预计 Projection in April, 2011	
					2011	2012	2011	2012
国际货币基金组织 IMF	按购买力平价方法计算的实际GDP增长率 Real GDP growth rate based on PPP	3.0	-0.5	5.0	4.4	4.5	4.4	4.5
	按市场汇率法计算的实际GDP增长率 Real GDP growth rate based on market exchange rate	1.8	-2.1	3.9	3.5	3.6	3.5	3.7
世界银行 World Bank	按2000年不变价及市场汇率法计算的实际GDP增长率 Real GDP growth rate based on 2000 constant price and market exchange rate	1.5	-2.2	3.8	3.3	3.6	3.2	3.6

数据来源：国际货币基金组织《世界经济展望》（2011年4月），世界银行《全球经济展望》（2011年6月）。

Source : *World Economic Outlook Update*, IMF, April, 2011; *Global Economic Prospects Forecast*, The World Bank, Jnue, 2011.

世界经济增长率

World economic growth rate

单位：% Unit: %

年 Year	国际货币基金组织按购买力平价方法计算的实际GDP增长率 Real GDP growth rate based on PPP (IMF)	国际货币基金组织按市场汇率法计算的实际GDP增长率 Real GDP growth rate based on market exchange rate (IMF)
1984	4.6	4.6
1985	3.6	3.6
1986	3.5	3.3
1987	3.7	3.5
1988	4.5	4.5
1989	3.7	3.7
1990	2.9	2.8
1991	1.5	1.0
1992	2.0	1.2
1993	2.0	1.2
1994	3.4	3.0
1995	3.3	2.9
1996	3.7	3.2
1997	4.0	3.5
1998	2.5	2.1
1999	3.5	3.1
2000	4.7	4.1
2001	2.2	1.5
2002	2.8	1.9
2003	3.6	2.6
2004	4.9	4.0
2005	4.4	3.4
2006	5.1	3.9
2007	5.2	3.7
2008	3.0	1.8
2009	-0.5	-2.1
2010	5.0	3.9
2011*	4.4	3.5
2012*	4.5	3.7

注：＊为预测数。

Note: * Projection.

世界经济增长循环

World economic growth cycles

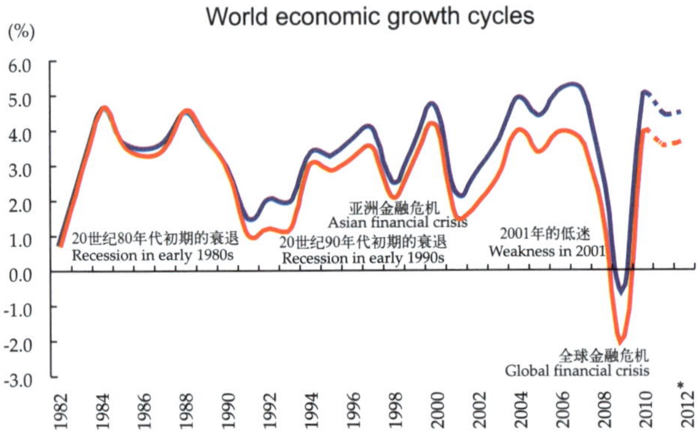

国际货币基金组织按购买力平价方法计算的实际GDP增长率
Real GDP growth rate based on PPP (IMF)

国际货币基金组织按市场汇率法计算的实际GDP增长率
Real GDP growth rate based on market exchange rate (IMF)

注：＊为预测数。

Note: * Projection.

GDP年度增长率
Annual growth rate of GDP

单位：% Unit: %

年 Year	美国 U.S.	日本 Japan	欧元区 Euro Area	英国 U.K.
2000	3.7	2.9	3.8	3.8
2001	0.8	0.2	1.9	2.4
2002	1.6	0.3	0.9	2.1
2003	2.5	1.4	0.8	2.8
2004	3.6	2.7	2.1	3.3
2005	2.9	1.9	1.6	1.8
2006	2.8	2.4	2.8	2.8
2007	2.1	2.3	2.7	2.6
2008	0.0	-1.2	0.5	-0.1
2009	-2.6	-6.3	-4.1	-4.9
2010	2.8	3.9	1.7	1.3
2011*	2.8	1.4	1.6	1.7
2012*	2.9	2.1	1.8	2.3

注：*为预测数。
Note:*Projection.

GDP季度同比增长率
Year-on-year growth rate of GDP

单位：% Unit: %

年/季 Year/Quarter	美国 U.S.	日本 Japan	欧元区 Euro Area	英国 U.K.
2007Q2	3.2	2.3	2.6	2.9
2007Q3	2.3	1.7	2.7	2.9
2007Q4	2.9	1.9	2.1	2.4
2008Q1	-0.7	1.3	2.1	1.9
2008Q2	0.6	-0.3	1.4	1.0
2008Q3	-4.0	-1.1	0.6	-0.4
2008Q4	-6.8	-4.5	-1.5	-2.7
2009Q1	-4.9	-10.3	-4.9	-5.4
2009Q2	-0.7	-7.0	-4.8	-5.9
2009Q3	1.6	-6.3	-4.0	-5.3
2009Q4	5.0	-1.5	-2.0	-2.8
2010Q1	3.7	5.6	0.8	-0.4
2010Q2	1.7	3.1	2.0	1.5
2010Q3	2.6	5.0	2.0	2.5
2010Q4	3.1	2.2	1.9	1.5
2011Q1	1.8	-1.0	2.5	1.8

GDP年度增长率
Annual growth rate of GDP

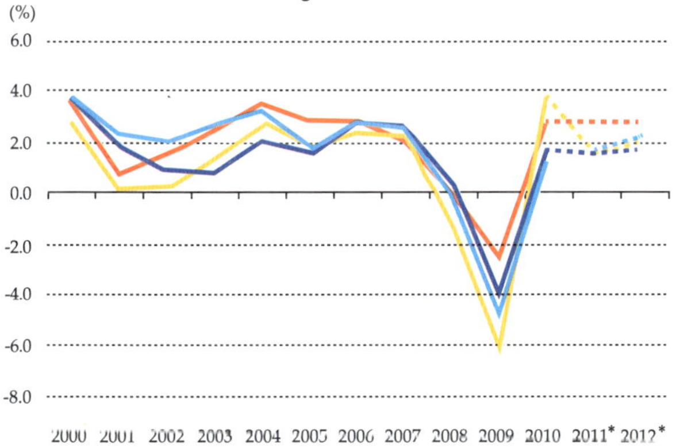

注：*为预测数。
Note: *Projection.
数据来源：国际货币基金组织《世界经济展望》(2011年4月)。
Source: *World Economic Outlook Update*, IMF, April, 2011.

GDP季度同比增长率
Year-on-year growth rate of GDP

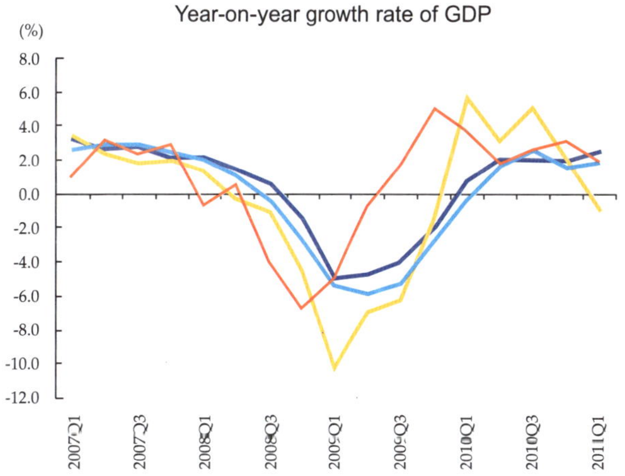

注：美国GDP增长率为环比折年率季节调整后的数据，折年率方法为$[(GDP_1/GDP_0)^4-1]\times100$。
Note: The U.S. GDP growth rate is an annualized rate after a seasonal adjustment. It can be written as $[(GDP_1/GDP_0)^4-1]\times100$.
数据来源：各经济体官方统计网站。
Source: Official Statistical Websites of the Economies.

二、消费价格指数
2. CPI

消费价格当月同比指数
Monthly CPI (YOY)

单位：% Unit: %

年/月 Year/Month	美国 U.S.	日本 Japan	欧元区 Euro Area	英国 U.K.
2010.01	2.7	-1.3	1.0	3.5
2010.02	2.2	-1.1	0.9	3.0
2010.03	2.4	-1.1	1.4	3.4
2010.04	2.2	-1.2	1.5	3.7
2010.05	2.0	-0.9	1.6	3.4
2010.06	1.1	-0.7	1.5	3.2
2010.07	1.3	-0.9	1.7	3.1
2010.08	1.2	-0.9	1.6	3.1
2010.09	1.1	-0.6	1.9	3.1
2010.10	1.2	0.2	1.9	3.2
2010.11	1.1	0.1	1.9	3.3
2010.12	1.4	0.0	2.2	3.7
2011.01	1.7	0.0	2.3	4.0
2011.02	2.2	0.0	2.4	4.4
2011.03	2.7	0.0	2.7	4.0

数据来源：各经济体官方统计网站。
Source: Official Statistical Websites of the Economies.

三、失业率
3. Unemployment Rate

失业率（季节调整后）
Unemployment rate
(after seasonal adjustment)

单位：% Unit: %

年/月 Year/Month	美国 U.S.	日本 Japan	欧元区 Euro Area	英国 U.K.
2010.01	9.7	5.1	9.9	8.0
2010.02	9.7	4.9	9.9	8.0
2010.03	9.7	5.0	10.0	8.0
2010.04	9.9	5.1	10.0	7.8
2010.05	9.7	5.1	10.1	7.8
2010.06	9.5	5.2	10.1	7.8
2010.07	9.5	5.1	10.1	7.7
2010.08	9.6	5.0	10.1	7.7
2010.09	9.6	5.0	10.1	7.7
2010.10	9.7	5.1	10.1	7.9
2010.11	9.8	5.1	10.0	7.9
2010.12	9.4	4.9	10.0	7.9
2011.01	9.0	4.9	10.0	7.7
2011.02	8.9	4.6	9.9	7.7
2011.03	8.8	4.6	9.9	7.7

数据来源：各经济体官方统计网站。
Source: Official Statistical Websites of the Economies.

消费价格当月同比指数
Monthly CPI (YOY)

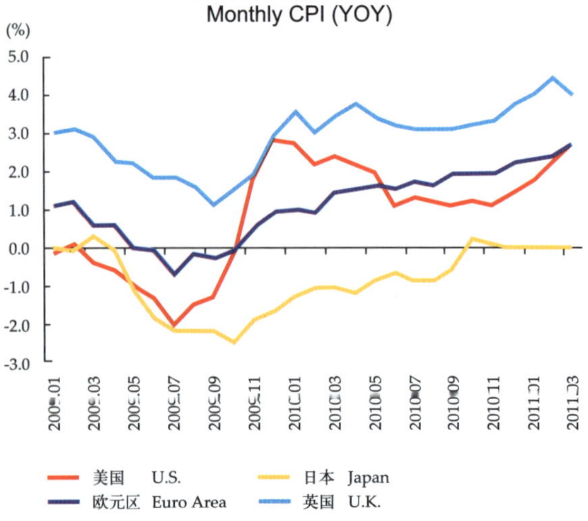

数据来源：各经济体官方统计网站。
Source: Official Statistical Websites of the Economies.

失业率（季节调整后）
Unemployment rate
(after seasonal adjustment)

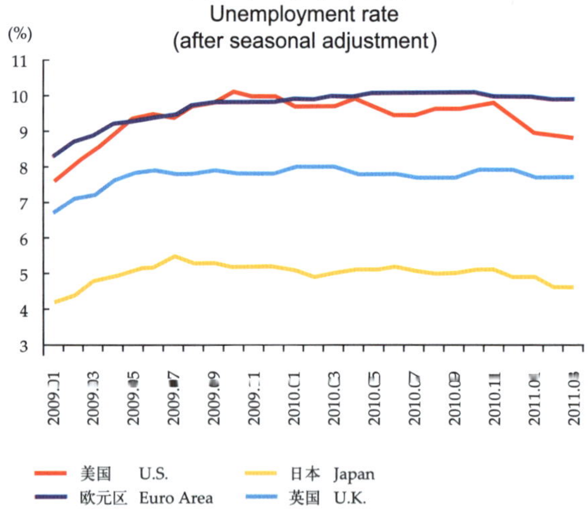

数据来源：各经济体官方统计网站。
Source: Official Statistical Websites of the Economies.

四、国际收支
4. BOP

经常项目差额
Current account balance

单位：10亿美元
Unit: USD billion

年/季 Year/Quarter	美国 U.S.	日本 Japan	欧元区 Euro Area	英国 U.K.
2006Q1	-179.84	47.27	-10.90	-18.87
2006Q2	-204.39	34.73	-17.98	-17.11
2006Q3	-229.98	45.55	2.06	-24.58
2006Q4	-188.44	42.97	26.49	-21.39
2007Q1	-179.42	57.19	6.75	-22.30
2007Q2	-190.21	46.41	-6.31	-17.85
2007Q3	-183.96	58.23	12.84	-25.57
2007Q4	-164.50	48.66	11.57	-5.36
2008Q1	-151.72	62.55	-45.10	-1.47
2008Q2	-175.36	36.73	-60.11	-13.33
2008Q3	-191.63	38.98	-47.69	-15.07
2008Q4	-150.15	18.38	-34.89	-11.29
2009Q1	-80.22	27.07	-41.29	-7.08
2009Q2	-83.15	33.42	-39.96	-16.78
2009Q3	-111.58	43.68	-0.57	-9.73
2009Q4	-103.49	38.02	17.33	-3.46
2010Q1	-91.80	55.50	-30.20	-16.24
2010Q2	-120.43	39.25	-25.97	-10.40
2010Q3	-141.08	56.83	-10.67	-13.99
2010Q4	-116.94	44.17	-10.36	-15.56

资本项目差额
Capital account balance

单位：10亿美元
Unit: USD billion

年/季 Year/Quarter	美国 U.S.	日本 Japan	欧元区 Euro Area	英国 U.K.
2006Q1	-1.22	-2.52	0.27	1.06
2006Q2	-0.49	-1.23	1.89	-1.15
2006Q3	0.00	-0.30	3.98	0.91
2006Q4	-0.08	-0.71	5.59	0.99
2007Q1	0.00	-2.09	5.33	0.71
2007Q2	0.44	-0.18	3.84	0.91
2007Q3	-0.06	-0.60	3.55	1.26
2007Q4	0.00	-1.16	-7.31	2.29
2008Q1	-0.01	-1.54	6.59	1.83
2008Q2	-0.02	-0.72	2.71	1.93
2008Q3	6.04	-1.10	2.11	1.12
2008Q4	-0.01	-2.11	2.76	1.17
2009Q1	-0.02	-1.04	2.70	1.05
2009Q2	-0.03	-0.76	2.47	1.43
2009Q3	-0.04	-1.98	1.71	1.25
2009Q4	-0.06	-1.21	1.48	1.41
2010Q1	0.00	-1.34	3.48	1.62
2010Q2	0.00	-0.75	2.07	1.22
2010Q3	-0.15	-1.91	1.88	0.85
2010Q4	0.00	-0.96	4.67	1.19

经常项目差额
Current account balance

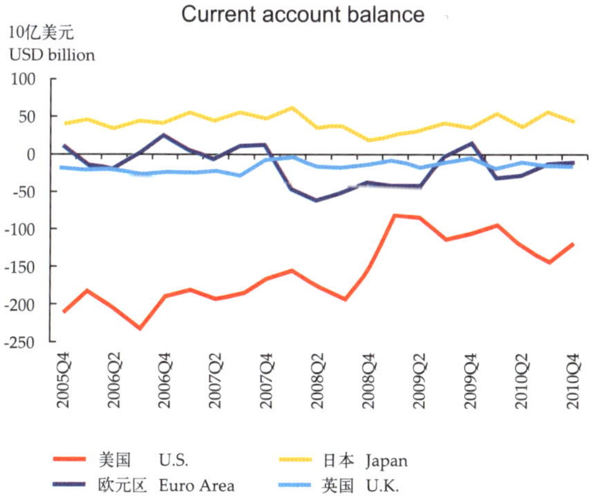

数据来源：国际货币基金组织《国际金融统计》(2011年6月)。
Source: *International Finance Statistics*, IMF, June, 2011.

资本项目差额
Capital account balance

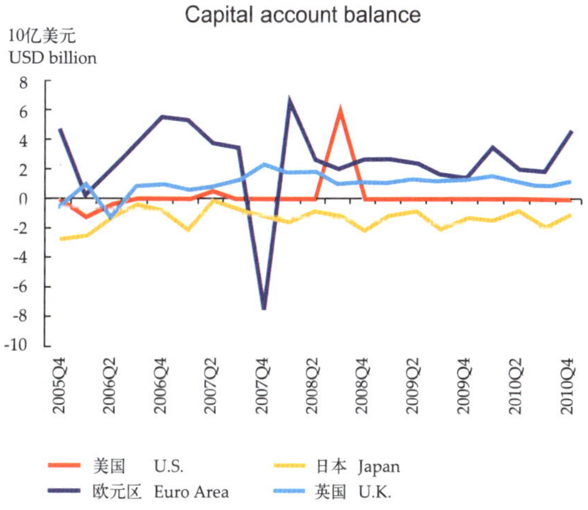

数据来源：国际货币基金组织《国际金融统计》(2011年6月)。
Source: *International Finance Statistics*, IMF, June, 2011.

金融项目差额
Financial account balance

单位：10亿美元
Unit: USD billion

年/季 Year/Quarter	美国 U.S.	日本 Japan	欧元区 Euro Area	英国 U.K.
2006Q1	150.39	-36.34	8.96	8.56
2006Q2	198.57	-18.31	15.30	12.31
2006Q3	239.97	-28.39	-6.56	25.70
2006Q4	217.84	-19.30	-44.92	31.05
2007Q1	239.17	-59.10	-8.22	4.20
2007Q2	171.19	-36.70	-5.28	9.77
2007Q3	64.58	-50.32	19.75	11.36
2007Q4	163.33	-41.12	-13.72	27.18
2008Q1	155.47	-66.17	14.62	-11.24
2008Q2	153.14	-37.24	51.22	9.92
2008Q3	137.71	-28.34	77.77	16.74
2008Q4	136.39	-40.88	26.17	25.59
2009Q1	1.41	-63.40	45.61	-6.83
2009Q2	15.20	-20.55	35.28	30.80
2009Q3	121.35	-28.18	33.66	44.43
2009Q4	130.28	-18.02	-17.74	2.72
2010Q1	29.79	-61.60	37.02	4.16
2010Q2	24.07	-17.14	33.57	10.05
2010Q3	132.28	-40.75	-3.78	6.27
2010Q4	50.94	-11.38	37.57	27.44

金融项目差额
Financial account balance

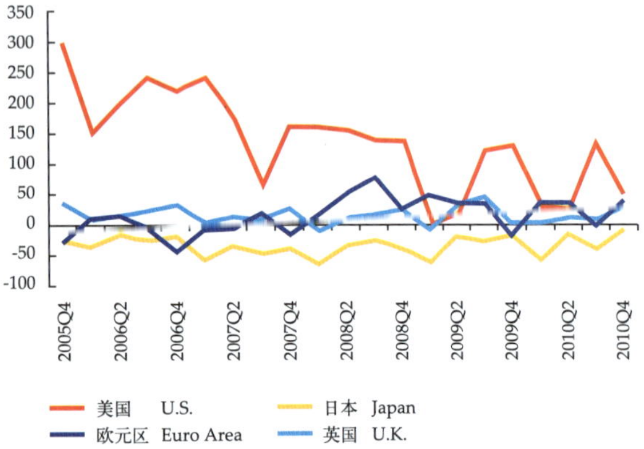

数据来源：国际货币基金组织《国际金融统计》(2011年6月)。
Source: *International Finance Statistics*, IMF, June, 2011.

五、利率
5. Interest Rates

1.中央银行目标利率
(1) Central bank base rates

中央银行目标利率
Central bank base rates

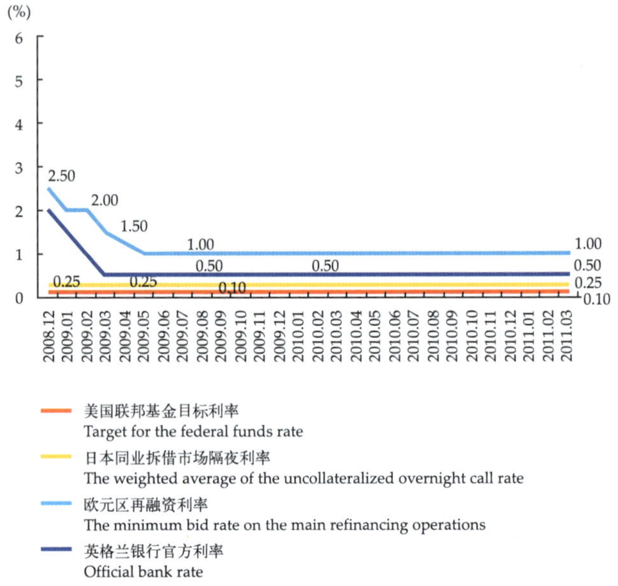

数据来源：各经济体中央银行网站。
Source: Central Bank Websites of the Economies.

2.短期利率
(2) Short-term interest rates

3个月期银行间市场拆借利率（年率，月平均）
3-month inter-bank rate (annualized, monthly average)

单位：% Unit: %

年/月 Year/Month	美元 USD	日元 JPY	欧元 EUR	英镑 GBP
2010.01	0.25	0.26	0.68	0.60
2010.02	0.25	0.25	0.66	0.60
2010.03	0.27	0.25	0.65	0.60
2010.04	0.31	0.24	0.64	0.60
2010.05	0.46	0.24	0.69	0.66
2010.06	0.54	0.24	0.73	0.70
2010.07	0.51	0.24	0.85	0.75
2010.08	0.36	0.24	0.90	0.75
2010.09	0.29	0.22	0.88	0.75
2010.10	0.29	0.20	1.00	0.75
2010.11	0.29	0.19	1.04	0.75
2010.12	0.30	0.18	1.02	0.76
2011.01	0.30	0.19	1.02	0.78
2011.02	0.31	0.19	1.09	0.78
2011.03	0.31	0.20	1.18	0.78

3个月期银行间市场拆借利率（年率，月平均）
3-month inter-bank rate (annualized, monthly average)

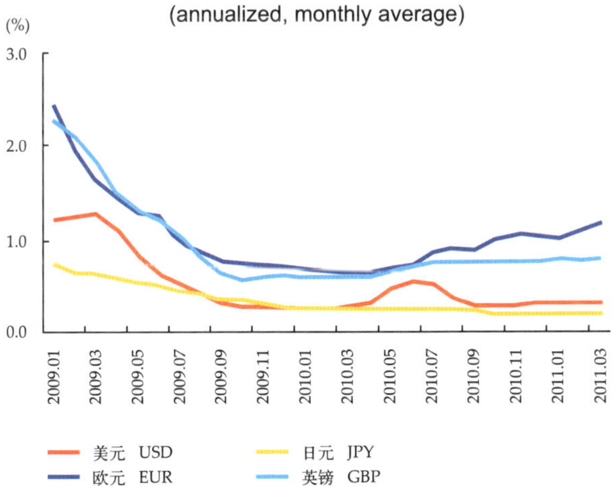

数据来源：《欧洲中央银行统计月报》及CEIC。
Source: *Monthly Bulletin of ECB*, CEIC.

3.长期利率
(3) Long-term interest rates

10年期国债收益率（年率，月平均）
10-year government bond yield (annualized, monthly average)

单位：% Unit: %

年/月 Year/Month	美元 USD	日元 JPY	欧元 EUR	英镑 GBP
2010.01	3.73	1.34	4.10	4.16
2010.02	3.69	1.35	4.11	4.22
2010.03	3.73	1.33	3.98	4.23
2010.04	3.85	1.40	4.16	4.25
2010.05	3.42	1.32	3.68	3.91
2010.06	3.20	1.28	3.70	3.71
2010.07	3.01	1.12	3.62	3.61
2010.08	2.70	1.06	3.44	3.32
2010.09	2.65	1.05	3.50	3.22
2010.10	2.54	0.84	3.34	3.17
2010.11	2.76	0.97	3.73	3.43
2010.12	3.29	1.19	4.07	3.72
2011.01	3.39	1.21	3.94	3.84
2011.02	3.59	1.24	4.48	4.00
2011.03	3.42	1.31	4.49	3.85

10年期国债收益率（年率，月平均）
10-year government bond yield (annualized, monthly average)

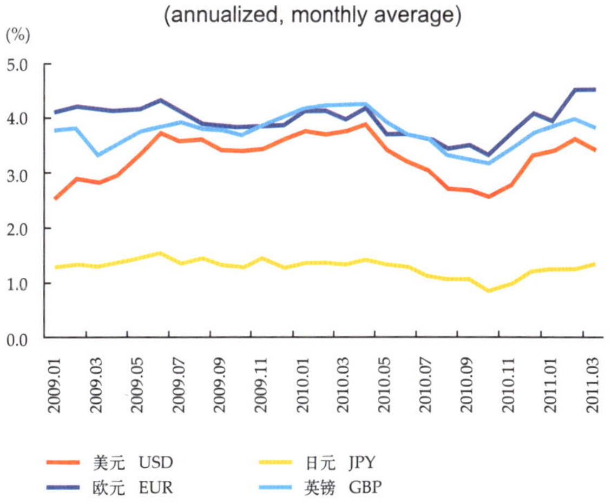

数据来源：CEIC。
Source: CEIC.

六、汇率
6. Exchange Rates

汇率（月平均）
Exchange rates (monthly average)

年/月 Year/Month	美元/欧元 USD/EUR	美元/英镑 USD/GBP	日元/美元 JPY/USD
2010.01	1.4270	1.6172	91.16
2010.02	1.3684	1.5620	90.28
2010.03	1.3593	1.5048	90.52
2010.04	1.3408	1.5325	93.38
2010.05	1.2559	1.4637	91.77
2010.06	1.2207	1.4756	90.92
2010.07	1.2778	1.5291	87.71
2010.08	1.2891	1.5661	85.47
2010.09	1.3069	1.5574	84.39
2010.10	1.3897	1.5858	81.87
2010.11	1.3654	1.5970	82.48
2010.12	1.3219	1.5621	83.43
2011.01	1.3360	1.5774	82.61
2011.02	1.3649	1.6124	82.50
2011.03	1.3999	1.6168	81.79

实际有效汇率（月平均，2005年=100）
Real effective exchange rates
(monthly average, year 2005=100)

年/月 Year/Month	美元 USD	欧元 EUR	日元 JPY	英镑 GBP
2010.01	91.7	103.3	98.8	82.9
2010.02	93.0	100.6	101.1	82.6
2010.03	92.1	99.9	100.2	80.1
2010.04	91.6	98.1	96.5	82.6
2010.05	94.3	94.9	100.4	82.4
2010.06	94.6	92.9	102.3	85.2
2010.07	92.7	94.9	104.2	85.3
2010.08	91.8	94.4	105.6	86.5
2010.09	90.9	94.8	106.0	84.9
2010.10	87.9	98.0	106.7	82.6
2010.11	88.3	96.4	105.8	84.5
2010.12	89.4	94.2	104.6	84.7
2011.01	88.3	93.9	104.3	85.3
2011.02	87.6	94.9	103.3	86.3
2011.03	86.7	96.7	103.3	85.1

汇率（月平均）
Exchange rates (monthly average)

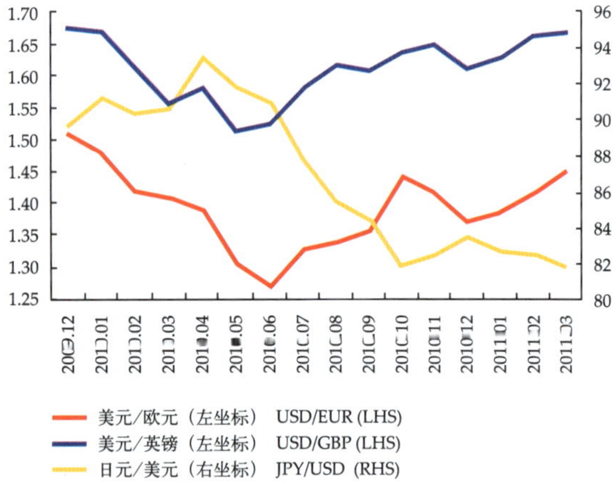

数据来源：国际货币基金组织《国际金融统计》(2011年6月)。
Source: *International Finance Statistics*, IMF, June, 2011.

实际有效汇率（月平均，2005年=100）
Real effective exchange rates
(monthly average, year 2005=100)

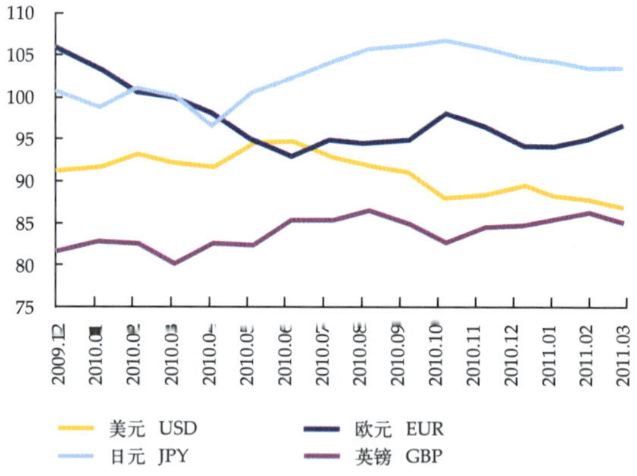

数据来源：国际货币基金组织《国际金融统计》(2011年6月)。
Source: *International Finance Statistics*, IMF, June, 2011.

七、股票市场指数
7. Stock Market Indices

主要股票市场指数(期末)
Major stock market indices (end-period)

年/月 Year/Month	美国道琼斯30种股票平均价格指数 Dow Jones 30	纳斯达克综合指数 NASDAQ	日本日经225种股票平均价格指数 Nikkei 225	道琼斯欧元区STOXX50股票指数 Dow Jones EURO STOXX 50
2010.01	10 067	2 147	10 198	2 777
2010.02	10 325	2 238	10 126	2 728
2010.03	10 857	2 398	11 090	2 931
2010.04	11 009	2 461	11 057	2 817
2010.05	10 258	2 257	9 769	2 610
2010.06	9 774	2 109	9 383	2 573
2010.07	10 466	2 255	9 537	2 742
2010.08	10 015	2 114	8 824	2 623
2010.09	10 788	2 369	9 369	2 748
2010.10	11 118	2 507	9 202	2 845
2010.11	11 006	2 498	9 937	2 651
2010.12	11 578	2 653	10 229	2 793
2011.01	11 892	2 700	10 238	2 954
2011.02	12 226	2 782	10 624	3 013
2011.03	12 320	2 781	9 755	2 911

主要股票市场指数(期末)
Major stock market indices (end-period)

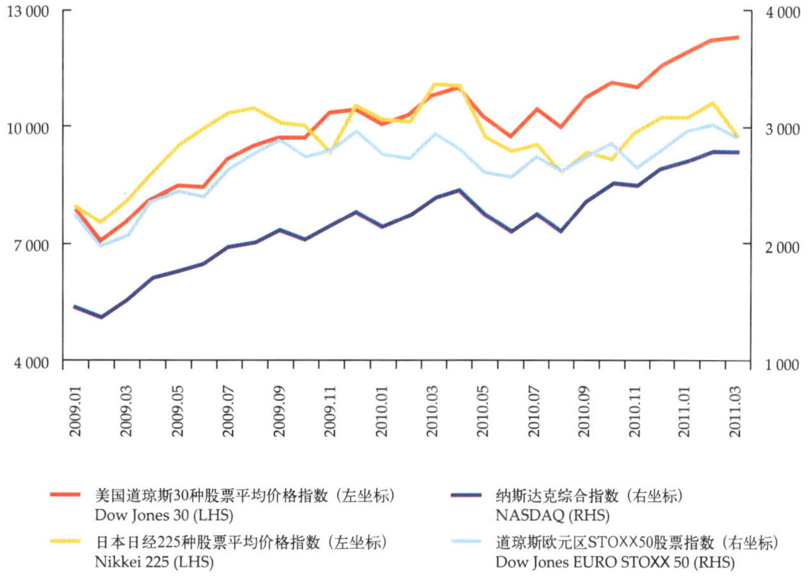